김변수와 시작하는 코딩생활 with 파이썬

Copyright ©2022 by Youngjin.com Inc.

412, STX-V Tower, 128, Gasan digital 1-ro, Geumcheon-gu, Seoul, Republic of Korea

All rights reserved. No part of this book may be reproduced or transmitted in any form or by any means, electronic or mechanical, including photocopying, recording or by any information storage retrieval system, without permission from Youngjin.com Inc.

ISBN : 978-89-314-6600-3

독자님의 의견을 받습니다.

이 책을 구입한 독자님은 영진닷컴의 가장 중요한 비평가이자 조언가입니다. 저희 책의 장점과 문제점이 무엇인지, 어떤 책이 출판되기를 바라는지, 책을 더욱 알차게 꾸밀 수 있는 아이디어가 있으면 팩스나 이메일, 또는 우편으로 연락주시기 바랍니다. 의견을 주실 때에는 책 제목 및 독자님의 성함과 연락처(전화번호나 이메일)를 꼭 남겨 주시기 바랍니다. 독자님의 의견에 대해 바로 답변을 드리고, 또 독자님의 의견을 다음 책에 충분히 반영하도록 늘 노력하겠습니다.

이메일 : support@youngjin.com

주   소 : (우)08507 서울시 금천구 가산디지털1로 128 STX-V타워 4층 401호 (주)영진닷컴 기획1팀

파본이나 잘못된 도서는 구입하신 곳에서 교환해 드립니다.

STAFF

저자 코뮤니티 운영진(휴몬랩) | **총괄** 김태경 | **기획** 서민지 | **디자인·편집** 김유진 | **영업** 박준용, 임용수, 김도현
마케팅 이승희, 김근주, 조민영, 채승희, 김민지, 임해나, 김도연, 이다은 | **제작** 황장협 | **인쇄** 제이엠

코뮤니티 운영진(휴몬랩) 저

김변수와 시작하는
코딩생활
with **파이썬**

코뮤니티 모각코 과정으로 검증된 파이썬 초입문서

베타 리더 후기

"**코딩을 배우고 싶지만** 어떻게 해야 할지 몰라 **막막한 분**,
파이썬을 **처음 시작**하는 분에게 **추천하는 책**입니다!"

베타 리더 박수빈 님
처음 파이썬을 공부할 때 어떤 책으로 어떻게 공부를 시작해야 할지 막막했던 적이 있었습니다. 제목에 '기초, 초보, 입문' 같은 문구가 적혀 있어도 막상 책을 펼쳐서 공부하려고 보면 이해하기 어려운 부분이 많았습니다. 이 책은 그 당시의 저처럼 코딩을 시작하고 싶은데 막막한 분들에게 권하고 싶은 책입니다.

베타 리더 나연정 님
파이썬 학습에 최적화된 순서대로 과정이 짜여 있고, 초보자가 이해하기 쉽게 하나씩 풀어서 설명하기 때문에 처음 파이썬을 시작하는 분들에게 정말 많은 도움이 될 것이라고 생각합니다.

베타 리더 엄선희 님
파이썬을 가르치며 많은 교재를 봤지만 이제야 수업에 적합한 교재를 찾은 것 같습니다. 이 책에는 실습 예제가 많아 수업을 진행하기에도 좋고, 내용이 쉽게 설명되어 있어서 파이썬이 처음인 사람도 충분히 혼자서 공부할 수 있습니다. 파이썬을 처음 공부하는 입문자부터 체계적으로 문법 공부를 하고 싶은 분들에게 자기주도 학습 교재로 이 책을 꼭 추천해 주고 싶습니다.

베타 리더 정지원 님
컴퓨터공학과 4학년에 재학 중인 학생입니다. 지금까지 수많은 프로그래밍 서적을 읽어 봤지만, 이 책만큼 처음부터 끝까지 집중하며 흥미 있게 읽을 수 있는 책은 없었습니다. 개념이 쉽게 읽히고 문제가 난이도별로 잘 정리되어 있어 처음 프로그래밍 언어를 배우는 사람도 금방 실력 향상을 이룰 수 있을 것 같습니다.

베타 리더 이지수 님
파이썬 입문서로 제격입니다. 핵심을 강조한 쉬운 설명으로 파이썬 문법을 학습하고, 배운 개념을 활용해 자신만의 포트폴리오를 만들 수 있어서 좋았습니다. 파이썬을 공부하고 싶지만 시작하기 어려웠던 사람, 파이썬을 배웠지만 포트폴리오를 만드는 것은 막연하게 느껴졌던 사람들에게 안성맞춤인 도서입니다.

베타 리더 김채연 님
파이썬을 처음 배우는 사람일지라도 기본기를 탄탄히 하고 포트폴리오까지 만들 수 있는 좋은 책입니다. 이 책이 널리 알려져서 코딩의 매력을 조금씩 느끼게 되는 코린이들이 많아지기를 바라 봅니다.

> "**나만의 포트폴리오**를 만들며 코딩 실력을 기르고
> 놓치고 있던 **개념**이나 **부족한 기초**를 다질 수 있습니다."

베타 리더 백승엽 님

파트2에서 다양한 코딩 문제를 풀어 보는 과정이 인상 깊었습니다. 지금까지 이런 식으로 각각의 문제에 대한 여러 코드 예시를 제공해 주는 개념 책은 없었던 것으로 기억합니다. 문제의 난이도 또한 조금만 생각해 보면 풀 수 있는 수준이기 때문에 초보자들이 기본을 다지기 좋은 부분인 것 같습니다.

베타 리더 이민주 님

입문자를 위해 탄생한 책인 만큼 누구나 쉽게 파이썬 기초를 튼튼하게 다질 수 있습니다. 개념을 학습한 후에 나만의 포트폴리오를 작성하다 보면 '어떻게 해야 코드를 가독성 있으면서도 효율적으로 작성할 수 있을지'를 스스로 고민하며 한 단계 더 나아가게 됩니다.

베타 리더 최현진 님

문제의 난이도가 상중하로 나뉘어 있어 자신의 실력을 점검하는 동시에 점진적으로 실력을 향상시킬 수 있어서 좋았습니다. 특히 '변수와 함께하는 포트폴리오 리뷰'는 실제로 코드를 리뷰하는 느낌이었는데, 다른 책들과 다르게 다양한 방법으로 접근한 코드들을 볼 수 있다는 것이 이 책의 큰 장점이라고 생각합니다.

베타 리더 강진우 님

여러 프로젝트를 통해 실력을 스스로 테스트해 보며 모르는 부분을 다시 짚고 넘어갈 수 있었습니다.

베타 리더 이예원 님

파이썬에 관한 기초 지식도 다시 되짚어 보고 예리한 시각으로 코드를 읽는 능력도 기르게 되어 많은 걸 얻어 간 기분입니다.

베타 리더 오병현 님

책의 내용을 하나하나 따라가다 보면 어느새 '나도 파이썬 조금 할 줄 안다'라고 할 수 있게 됩니다. 저는 지금까지는 언어만 공부했고 포트폴리오에 대해서는 생각해 본 적이 없었는데, 여기에서 배운 내용을 토대로 나만의 파이썬 포트폴리오를 더 멋지게 만들어 보고 싶습니다!

이 책을 함께 만든 베타 리더

「김변수와 시작하는 코딩생활 with 파이썬」 책이 만들어지기까지 12명의 독자가 함께 수고해 주셨습니다.

강진우, 김채연, 나연정, 박수빈, 백승엽, 엄선희, 오병현, 이민주, 이예원, 이지수, 정지원, 최현진님께서 보내주신 의견을 바탕으로 더욱 좋은 원고로 만들어 출간합니다. 참여해 주신 모든 분께 감사드립니다.

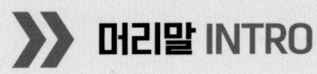

머리말 INTRO

프로그래밍에 대한 수요는 늘고 있지만 프로그래밍을 공부하는 사람들을 위한 커뮤니티가 없다는 것을 알고 처음에는 가벼운 마음으로 만들었던 네이버 카페 〈코뮤니티〉가 1년만에 10,000명이 넘는 회원들이 활발하게 활동하는 커뮤니티로 성장하게 되었습니다. 〈코뮤니티〉 안에서 회원들이 함께 공부할 비슷한 수준의 사람들을 찾는 모습을 보았고, 자연스럽게 '모각코(모여서 각자 코딩)' 과정이 생겨났습니다. 2020년 12월 파이썬 기초 문법 과정 1개로 시작된 모각코 스터디는 현재 매월 4~500명이 수료하는 13개 과정으로 성장하였습니다.

〈코뮤니티〉 모각코의 여러 과정 중에서도 가장 많은 수료생을 배출하고 현재까지 가장 인기가 좋은 '파이썬 기본: 기초 문법' 과정을 책으로 펴내게 되어 감회가 새롭습니다.

모각코는 15일 기준으로 매일 매일 공부하도록 아주 간단한 개념 설명과 학습 가이드를 제공하고, 이에 맞는 과제를 내는 형식으로 진행됩니다. 이러한 형식으로 인해 담지 못했던 더욱 상세한 설명과 더 많은 문제를 이 책에 담아냈습니다. 〈코뮤니티〉에 있는 50,000개 이상의 Q&A, 그리고 파이썬 과정을 수료한 1,000명 이상의 회원들이 제출했던 과제와 질문 데이터를 토대로 처음 파이썬을 배우는 사람들이 꼭 물어보는 질문들, 헷갈리는 개념, 자주 하는 실수 등을 정리했고 책에 녹이려고 노력했습니다.

〈코뮤니티〉 모각코 과정을 수료한 회원들의 후기를 보면 "매일 매일 코딩 공부를 하니 습관이 되었다.", "다른 사람이 공유한 코드를 보며 '저런 식으로 문제를 풀 수도 있구나'하고 깨달으면서 혼자 공부하는 것보다 더 많은 것을 배울 수 있었다."라는 이야기를 어렵지 않게 찾을 수 있습니다. 이 책을 통해 파이썬을 공부하는 여러분도 스터디를 참여하는 것처럼 매일 매일 스케줄에 맞춰 공부하고, 다양한 코드를 보고 학습한다면 모각코 과정에 참여하는 효과를 가져갈 수 있을 것입니다.

〈코뮤니티〉와 모각코 과정을 운영하면서 많은 사람이 프로그래밍 언어 공부 과정을 본인의 블로그, 깃헙(github) 등에 정리하고 이를 포트폴리오로 활용하는 것을 알게 되었습니다. 하지만 오직 포트폴리오만을 만들 수 있는 사이트는 부재했고, 저희는 모각코에 이어 새로운 도전으로 누구나 쉽게 포트폴리오를 만들고 공유할 수 있는 사이트인 〈코드메이트〉를 제작하게 되었습니다. 이 책으로 공부를 시작하는 분들도 〈코드메이트〉를 활용해 직접 여러분만의 포트폴리오를 만들 수 있도록 많은 문제를 담았습니다. 단순히 머리로 기억하고 컴퓨터에 코드를 저장하는 것에서 한발 더 나아가 공부한 과정을 직접 기록하고 포트폴리오로 만든다면 추후 여러분에게 큰 도움이 될 것입니다.

여러분도 〈코뮤니티〉와 모각코 과정을 통해 코딩에 재미를 깨닫게 된 다른 분들처럼 이 책을 통해 프로그래밍 언어와 한 걸음 가까워질 수 있길, 또한 자신만의 코딩 포트폴리오를 만들 수 있길 기원합니다.

이 책은 〈코뮤니티〉의 모든 회원과 모각코 과정의 참여자들이 함께 썼다고 해도 과언이 아닙니다. 그 모든 분께 감사한 마음을 전합니다.

✳ 코뮤니티 : https://cafe.naver.com/codeuniv
✳ 코드메이트 : https://codemate.kr

이 책의 특징 FEATURE

Q. 누구를 위한 책인가요?
이 책은 프로그래밍 언어를 처음 배우거나 파이썬이 처음인 사람들을 대상으로 합니다. 프로그래밍 언어 특성상 개념을 말로만 설명하면 이해하기 어렵습니다. 따라서 이 책은 개념에 대한 설명글을 최소한으로 줄이고 '문제'와 '실제 코드' 위주로 작성했습니다. 직접 예시 코드를 입력하며 파이썬 개념을 빠르게 습득할 수 있어, 그동안 파이썬을 배우고 싶어 도전했지만 어려워서 포기했던 사람들도 이 책이라면 쉽고 재미있게 학습할 수 있습니다.

Q. 어떤 내용을 다루나요?
프로그래밍 언어의 문법과 개념은 방대합니다. 처음 프로그래밍 언어를 배울 때 모든 것을 알 필요는 없습니다. 물론 처음부터 모든 것을 이해할 수 있다면 좋겠지만, 초심자가 그러기엔 쉽지 않습니다. 프로그래밍 언어 독학을 시도했다가 방대한 학습량에 지쳐 포기하거나 실패하는 사례를 쉽게 찾아볼 수 있습니다.
처음부터 다 알려고 하기보다는 어느 정도 핵심적인 내용을 먼저 이해한 후에 스스로 필요한 심화 내용을 학습하는 방법을 추천합니다. 이 책은 파이썬의 모든 내용을 다루진 않지만, 누구나 알아야 할 핵심적인 내용을 담았습니다. 이 책으로 파이썬에 입문한 후에 다른 프로그래밍 언어를 공부하거나 심화 개념들을 학습한다면 어느새 프로그래밍 언어가 두렵지 않을 것입니다.

Q. 이 책만의 장점은요?
이 책에서 설명하는 개념과 문제, 코드들은 대부분 〈코뮤니티〉에서 운영하는 모각코 스터디의 파이썬 기초 과정을 토대로 제작되었습니다. 어떤 책보다도 초심자의 마음을 헤아리는 책이 될 수 있도록 수백 명이 제출한 과제를 토대로 초심자가 가장 많이 물어보는 질문, 헷갈리는 개념, 자주 하는 실수 등을 추려서 이 책에 담았습니다.

Q. 질문이 생기면 어떻게 하나요?
네이버 카페 〈코뮤니티〉의 Q&A 게시판에 책의 내용, 문제 등을 자유롭게 질문하면 됩니다.

Q. 어떻게 포트폴리오를 만들 수 있나요?
〈코드메이트〉에 가입하면 여러분의 포트폴리오 사이트가 자동으로 만들어집니다. 문제를 푼 후에 문제를 푼 과정이나 문제를 풀면서 해결한 오류, 코드 답안 등을 블로그 글 형태로 작성해 보세요. 어느새 여러분의 포트폴리오가 다채로워질 것입니다.

코딩 메이트 '김변수'

〈코뮤니티〉의 마스코트 김변수 씨를 소개합니다. 김변수 씨는 여러분과 같이 코딩을 공부하면서 오류를 만나면 슬퍼하고, 가끔 오류 없이 프로그램이 돌아가면 내심 좋아하며 놀라는 평범한 캐릭터입니다.

여러분보다 조금 더 일찍 파이썬을 공부한 경험을 바탕으로 김변수 씨는 여러분이 파이썬을 쉽고 재미있게 공부할 수 있도록 도와줄 것입니다. 김변수 씨와 함께 재미있는 파이썬 공부를 시작해 볼까요?

이 책의 구성 STRUCTURE

이 책은 크게 개념 파트와 문제 파트로 나뉘어 있습니다. PART 1 개념 파트는 어렵고 낯선 용어 설명은 최대한 배제하고 실제 코드와 간단한 문제 풀이를 통해 파이썬 기초 개념을 이해하기 쉽게 구성했습니다.

PART 1 개념 파트

코드와 실행 결과
본문의 문법 설명을 도와주는 코드와 실행 예시입니다. 귀찮아도 코드를 직접 적고 출력해서 결과를 확인해 보는 과정을 거친다면 실력이 더 빠르게 늘 것입니다.

잠깐!
코뮤니티 Q&A와 모각코 과정을 운영한 경험을 토대로 파이썬이나 코딩을 처음 접한다면 누구나 물어보는 질문을 적었습니다. 친절한 김변수 씨가 질문에 답변해 드립니다.

문제로 익히는 개념
개념을 제대로 익혔는지 스스로 체크할 수 있는 간단한 문제입니다. 객관식, 주관식, 코드 순서 맞추기 등 다양한 문제를 통해 기초를 탄탄하게 다져보세요!

핵심 정리
챕터의 마지막에는 항상 핵심 정리가 있습니다. 챕터에서 배운 내용에서 요점만 정리해 모아 놓았습니다.

개념 다지기
챕터별로 소개된 개념을 얼마나 이해했는지 자가 점검할 수 있는 문제입니다. 문제를 직접 풀어보면서 놓친 개념은 없는지 스스로 확인해 보세요.

변수의 추천 과제
해당 챕터를 공부했다면 풀 수 있는 [PART 2]의 문제를 적어 놓았습니다. 뒤로 갈수록 풀 수 있는 문제가 점점 더 많아집니다. 개념을 제대로 이해했는지 궁금하다면, 또는 공부한 개념을 가지고 프로그램을 짜보고 싶다면 꼭 도전해 보세요!

PART 2 문제 파트는 문제에 대한 힌트, 여러 가지 해결 코드, 코드별 코멘트까지 함께 담아 여러분이 다양한 문제 해결 과정을 꼼꼼히 살펴볼 수 있게 구성했습니다.

PART 2 문제 파트

난이도
문제 파트는 총 3단계 난이도로 구성되어 있습니다. 여러분의 학습 이해도에 맞는 문제를 골라 풀 수 있습니다.

- ◆ **난이도 하** : [PART 1]에서 소개된 기본 개념을 이해했다면 충분히 풀 수 있는 문제입니다.
- ◆ **난이도 중** : 여러 개념을 융합해 풀어야 하는 활용 문제입니다. 어떻게 풀어야 할지 곰곰이 생각해 보세요!
- ◆ **난이도 상** : 파이썬을 마스터할 수 있는 도전 문제입니다. 포기하지 않고 풀다 보면 어느새 여러분의 코딩 실력이 한 단계 더 성장할 것입니다.

문제
문제에 대한 설명입니다. 문제에 답이 있을 수 있으니 내용을 꼼꼼하게 읽어 보세요!

변수의 힌트
문제가 어렵게 느껴질 때마다 김변수 씨가 힌트를 줍니다. 처음에는 힌트를 가리고 문제를 풀다가 막히거나 모르겠을 때 힌트를 살짝 보면 도움이 될 것입니다.

복습이 필요하다면?
김변수 씨가 준 힌트로도 부족하다면 개념 이해가 부족하다는 뜻입니다. 그럴 때는 PART 1으로 돌아가 해당 챕터의 개념을 복습한 후 다시 문제를 풀어 보세요!

변수와 함께하는 포트폴리오 리뷰
문제에 대한 답은 여러 가지일 수 있습니다. 〈코뮤니티〉 회원들이 풀었던 문제에 대한 답변, 가장 자주 하는 실수들, 좋은 답변 등을 모아 김변수 씨와 함께 살펴봅니다. 다른 사람들의 코드와 그에 대한 코멘트를 보며 여러분만의 답안을 작성한다면 금방 실력이 늘 것입니다.

이렇게 공부하세요!

여러분의 취향이나 상황에 따라 15일 과정과 30일 과정 중 하나를 선택해 진행할 수 있습니다. 개념을 익히는 동시에 문제를 풀어도 좋고, 개념을 모두 익힌 후에 문제를 풀며 복습해 나가도 좋습니다. 빠른 시간 안에 파이썬을 습득해야 한다면 개념 이해에 집중할 수 있는 15일 과정을, 학습 기간에 여유를 두고 포트폴리오를 제대로 만들며 기초를 탄탄하게 다지고 싶다면 30일 과정을 추천합니다.

15일 과정

빠른 시간 안에 개념을 공부하고 바로 문제를 푸는 것에 집중하는 일정입니다. 문제는 몇 개만 골라서 풀어도 괜찮습니다. 개념을 이해하는 것을 목적으로 두고 문제는 가능한 만큼만 풀어 보세요.

Day1	Day2	Day3	Day4	Day5
개념 1. 파이썬, 너는 누구냐! 문제 1-1. 파이썬과 Visual Studio 설치하기	개념 2. 출력과 문자열 문제 1-2. 출력 프로그램 만들기	개념 3. 변수와 자료형 문제 1-3. 자료형 마스터!	개념 4. 산술 연산자 문제 1-4. 어떻게 돈을 내야 할까? 2-14. 시간 변환 계산기	개념 5. 입력과 자료형 변환 문제 1-5. 생년월일로 연도, 월, 일 출력하기 2-3. 반올림 계산기 만들기

Day6	Day7	Day8	Day9	Day10
개념 6. 조건문 문제 1-6. 합격과 불합격 통보하기 1-7. BMI 결과보기 2-1. 윤년 판단하기	개념 7. 반복문 문제 1-8. 짝수이면서 7의 배수는 아닌 수 찾기 2-4. 높이가 n인 직각이등변삼각형 만들기 2-5. 팩토리얼 계산하기 2-12. 소인수분해 3-3. 8월 달력 출력하기 3-8. 전자레인지 시간 설정하기	개념 8. 함수 문제 1-9. 정수 n까지의 합을 구하는 함수 만들기 2-7. 도형별 넓이 계산기 2-11. 함수를 활용한 구구단 2-13. 최댓값의 위치 구하기	개념 9. 문자열 파헤치기 문제 1-10. 이름 출력하기 3-1. 영어 문장 대소문자 올바르게 사용하기 3-2. 자릿수의 합이 가장 큰 수 찾기 3-4. 두 숫자 사이의 n의 배수 찾기 3-9. 가운데 글자 찾기	개념 10. 리스트 11. 튜플 문제 1-11. 입력받은 수의 평균 구하기 2-6. 퀴즈 점수 계산하기 2-10. 숫자 n의 k번째 약수 3-5. 끝말잇기

Day11	Day12	Day13	Day14	Day15
문제 3-6. 뒤집은 소수 3-12. 회문 판단하기 3-13. 24시간제에서 12시간제로 변환 3-15. 오름차순 정렬하기 3-16. 2022년 a월 b일은 무슨 요일	개념 12. 집합 문제 2-2. 문장 내 단어 오름차순으로 출력하기 2-8. 영어 단어에 사용된 알파벳 오름차순으로 정리하기	개념 13. 딕셔너리 문제 1-12. 튜플과 딕셔너리로 문자열 길이 출력하기 3-7. 음료수 자판기 3-11. 영화 예매 프로그램 만들기	개념 14. 클래스 문제 1-13. 할인된 가격을 알려주는 계산기 클래스 만들기 2-9. 직사각형 넓이와 둘레 3-14. 좌표 설정하기	개념 15. 파이썬 응용하기 문제 3-10. 가위바위보 게임

30일 과정

개념을 먼저 익히고 모든 문제를 풀며 복습하는 일정입니다. 많은 문제를 풀며 제대로 된 포트폴리오를 만들고 싶다면 다음 일정을 따라서 공부해 보세요.

Day1	Day2	Day3	Day4	Day5
개념 1. 파이썬, 너는 누구냐!	개념 2. 출력과 문자열	개념 3. 변수와 자료형	개념 4. 산술 연산자	개념 5. 입력과 자료형 변환
문제 1-1. 파이썬과 Visual Studio 설치하기	문제 1-2. 출력 프로그램 만들기	문제 1-3. 자료형 마스터!	문제 1-4. 어떻게 돈을 내야 할까?	문제 1-5. 생년월일로 연도, 월, 일 출력하기

Day6	Day7	Day8	Day9	Day10
개념 6. 조건문	문제 1-6. 합격과 불합격 통보하기 1-7. BMI 결과보기	개념 7. 반복문	문제 1-8. 짝수이면서 7의 배수는 아닌 수 찾기	개념 8. 함수

Day11	Day12	Day13	Day14	Day15
문제 1-9. 정수 n까지의 합을 구하는 함수 만들기	개념 9. 문자열 파헤치기 문제 1-10. 이름 출력하기	개념 10. 리스트 문제 1-11. 입력받은 수의 평균 구하기	개념 11. 튜플 12. 집합	개념 13. 딕셔너리 문제 1-12. 튜플과 딕셔너리로 문자열 길이 출력하기

Day16	Day17	Day18	Day19	Day20
개념 14. 클래스 문제 1-13. 할인된 가격을 알려주는 계산기 클래스 만들기	개념 15. 파이썬 응용하기	문제 2-1. 윤년 판단하기 2-2. 문장 내 단어 오름차순으로 출력하기 2-3. 반올림 계산기 만들기	문제 2-4. 높이가 n인 직각이등변삼각형 만들기 2-5. 팩토리얼 계산하기	문제 2-6. 퀴즈 점수 계산하기 2-7. 도형별 넓이 계산하기 2-8. 영어 단어에 사용된 알파벳 오름차순으로 정리하기

Day21	Day22	Day23	Day24	Day25
문제 2-9. 직사각형 넓이와 둘레 2-10. 숫자 n의 k번째 약수 2-11. 함수를 활용한 구구단	문제 2-12. 소인수분해 2-13. 최댓값의 위치 구하기 2-14. 시간 변환 계산기	문제 3-1. 영어 문장 대소문자 올바르게 사용하기 3-2. 자릿수의 합이 가장 큰 수 찾기	문제 3-3. 8월 달력 출력하기 3-4. 두 숫자 사이의 n의 배수 찾기	문제 3-5. 끝말잇기 3-6. 뒤집은 소수

Day26	Day27	Day28	Day29	Day30
문제 3-7. 음료수 자판기 3-8. 전자레인지 시간 설정하기	문제 3-9. 가운데 글자 찾기 3-10. 가위바위보 게임	문제 3-11. 영화 예매 프로그램 만들기 3-12. 회문 판단하기	문제 3-13. 24시간제에서 12시간제로 변환 3-14. 좌표 설정하기	문제 3-15. 오름차순 정렬하기 3-16. 2022년 a월 b일은 무슨 요일

차례 CONTENTS

베타 리더 후기   4
머리말   6
이 책의 특징   8
코딩 메이트 '김변수'   9
이 책의 구성   10
이렇게 공부하세요!   12

PART 1   변수와 함께 배우는 파이썬 왕기초   21

CHAPTER 1   파이썬, 너는 누구냐!   23
1-1. 파이썬을 왜 배울까?   24
1-2. 파이썬은 왜 파이썬일까?   26
1-3. 파이썬 설치하기   27
1-4. Visual Studio Code 설치하고 파이썬 실행하기   35
▶ CHAPTER 1 마무리   44

CHAPTER 2   출력과 문자열   45
2-1. 문자열 출력   46
2-2. 띄어쓰기가 있는 출력   49
2-3. 여러 줄 출력   52
2-4. 주석   55
2-5. 줄 바꿈 없는 출력   57
2-6. 구분자를 포함한 출력   60
▶ CHAPTER 2 마무리   62

CHAPTER 3 변수와 자료형   65

    3-1. 변수   66
    3-2. 자료형   69
    3-3. 숫자형   70
    3-4. 불 자료형   73
    3-5. 변수 이름 규칙   75
    ▶ CHAPTER 3 마무리   78

CHAPTER 4 산술 연산자   81

    4-1. 연산자의 종류   82
    4-2. 기본 사칙연산   83
    4-3. 나눗셈과 거듭제곱   85
    4-4. 산술 연산자 활용하기   87
    ▶ CHAPTER 4 마무리   89

CHAPTER 5 입력과 자료형 변환   91

    5-1. 입력(input)   92
    5-2. 숫자형 입력   94
    5-3. 자료형 변환   95
    ▶ CHAPTER 5 마무리   98

CHAPTER 6 조건문　101

6-1. 조건문이 필요할 때　102

6-2. 비교 연산자　103

6-3. 논리 연산자　105

6-4. 조건문 활용하기　107

6-5. elif 조건문　110

▶ CHAPTER 6 마무리　113

CHAPTER 7 반복문　117

7-1. 반복문이 필요할 때　118

7-2. for 반복문　120

7-3. 중첩 for 반복문　124

7-4. while 반복문　126

7-5. 반복문 속 조건문과 break　128

▶ CHAPTER 7 마무리　130

CHAPTER 8 함수　133

8-1. 함수　134

8-2. 매개변수가 있는 함수　138

8-3. 반환값이 있는 함수　140

8-4. 변수의 사용 범위　142

8-5. 내장 함수와 예약어　143

▶ CHAPTER 8 마무리　146

CHAPTER 9 문자열 파헤치기 … 149

- 9-1. 문자열 인덱싱과 슬라이싱 … 150
- 9-2. 문자열 포매팅 … 154
- 9-3. 문자열 응용 함수 … 158
- ▶ CHAPTER 9 마무리 … 162

CHAPTER 10 리스트 … 165

- 10-1. 변수를 모아서 리스트 … 166
- 10-2. for 문과 리스트 … 170
- 10-3. 리스트 슬라이싱 … 173
- 10-4. 리스트 응용 함수 … 174
- 10-5. 2차원 리스트 … 178
- ▶ CHAPTER 10 마무리 … 181

CHAPTER 11 튜플 … 183

- 11-1. 튜플 … 184
- 11-2. 튜플의 특징 … 186
- 11-3. 튜플 활용하기 … 189
- ▶ CHAPTER 11 마무리 … 191

CHAPTER 12 집합 … 193

- 12-1. 집합 … 194
- 12-2. 합집합, 교집합, 차집합 … 196
- 12-3. 집합 응용 함수 … 198
- ▶ CHAPTER 12 마무리 … 201

CHAPTER 13 딕셔너리 203

- 13-1. 내 딕셔너리에 불가능은 없다! 204
- 13-2. 딕셔너리 수정하기 207
- 13-3. for 문과 딕셔너리 210
- ▶ CHAPTER 13 마무리 214

CHAPTER 14 클래스 217

- 14-1. 클래스와 객체 218
- 14-2. 클래스와 메소드 221
- 14-3. 클래스와 생성자 225
- ▶ CHAPTER 14 마무리 229

CHAPTER 15 파이썬 응용하기 231

- 15-1. 모듈, 패키지, 라이브러리와 프레임워크 232
- 15-2. 유용한 라이브러리 234
- 15-3. 오류의 종류 237
- 15-4. 예외 처리 240
- 15-5. 파이썬 내장 함수 244
- ▶ CHAPTER 15 마무리 247

PART 2 변수와 함께 만드는 나의 첫 포트폴리오   249

CHAPTER 1   난이도 하(★) 프로젝트   251

- 1-1. 파이썬과 Visual Studio Code 설치하기   252
- 1-2. 출력 프로그램 만들기   254
- 1-3. 자료형 마스터!   257
- 1-4. 어떻게 돈을 내야 할까?   259
- 1-5. 생년월일로 연도, 월, 일 출력하기   262
- 1-6. 합격과 불합격 통보하기   264
- 1-7. BMI 결과보기   266
- 1-8. 짝수이면서 7의 배수는 아닌 수 찾기   268
- 1-9. 정수 n까지의 합을 구하는 함수 만들기   270
- 1-10. 이름 출력하기   272
- 1-11. 입력받은 수의 평균 구하기   274
- 1-12. 튜플과 딕셔너리로 문자열 길이 출력하기   277
- 1-13. 할인된 가격을 알려주는 계산기 클래스 만들기   279

CHAPTER 2   난이도 중(★★) 프로젝트   281

- 2-1. 윤년 판단하기   282
- 2-2. 문장 내 단어 오름차순으로 출력하기   284
- 2-3. 반올림 계산기 만들기   286
- 2-4. 높이가 n인 직각이등변삼각형 만들기   288
- 2-5. 팩토리얼 계산하기   290
- 2-6. 퀴즈 점수 계산하기   292
- 2-7. 도형별 넓이 계산기   294
- 2-8. 영어 단어에 사용된 알파벳 오름차순으로 정리하기   298

2-9. 직사각형 넓이와 둘레 · · · · · 300
2-10. 숫자 n의 k번째 약수 · · · · · 302
2-11. 함수를 활용한 구구단 · · · · · 304
2-12. 소인수분해 · · · · · 307
2-13. 최댓값의 위치 구하기 · · · · · 310
2-14. 시간 변환 계산기 · · · · · 313

CHAPTER 3 난이도 상(★★★) 프로젝트 · · · · · 317

3-1. 영어 문장 대소문자 올바르게 사용하기 · · · · · 318
3-2. 자릿수의 합이 가장 큰 수 찾기 · · · · · 322
3-3. 8월 달력 출력하기 · · · · · 325
3-4. 두 숫자 사이의 n의 배수 찾기 · · · · · 328
3-5. 끝말잇기 · · · · · 331
3-6. 뒤집은 소수 · · · · · 334
3-7. 음료수 자판기 · · · · · 337
3-8. 전자레인지 시간 설정하기 · · · · · 341
3-9. 가운데 글자 찾기 · · · · · 344
3-10. 가위바위보 게임 · · · · · 346
3-11. 영화 예매 프로그램 만들기 · · · · · 349
3-12. 회문 판단하기 · · · · · 353
3-13. 24시간제에서 12시간제로 변환 · · · · · 356
3-14. 좌표 설정하기 · · · · · 358
3-15. 오름차순 정렬하기 · · · · · 362
3-16. 2022년 a월 b일은 무슨 요일 · · · · · 366

PART 1 개념 다지기 정답 및 해설 · · · · · 369

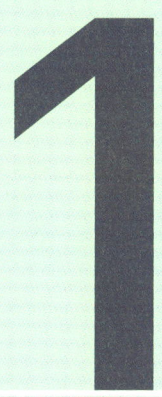

PART **1**

김변수와 시작하는 코딩생활 with 파이썬

변수와 함께 배우는
파이썬 왕기초

PART 1에서는 김변수와 함께 파이썬의 개념을 처음부터 차근차근 배워 나갑니다. 간단하지만 명료한 개념 설명, 직접 따라 해 볼 수 있는 다양한 코드 예시와 개념이 쏙쏙 이해되는 재미있는 문제들까지! 파이썬 왕 기초에서 탈출할 수 있도록 변수와 함께 파이썬 기초 개념부터 탄탄히 쌓아 보세요!

김변수와 시작하는 코딩생활 with 파이썬

Chapter 1. 파이썬, 너는 누구냐!
Chapter 2. 출력과 문자열
Chapter 3. 변수와 자료형
Chapter 4. 산술 연산자
Chapter 5. 입력과 자료형 변환
Chapter 6. 조건문
Chapter 7. 반복문
Chapter 8. 함수

Chapter 9. 문자열 파헤치기
Chapter 10. 리스트
Chapter 11. 튜플
Chapter 12. 집합
Chapter 13. 딕셔너리
Chapter 14. 클래스
Chapter 15. 파이썬 응용하기

CHAPTER 1
파이썬, 너는 누구냐!

1-1. 파이썬을 왜 배울까?
1-2. 파이썬은 왜 파이썬일까?
1-3. 파이썬 설치하기
1-4. Visual Studio Code 설치하고 파이썬 실행하기

▶ CHAPTER 1 마무리

"귀도 반 로섬이라는 사람이
크리스마스에 심심해서 만든 게 파이썬이라니!"

1-1 파이썬을 왜 배울까?

파이썬은 프로그래밍 언어의 한 종류입니다. 프로그래밍 언어는 컴퓨터와 대화할 수 있는 언어입니다. 미국 사람과 대화할 때는 영어, 프랑스 사람과 대화할 때는 불어를 쓰듯이, 컴퓨터와 대화하려면 프로그래밍 언어를 사용해야 합니다. 사람들이 일상생활에서 사용하는 언어(자연어)에 한국어, 영어, 불어 등 여러 가지가 있는 것처럼 프로그래밍 언어에도 많은 종류가 있습니다. 하지만 그중에서도 프로그래밍 입문으로 파이썬을 배우는 사람들이 많습니다. 도대체 왜 다들 처음에 파이썬을 배울까요?

① **다른 프로그래밍 언어보다 문법이 쉽다!**
파이썬의 가장 큰 장점입니다. 왠지 비전공자는 프로그래밍을 배우기 어려울 것 같아 시작하기 전부터 겁을 먹는 사람들이 많습니다. 하지만 파이썬은 다른 언어에 비해 문법이 쉬워서 누구나 쉽게 시작할 수 있습니다.

② **인간다운 프로그래밍 언어이다!**
컴퓨터와 대화하기 위한 프로그래밍 언어인데 인간답다는 것은 도대체 무슨 뜻일까요? C언어나 Java 같은 프로그래밍 언어는 0과 1로 이루어진 기계어에 비하면 사람이 읽기 편한 언어이지만, 아무리 그래도 여전히 사람보다는 컴퓨터가 이해하기 쉬운 언어입니다. 하지만 파이썬은 사람이 이해하기 쉽게 만들어진 인간 친화적인 언어입니다.

예를 들어 볼까요? 여러분은 아직 파이썬에 대해 배운 것이 없지만 다음 코드를 읽을 수 있습니다.

코드

```
1  if 1 in [1,2,3,4]:
2      print("1이 있어!")
```

"만약 1이 [1,2,3,4] 안에 있으면? '1이 있어!'라는 문구를 출력해 줘!"라고 해석됩니다. 어떤가요? 여러 기호가 아직 어색하긴 하지만, 아예 외계어 같진 않죠?

③ **다양한 분야에서 활용할 수 있다!**

여러분은 무엇을 위해 프로그래밍을 배우나요? 취미일 수도 있고, 꿈이 개발자일 수도 있을 것입니다. 사람들은 제각각의 이유로 프로그래밍을 배우는데, 파이썬은 지금 아주 다양한 분야에서 활용되고 있습니다. 웹 개발, 데이터 분석, AI 개발, 그래픽, 학술 연구 등 정말 많은 분야에서 사용되는 만큼 사용하는 사람도 많고, 자료도 많습니다.

1-2 파이썬은 왜 파이썬일까?

파이썬은 귀도 반 로섬(Guido van Rossum)이라는 사람이 만든 언어입니다. 한국어, 영어 등 사람의 언어는 우리의 조상 대대로 사용한 아주 아주 오래된 언어이지만, 프로그래밍 언어의 유래는 그보다 훨씬 짧은 경우가 많습니다. 우리와 같은 사람들이 새로운 프로그래밍 언어를 만들고, 또 그 언어가 대세가 되기도 합니다. 여러분도 프로그래밍 언어를 직접 만들 수 있어요!

귀도 반 로섬이라는 개발자는 1989년 12월 크리스마스 휴가에 연구실이 문을 닫아서 심심하던 차에 언어를 하나 만듭니다. 그 언어가 바로 파이썬입니다. 이처럼 파이썬은 아주 오래된 언어는 아니지만 지금 이렇게 널리 사용되고 있죠. 그만큼 편리하고 활용하기 좋은 언어이기 때문입니다.

귀도 씨는 짧고, 특별하고, 미스터리한 이름을 원했고, 파이썬이라는 단어가 마음에 들었다고 합니다. 파이썬의 이름은 귀도 씨가 평소에 즐겨보던 코미디 프로그램인 〈Monty Python's Flying Circus〉에서 따온 것이며, 로고는 뱀을 형상화한 것이라고 합니다.

1-3 파이썬 설치하기

파이썬을 사용하려면 우선 컴퓨터에 파이썬을 설치해야 합니다. 운영체제가 윈도우인지 맥OS인지에 따라 설치 방법이 조금 다르니 본인의 컴퓨터 환경에 맞게 파이썬을 설치하면 됩니다.

윈도우에서 파이썬 설치하기

윈도우 컴퓨터에 파이썬을 설치해 보겠습니다. 만약 파이썬이 이미 설치되어 있다면 이 과정을 건너뛰어도 괜찮습니다. 하지만 혹시 파이썬 2 버전을 사용하고 있다면 파이썬 3 버전을 설치해 사용하는 것을 권장합니다.

① 파이썬 사이트 접속

파이썬 공식 사이트(https://python.org)에 접속합니다. Downloads 탭에 마우스를 대면 다음과 같은 창이 하나 뜹니다. 파이썬 버전이 표시된 버튼을 클릭하면 자동으로 사용하는 환경에 맞는 파일이 다운로드됩니다. 참고로 버전은 계속 업데이트되므로 다음 그림과 다를 수 있습니다.

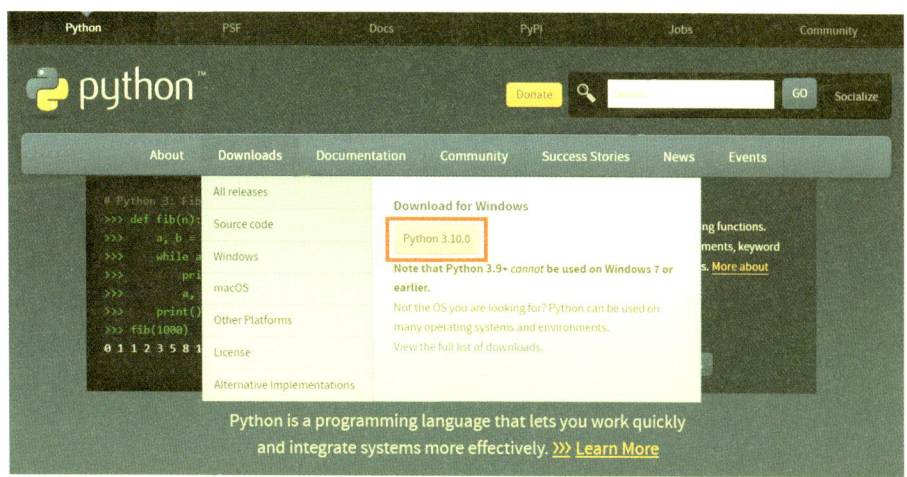

② 프로그램 설치

다운로드한 실행 파일(.exe)을 열면 설치 과정이 진행됩니다. 설치가 완료되면 Disable path length limit을 클릭하세요.

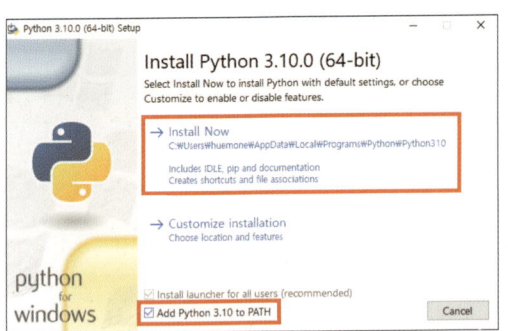 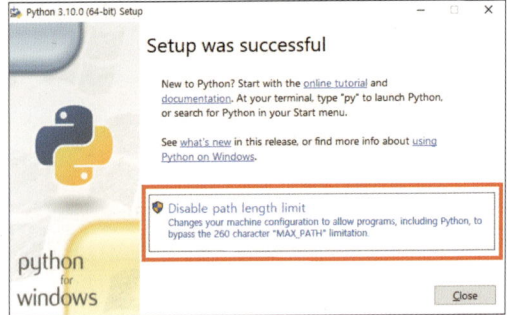

③ 설치 확인

설치가 완료된 후 파이썬이 제대로 설치되었는지 확인해 보겠습니다. 윈도우 키(⊞)를 누른 후 윈도우 검색창에 명령 프롬프트 또는 cmd를 입력하면 명령 프롬프트가 뜹니다. 명령 프롬프트를 클릭하세요.

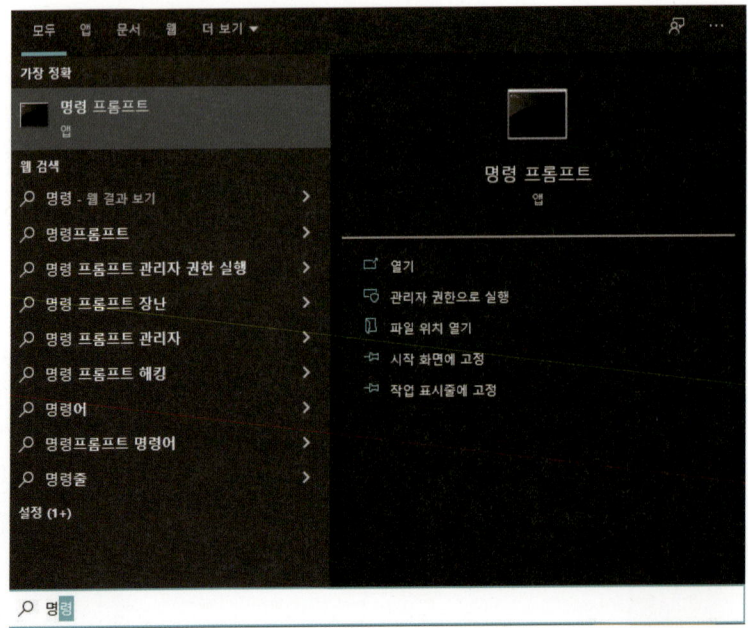

명령 프롬프트가 열리면 python --version을 입력하고 엔터 키를 누르세요. 다음 그림처럼 Python 이라는 단어와 버전이 출력되면 성공입니다. 만약 Python이 출력되지 않으면 ④에서 환경 변수를 설정해야 합니다.

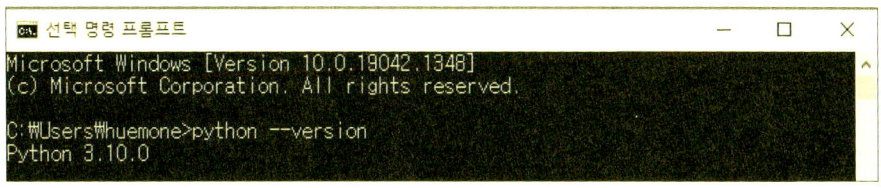

④ 환경 변수 설정 (명령 프롬프트에서 Python이 뜨지 않는 경우)

명령 프롬프트에 python --version을 입력했을 때 Python이 뜨지 않으면 윈도우 환경 변수를 직접 설정해야 합니다. 파이썬이 설치된 위치를 찾아 환경 변수의 PATH에 추가하면 됩니다.

파이썬은 보통 C:\Users\사용자이름\AppData\Local\Programs\Python\Python310 또는 C:\Users\사용자이름\AppData\Local\Programs\Python\Python310\Scripts에 설치되지만, 컴퓨터마다 경로와 버전이 다를 수 있으니 꼭 직접 위치를 확인하세요!

먼저 파일 탐색기에서 C: > Users(또는 사용자) > 사용자 이름 폴더로 이동합니다. 이동했는데 AppData 폴더가 보이지 않는다면 숨겨져 있는 것입니다. 그런 경우에는 보기 > 숨긴 항목을 체크하면 AppData 폴더를 확인할 수 있습니다.

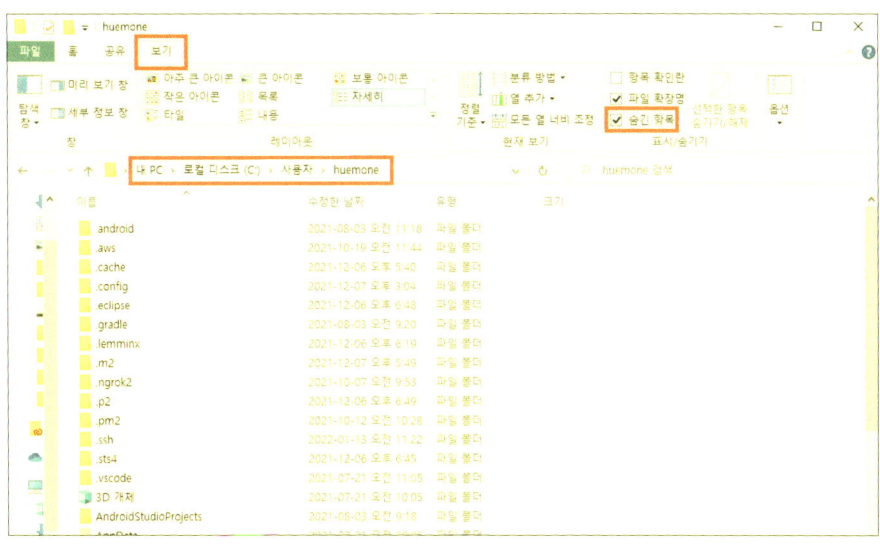

이어서 AppData > Local > Programs > Python > Python310 또는 AppData > Local > Programs > Python > Python310(또는 Python310 > Scripts)에서 python이라는 응용 프로그램을 찾습니다. 다음과 같이 python이라는 응용 프로그램이 설치된 폴더를 찾아 경로를 클릭한 후 복사합니다.

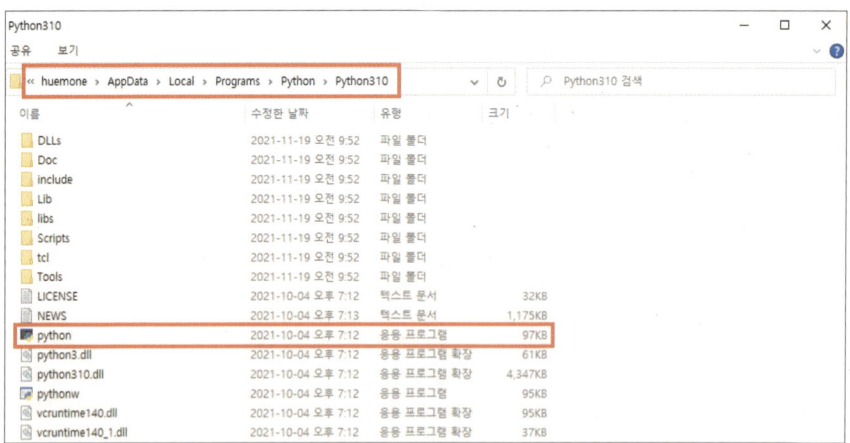

그런 다음 윈도우 키(■)를 누르고 윈도우 검색창에 시스템 환경 변수를 검색하여 시스템 환경 변수 편집을 클릭하세요.

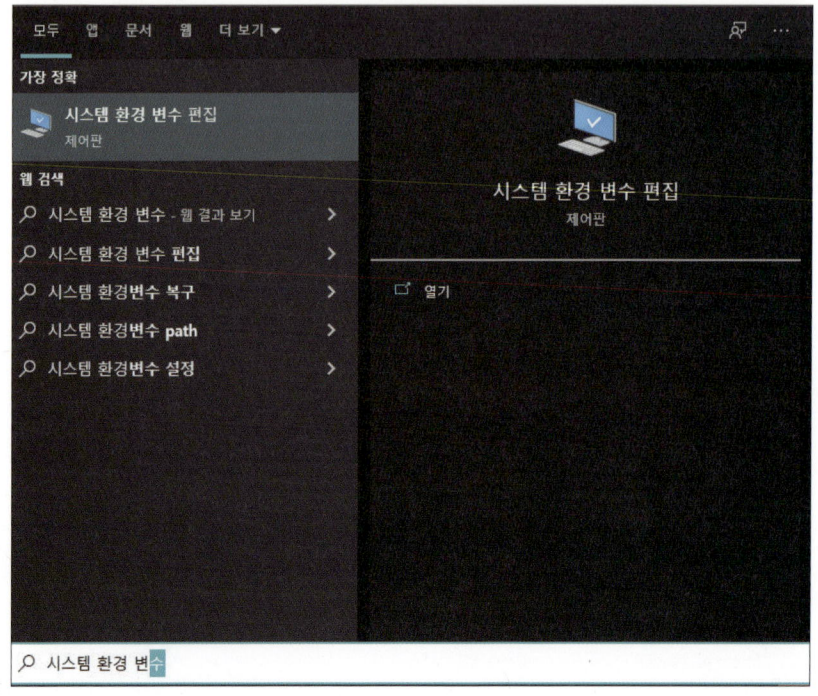

시스템 속성 창이 뜨면 고급 탭의 환경 변수 버튼을 클릭합니다. 그리고 환경 변수 창에서 사용자 변수의 Path를 클릭한 후 편집 버튼을 누릅니다.

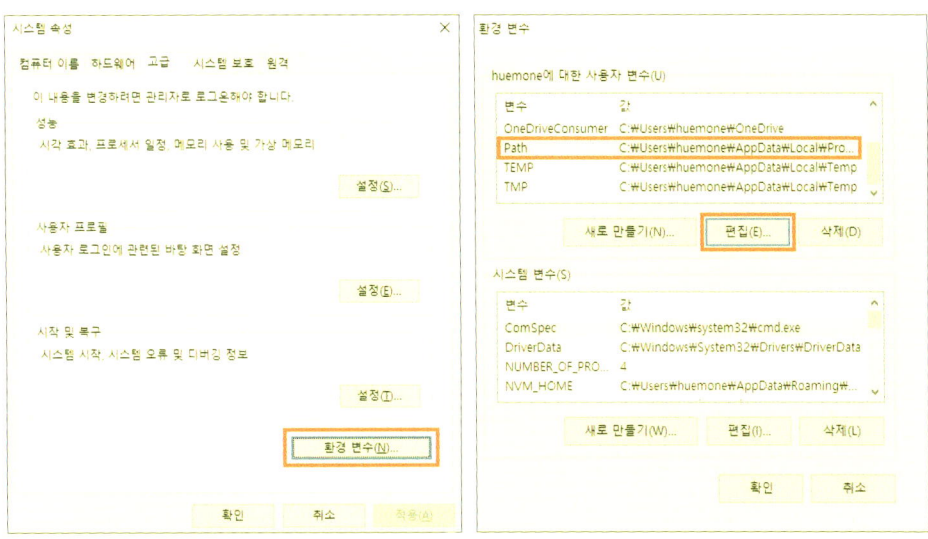

환경 변수 편집 창에서 새로 만들기 버튼을 클릭하면 새로운 환경 변수를 추가할 수 있습니다. 파이썬 프로그램의 경로를 붙여넣고 확인 버튼을 클릭합니다.

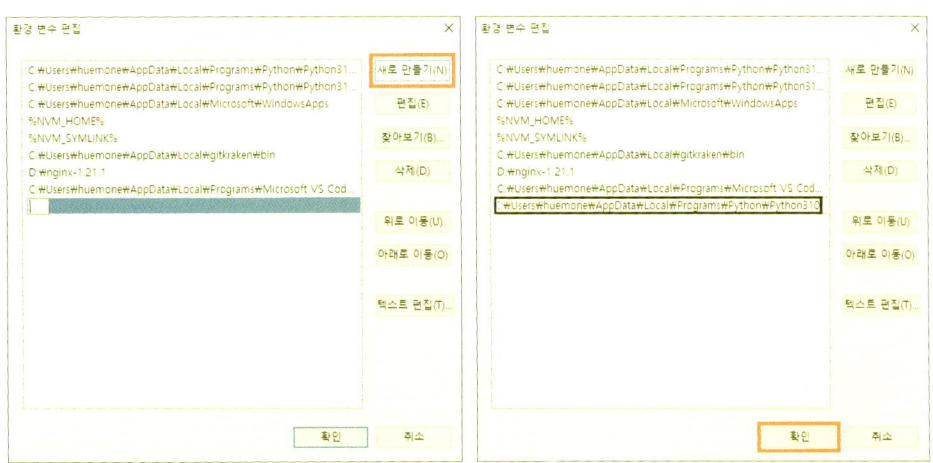

완료했다면 ③의 설치 확인 과정을 다시 한번 진행하세요. 명령 프롬프트 창에서 Python이 뜨면 성공입니다.

맥OS에서 파이썬 설치하기

맥OS는 특이하게 파이썬 2.7이 이미 설치되어 있습니다. 하지만 파이썬 2.7 사용을 권장하지 않으므로 파이썬 3을 새로 설치해 사용하겠습니다. 그렇다고 파이썬 2.7을 삭제할 필요는 없습니다.

① 파이썬 사이트 접속

파이썬 공식 사이트(https://python.org)에 접속합니다. Downloads 탭에 마우스를 대면 다음과 같은 창이 하나 뜹니다. 파이썬 버전이 표시된 버튼을 클릭하면 자동으로 사용하는 환경에 맞는 파일이 다운로드됩니다. 참고로 버전은 계속 업데이트되므로 다음 그림과 다를 수 있습니다.

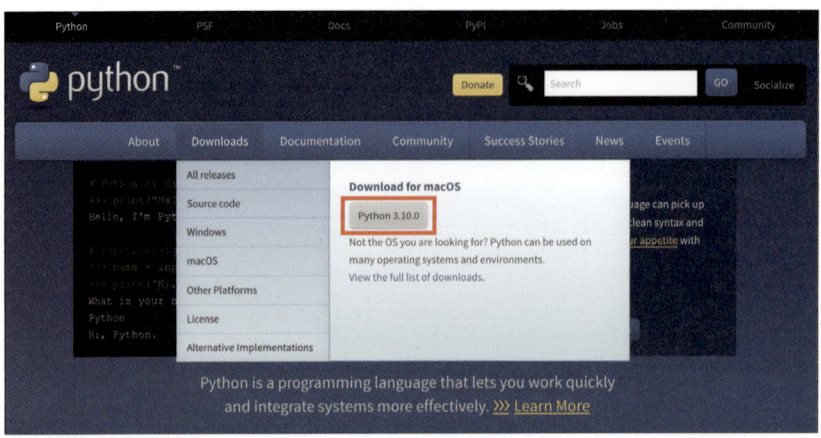

② 프로그램 설치

다운로드한 실행 파일(.exe)을 열면 설치 과정이 진행됩니다.

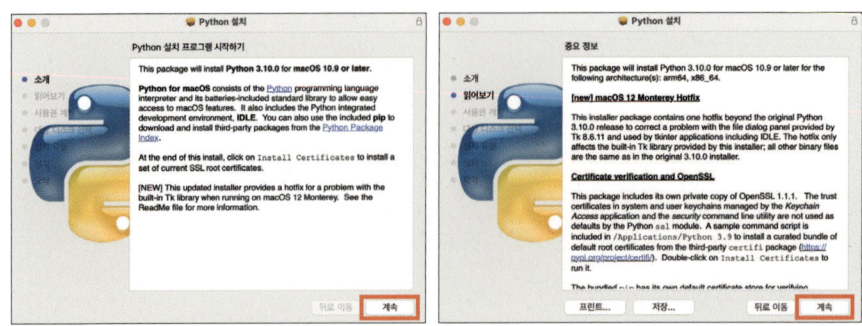

③ 설치 확인

맥의 터미널을 이용해 파이썬이 설치되었는지 확인할 수 있습니다. 터미널 또는 terminal을 입력하여 터미널 앱을 엽니다.

터미널 창에 python3 --version이라고 입력합니다. 다음 그림처럼 Python이라는 단어와 버전이 출력되면 성공입니다.

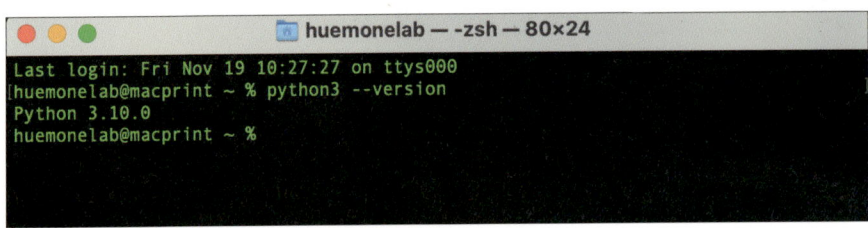

앞서 설명했듯이 맥에는 이미 파이썬 2.7 버전이 설치되어 있으므로 python --version이라고 입력하면 Python 2.7 버전이 출력됩니다. 따라서 맥에서는 python 대신 python3이라고 입력해야 파이썬 3 버전을 사용할 수 있습니다.

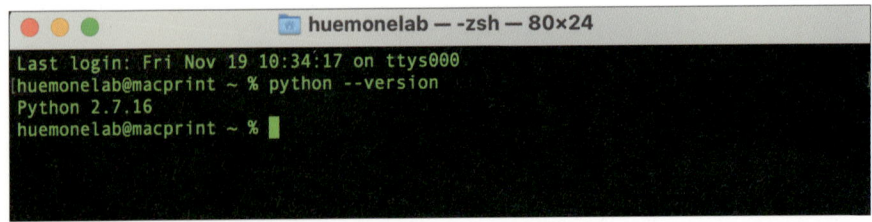

1-4
Visual Studio Code 설치하고 파이썬 실행하기

윈도우의 명령 프롬프트(또는 맥의 터미널)에서도 파이썬 코드를 작성할 수 있지만 코드의 양이 많거나 복잡할 때는 사용하기 어렵습니다. 그래서 보통 코드 에디터를 활용합니다. 여기에 코드를 작성할 수도 있고, 원하는 파일이나 폴더를 불러와서 열 수도 있습니다.

> 코드 에디터를 일종의 '기능이 많은 메모장'이라고 생각하면 이해하기 쉽습니다.

파이썬을 쓸 때는 주로 Visual Studio Code, PyCharm, Jupyter Notebook 같은 코드 에디터를 사용합니다. 그중에서 Visual Studio Code는 다른 프로그래밍 언어로 코딩할 때도 사용할 수 있고 설치와 사용 방법이 간단하기 때문에 이 책에서는 Visual Studio Code를 활용해 코드를 작성할 것입니다.

 **다른 코드 에디터를 쓰면 안 되나요?**

이미 Pycharm이나 Jupyter Notebook을 사용하고 있거나, 다른 에디터를 사용하고 싶나요? Visual Studio Code가 아니라 여러분이 원하는 에디터로 진행해도 괜찮아요!

윈도우에서 Visual Studio Code 설치하기

① **Visual Studio Code 설치 사이트 접속**

Visual Studio Code 공식 사이트(https://code.visualstudio.com/)에 접속하면 여러분의 환경에 맞는 다운로드 버튼이 뜹니다. Download for Windows 버튼을 클릭합니다.

② 프로그램 설치

다운로드한 실행 파일(.exe)을 열면 설치 과정이 진행됩니다.

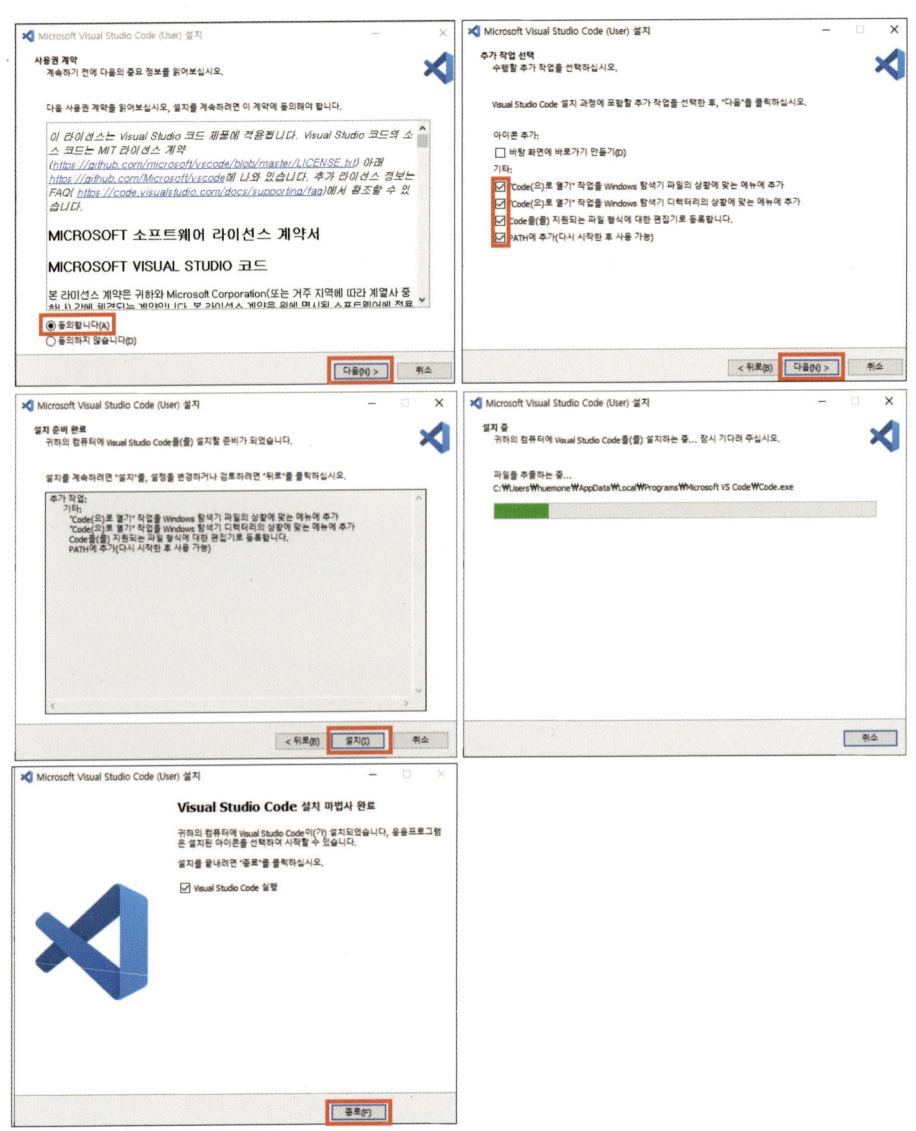

③ 프로그램 실행

설치된 Visual Studio Code 프로그램을 실행하면 다음 그림과 같은 창이 뜹니다.

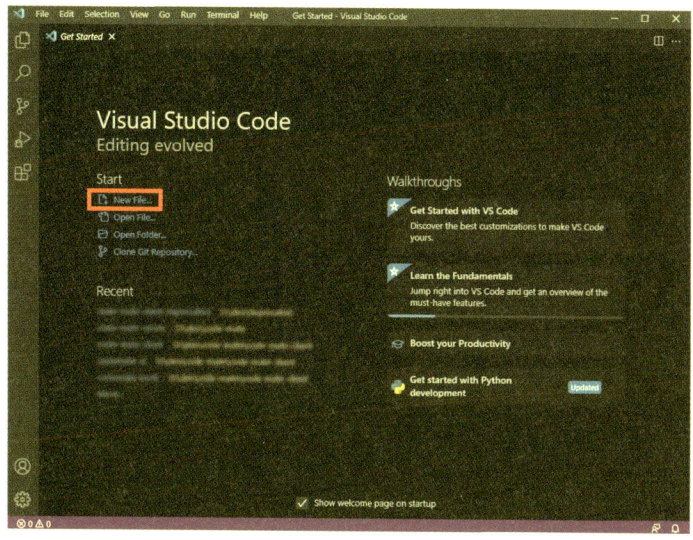

④ 파이썬 파일 만들기

앞의 Visual Studio Code 시작 화면에서 New File 버튼을 클릭하거나 File > New File을 클릭하면 Untitled-1이라는 파일이 열립니다. 이때 Ctrl+S 키를 누르거나 File > Save를 누르면 파일을 원하는 이름으로 저장할 수 있습니다. 파일 이름을 practice.py라고 적은 후에 저장해 보세요.

→ 파일 확장자를 .py로 저장하면 파이썬 파일이 됩니다.

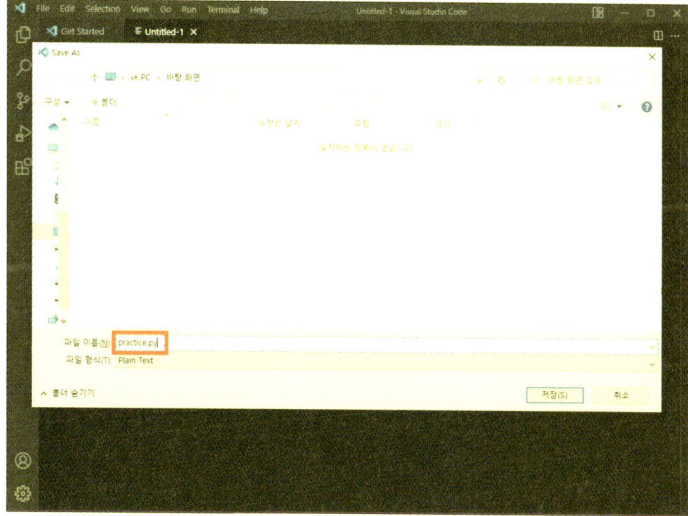

⑤ 파이썬 파일 실행하기

practice.py 파일에 간단한 코드를 적고 실행해 보겠습니다.

그 전에 먼저 Visual Studio Code에 있는 다양한 확장(Extensions) 기능을 활용하기 위한 간단한 설치 과정을 진행하겠습니다. 왼쪽 메뉴 하단의 Extensions 버튼(⊞)을 클릭하거나 Ctrl+Shift+X 키를 누른 후 Extensions 창에서 python을 검색하면 상단에 Python이라는 extension 항목이 뜹니다. Install을 눌러 설치합니다.

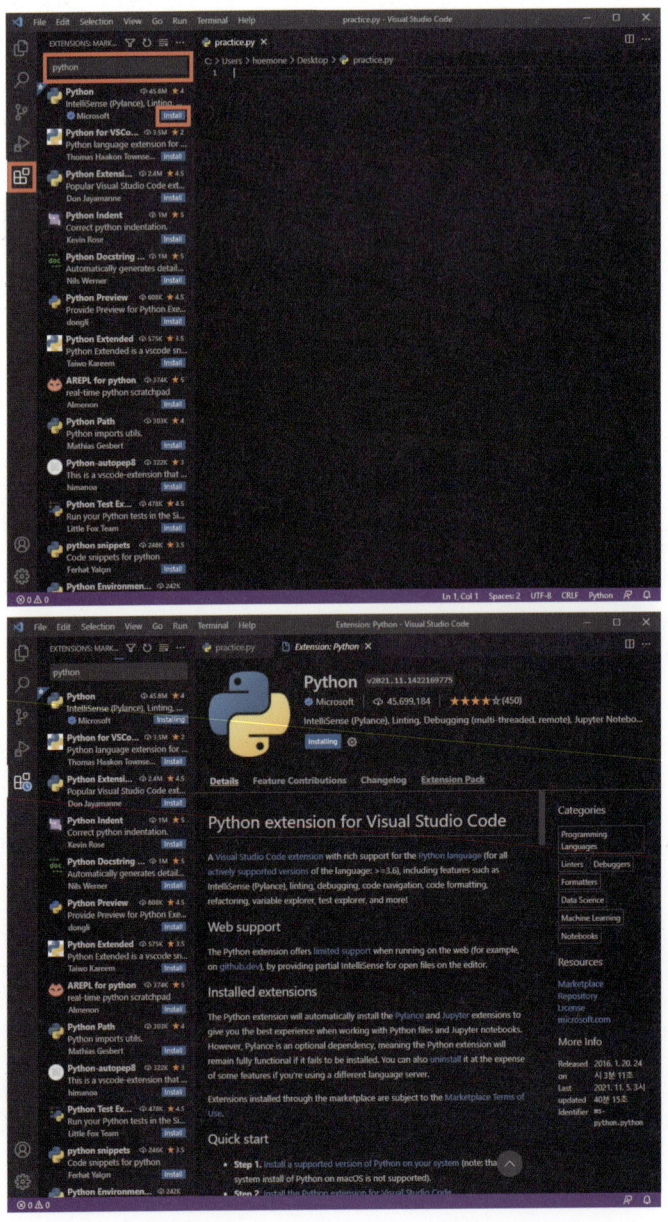

Python extension을 설치했으면 다시 practice.py 파일로 돌아와 print("hello world")라는 간단한 코드를 입력합니다.

코드를 입력한 뒤 실행 버튼(▷)을 클릭하면 자동으로 하단의 터미널 창이 켜지며 코드가 실행됩니다. 다음 그림처럼 터미널 창에 hello world가 출력되면 성공입니다.

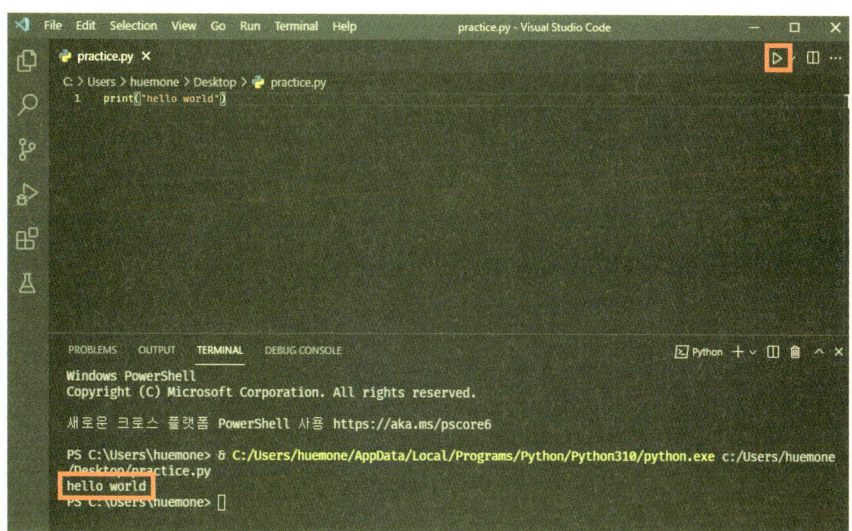

| 맥 OS에서 Visual Studio Code 설치하기

① **Visual Studio Code 설치 사이트 접속**

Visual Studio Code 공식 사이트(https://code.visualstudio.com/)에 접속하면 여러분의 환경에 맞는 다운로드 버튼이 뜹니다. Download for Mac Universal 버튼을 클릭합니다.

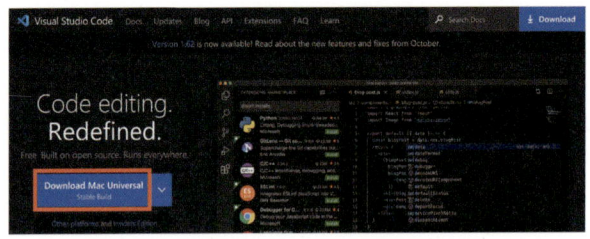

② **프로그램 설치**

다운로드된 파일은 압축 파일입니다. 다운로드 완료 후 실행하면 자동으로 압축이 풀리고 Visual Studio Code 프로그램 실행 아이콘이 생성됩니다. 참고로 압축을 푼 후에 압축 파일은 삭제해도 됩니다.

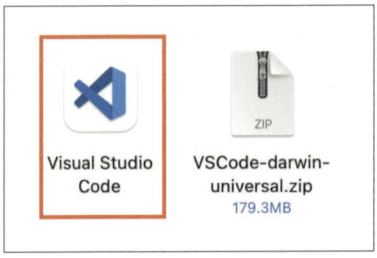

Visual Studio Code 아이콘을 응용 프로그램 폴더로 드래그하여 옮깁니다. 그러면 다음과 같이 응용 프로그램 안에 Visual Studio Code 아이콘이 있어야 합니다.

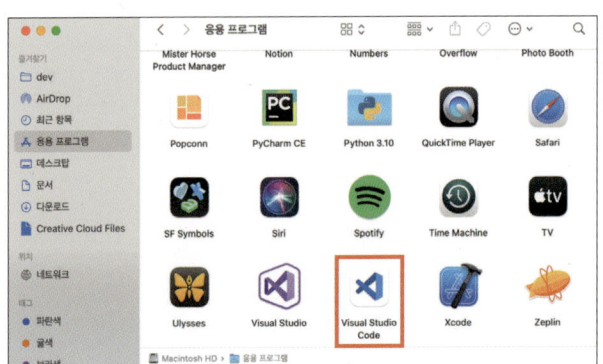

③ 프로그램 실행

설치된 Visual Studio Code 프로그램을 실행하면 다음 그림과 같은 창이 뜹니다.

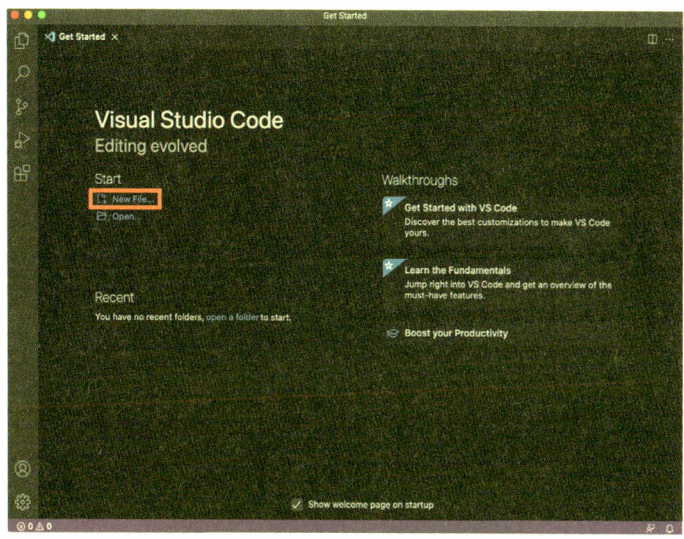

④ 파이썬 파일 만들기

앞의 Visual Studio Code 시작 화면에서 New File 버튼을 클릭하거나 File > New File을 클릭하면 Untitled-1이라는 파일이 열립니다. 이때 Command+S 키를 누르거나 File > Save를 누르면 파일을 원하는 이름으로 저장할 수 있습니다. 파일 이름을 practice.py라고 적은 후에 저장해 보세요.

→ 파일 확장자를 .py로 저장하면 파이썬 파일이 됩니다.

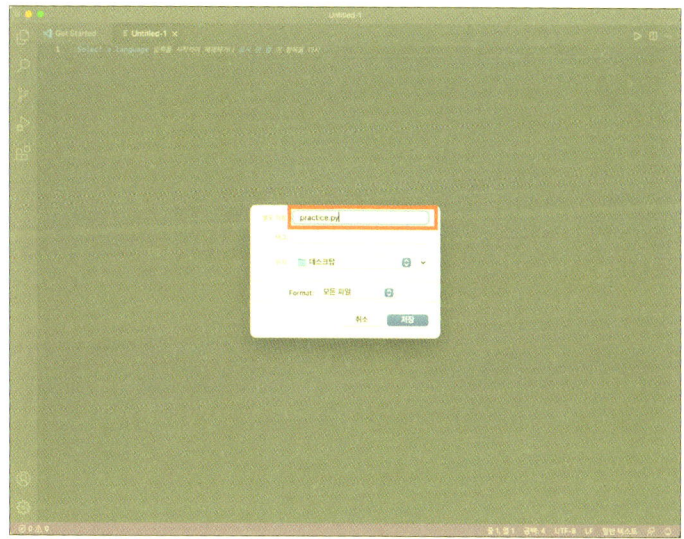

⑤ 파이썬 파일 실행하기

practice.py 파일에 간단한 코드를 적고 실행해 보겠습니다.

그 전에 먼저 Visual Studio Code에 있는 다양한 확장(Extensions) 기능을 활용하기 위한 간단한 설치 과정을 진행하겠습니다. 왼쪽 메뉴 하단의 Extensions 버튼(⌘)을 클릭하거나 Command+Shift+X 키를 누른 후 Extensions 창에서 python을 검색하면 상단에 Python이라는 extension 항목이 뜹니다. Install을 눌러 설치합니다.

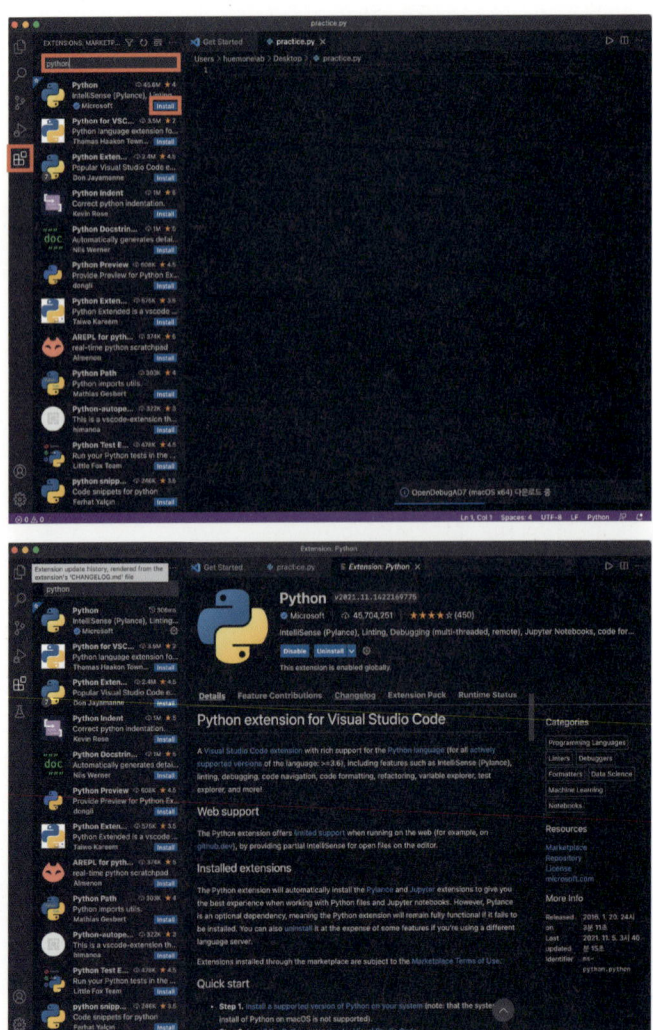

Python extension을 설치했으면 다시 practice.py 파일로 돌아와 print("hello world")라는 간단한 코드를 입력합니다.

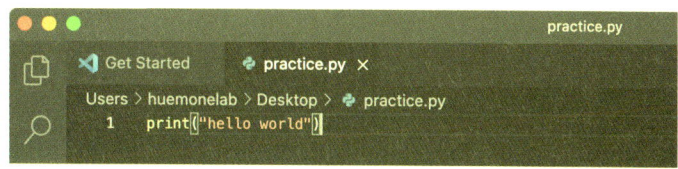

실행 버튼(▷)을 클릭한 뒤 Run Python File 또는 Run Python File in Terminal을 클릭하면 자동으로 하단의 터미널 창이 켜지며 코드가 실행됩니다.

터미널 창에 hello world가 출력되면 성공입니다.

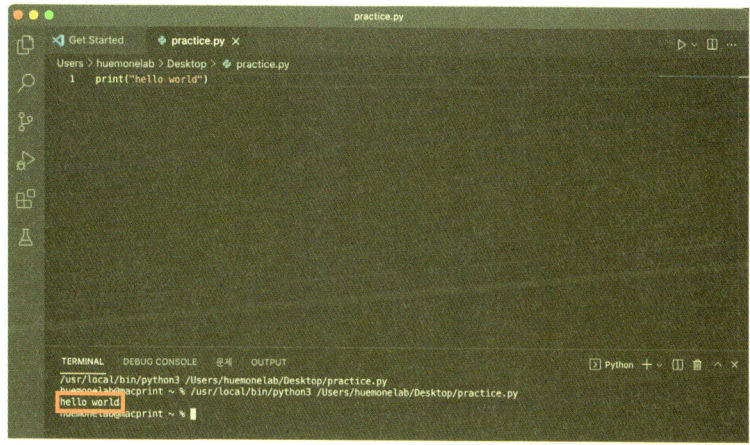

CHAPTER 1 마무리

핵심 정리

- 파이썬은 프로그래밍 언어의 한 종류입니다.
- 파이썬 프로그램을 설치해야 사용할 수 있습니다.
- Visual Studio Code는 코드 에디터 중 하나입니다.
- 파일 확장자를 .py로 저장하면 자동으로 파이썬 파일로 인식됩니다.

개념 다지기

1-1. 파이썬에 대한 설명으로 알맞은 것을 고르세요.

① 파이썬은 C언어, 자바 등 다른 프로그래밍 언어보다 문법이 복잡하다.
② 파이썬의 로고는 용을 형상화한 것이다.
③ 파이썬은 웹 개발에서만 사용할 수 있다.
④ 파이썬은 귀도 반 로섬이라는 사람이 만든 언어이다.

1-2. 파이썬 파일의 확장자로 알맞은 것을 고르세요.

① pip
② python
③ py
④ pi

변수의 추천 과제

 개념을 복습하며 포트폴리오를 만들고 싶다면, 변수의 추천 과제를 해결해 보세요!

난이도	과제	페이지
★	1-1. 파이썬과 Visual Studio Code 설치하기	252

CHAPTER

출력과 문자열

2 - 1. 문자열 출력
2 - 2. 띄어쓰기가 있는 출력
2 - 3. 여러 줄 출력
2 - 4. 주석
2 - 5. 줄 바꿈 없는 출력
2 - 6. 구분자를 포함한 출력

▶ CHAPTER 2 마무리

"파이썬을 이용하면 내가 원하는 대로 출력할 수 있어!"

2-1
문자열 출력

파이썬에서는 한 글자 이상의 단어나 문장을 모두 문자열이라고 부릅니다. 파이썬을 이용하면 쉽게 문자열을 출력할 수 있습니다.

▶ 특이하게도 대부분의 프로그래밍 언어에서 '한 글자'와 '여러 글자'로 유형을 분류합니다.

파이썬에서는 print()라는 코드가 출력을 담당합니다. print라는 단어의 뜻 그대로 이해하면 쉽습니다. 문자열을 출력하려면 print()의 괄호 안에 글자를 적어야 하는데요, 이때 글자는 따옴표로 감싸서 적어야 합니다. 왜냐하면 파이썬은 따옴표로 감싼 글자만 문자열로 인식하기 때문입니다.

문자열을 출력하는 코드입니다. 직접 작성하고 실행해 보세요.

코드 2-1-1

```
1  print("나는 파이썬이다.")
2  print("파이썬이 좋아요 ")
3  print('파이썬 100단 ')
```

실행 결과
```
나는 파이썬이다.
파이썬이 좋아요
파이썬 100단
```

◉ 큰따옴표와 작은따옴표 모두 사용할 수 있지만 짝은 꼭 맞아야 합니다. 큰따옴표로 시작하면 큰따옴표로 끝을 맺어주세요. 작은따옴표도 마찬가지입니다.

잘못된 코드를 작성한 후 실행하면 어떻게 될까요? 코드를 통해 확인해 보겠습니다.

문자열을 감쌀 때 서로 다른 따옴표를 사용한 코드입니다. 코드를 실행하면 오류가 발생합니다.

코드 2-1-2

```
1  print("나는 파이썬이다.')
2  print('파이썬이 좋아요 ")
```

실행 결과
```
print("나는 파이썬이다.')
                      ^
SyntaxError: EOL while scanning string literal
```

▶ 1번 줄: 큰따옴표로 시작했는데 작은따옴표로 끝내서 오류가 발생했네요.

그렇다면 내용에 따옴표가 포함된 문자열을 출력하고 싶을 땐 어떻게 할까요? 쉽습니다. 문자열 안에 큰따옴표가 있으면 작은따옴표로 감싸고, 작은따옴표가 있으면 큰따옴표로 감싸면 됩니다. 코드를 통해 확인해 볼까요?

큰따옴표와 작은따옴표가 포함된 문자열을 출력하는 코드입니다. 직접 작성하고 실행해 보세요.

코드 2-1-3

```
1  print("작은따옴표 '이거'를 출력하고 싶을 때!")
2  print('큰따옴표 "이거"를 출력하고 싶을 때')
```

실행 결과
```
작은따옴표 '이거'를 출력하고 싶을 때!
큰따옴표 "이거"를 출력하고 싶을 때
```

▶ 1번 줄: 작은따옴표를 출력하기 위해 문자열 전체를 큰따옴표로 감싸주었습니다.
▶ 2번 줄: 큰따옴표를 출력하기 위해 문자열 전체를 작은따옴표로 감싸주었습니다.

문자열에 포함된 따옴표와 문자열을 감싸는 따옴표가 같은 경우에는 어떤 오류가 발생할까요? 다음 코드를 통해 확인하세요.

문자열 내 따옴표와 문자열을 감싸는 따옴표가 같은 코드입니다. 코드를 실행하면 오류가 발생합니다.

코드 2-1-4

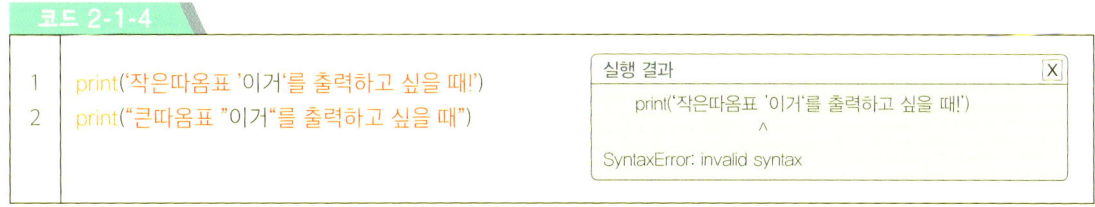

- **1번 줄**: 작은따옴표로 시작했을 때는 다시 작은따옴표를 만나는 곳까지를 문자열로 인식합니다. 그러므로 여기서 프로그램은 '작은따옴표'와 '를 출력하고 싶을 때!'를 문자열로 인식하고 그 사이에 낀 이거를 문자열로 인식하지 않아 오류가 발생합니다.
- **2번 줄**: 마찬가지로 큰따옴표로 시작한 경우에는 큰따옴표를 만나는 곳까지를 문자열로 인식합니다. 그러므로 1번 줄과 같은 오류가 발생합니다. 하지만 프로그램은 가장 먼저 발견된 오류만 띄우기 때문에 2번 줄에 대한 오류는 결과 화면에 나타나지 않았습니다.

문제로 익히는 개념

Q1 실행 결과처럼 출력되도록 빈칸을 채워 코드를 작성하세요.

- 파이썬에서는 print()가 출력을 담당합니다. 헷갈리면 프린트 출력이라고 외워 보세요.

Q2 코드와 실행 결과가 올바르면 ◯, 틀리면 X를 선택하세요. (◯ / X)

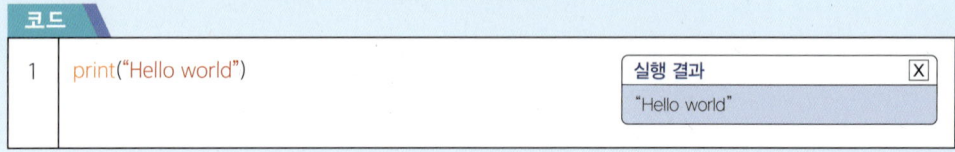

- 문자열을 감싸는 따옴표는 Hello world가 문자열로 인식되도록 할 뿐, 결과 화면에 출력되지는 않습니다. 올바른 출력 결과는 "Hello world"가 아니라 Hello world입니다.

Q3 다음 선택지 중 오류가 발생하지 않는 코드는 무엇일까요?

① print("코딩의 첫 시작')
② print('코딩의 첫 시작")
③ print("코딩의 '첫' 시작")
④ print("코딩의 "첫" 시작")

- ①, ②: 문자열을 감싸는 따옴표의 짝이 맞지 않아 오류가 발생합니다.
- ④: 작은따옴표 또는 큰따옴표를 문자열 안에 넣고 출력하고 싶다면 그와 다른 따옴표로 문자열 전체를 감싸야 합니다.

답 Q1 print Q2 X Q3 ③

2-2
띄어쓰기가 있는 출력

배가 고픈 김변수가 지금 당장 먹고 싶은 음식을 모두 출력하는 프로그램을 만들었습니다.

```
실행 결과                                                    X
햄버거 치킨 샌드위치 피자
햄버거 치킨 샌드위치 피자
햄버거치킨샌드위치피자
햄버거치킨샌드위치피자
```

이런 프로그램을 만들려면 코드를 어떻게 작성해야 할까요? 실행 결과에 보이는 그대로 적어 출력할 수도 있겠지만, 여기서는 기호를 이용해 조금 특별한 방법으로 출력해 보겠습니다.

print 문 안에서 쉼표(,), 더하기(+), 빈칸으로 여러 문자열을 연결해 출력할 수 있습니다. 쉼표(,)로 문자열을 연결하면 문자열 사이에 띄어쓰기와 함께 출력되고, 더하기(+)로 문자열을 연결하면 띄어쓰기 없이 연결되어 출력됩니다. 또한 아무 기호도 넣지 않은 채 빈칸으로 문자열을 연결하여 출력하면 더하기를 적은 것처럼 띄어쓰기 없이 출력됩니다.

다음 코드를 실행해 위와 동일한 결과가 나타나는지 확인해 보세요.

코드 2-2-1

```
1  print("햄버거 치킨 샌드위치 피자")
2  print("햄버거", "치킨", "샌드위치", "피자")
3  print("햄버거" + "치킨" + "샌드위치" + "피자")
4  print("햄버거" "치킨" "샌드위치" "피자")
```

실행 결과
```
햄버거 치킨 샌드위치 피자
햄버거 치킨 샌드위치 피자
햄버거치킨샌드위치피자
햄버거치킨샌드위치피자
```

- 1번 줄: 문자열 안에 띄어쓰기를 포함해 출력합니다. 프로그래밍에서는 띄어쓰기도 문자로 인식하므로 문자열 안의 띄어쓰기도 그대로 출력됩니다.
- 2번 줄: 문자열 여러 개를 쉼표(,)로 연결해서 출력하면 띄어쓰기와 함께 출력됩니다.
- 3번 줄: 문자열 여러 개를 더하기(+)로 연결해서 출력하면 띄어쓰기 없이 출력됩니다.
- 4번 줄: 문자열 여러 개를 다른 기호 없이 나열해서 출력합니다. 이렇게 빈칸으로 문자열을 연결하면 띄어쓰기 없이 출력됩니다.

 한 문자열 안에 다 적으면 되는데, 왜 굳이 기호로 여러 문자열을 구분해서 나열하나요?

문자열 출력만 배운 지금은 기호로 구분하는 이유를 이해하기 어려울 테지만, 나중에 변수라는 걸 배우고 나면 왜 그런지 알 수 있을 거예요. 기호를 사용하면 변수와 문자열을 함께 출력할 수 있어요!

 문자열을 연결할 때 더하기(+) 기호 앞뒤나 쉼표(,) 기호 뒤에 띄어쓰기를 꼭 넣어야 하나요?

꼭 적을 필요는 없지만, 코드의 가독성을 위해 보편적으로 더하기(+) 앞뒤, 쉼표(,) 뒤에는 띄어쓰기를 적는 편이에요. 보편적인 관행은 지키는 것이 좋겠죠?

문제로 익히는 개념

Q1 다음 코드의 실행 결과로 알맞은 것을 고르세요.

```
1  print("파이썬은" "정말" "쉽다")
```

① 파이썬은 정말 쉽다
② 파이썬은정말쉽다
③ "파이썬은" "정말" "쉽다"
④ 오류가 발생한다.

▶ 기호 없이 문자열을 나열하면 모든 문자열이 붙어서 출력됩니다. 띄어쓰기와 함께 출력하려면 문자열 사이에 쉼표(,)를 적어야 합니다.

Q2 다음 코드의 실행 결과로 알맞은 것을 고르세요.

```
1  print("파이썬이", "이렇게", "재밌다니")
2  print("정말" + "쉽고" + "재미있네.")
```

① 파이썬이 이렇게 재밌다니 정말 쉽고 재미있네.
② 파이썬이 이렇게 재밌다니 정말쉽고재미있네.
③ 파이썬이이렇게재밌다니
   정말 쉽고 재미있네.
④ 파이썬이 이렇게 재밌다니
   정말쉽고재미있네.

▶ print() 출력은 기본적으로 코드 한 줄이 실행된 후 자동으로 줄 바꿈이 됩니다.
▶ 1번 줄: 문자열을 쉼표(,)로 구분해서 나열하면 띄어쓰기와 함께 출력됩니다.
▶ 2번 줄: 문자열을 더하기(+)로 구분해서 나열하면 띄어쓰기 없이 출력됩니다.

Q3 실행 결과를 보고 빈칸에 알맞은 코드를 적어 보세요.

코드	실행 결과
1 print("파이썬" ① "내가" ② "끝내준다")	파이썬 내가끝내준다

▶ '파이썬'과 '내가' 사이에는 띄어쓰기가 있으므로 쉼표(,)를 적어야 합니다.
▶ '내가'와 '끝내준다' 사이에는 띄어쓰기가 없으므로 더하기(+)를 적거나 빈칸으로 비워 두어야 합니다.

답 Q1 ② Q2 ④ Q3 ① , ② + 또는 공백

2-3 여러 줄 출력

김변수가 좋아하는 영화의 줄거리를 소개하는 프로그램을 만들었습니다.

```
실행 결과                                                        X
〈줄거리〉
서로가 최고의 친구였던 자매 '엘사'와 '안나'.
하지만 언니 '엘사'에게는 하나뿐인 동생에게조차 말 못할 비밀이 있다.
모든 것을 얼려버리는 신비로운 힘이 바로 그것.
'엘사'는 통제할 수 없는 자신의 힘이 두려워 왕국을 떠나고,
얼어버린 왕국의 저주를 풀기 위해 '안나'는 언니를 찾아 환상적인 여정을 떠나는데...
[출처: 네이버 영화]
```

이런 프로그램을 만들려면 코드를 어떻게 작성해야 할까요? 총 7줄의 문장이 있으니 print()를 7번 써서 작성하면 될까요? 틀린 방법은 아니지만, 프로그래밍 세계에서는 반복되는 코드를 대체로 싫어합니다. 1,000번 혹은 10,000번 똑같이 출력한다고 상상해 보세요. 코드를 붙여 넣을 때도, 수정할 때도 너무 오래 걸리고 비효율적일 것입니다.

그렇다면 한 번의 print()로 여러 줄을 한꺼번에 출력할 수 있을까요? 네, 가능합니다. print()의 괄호 안에서 문자열을 감쌀 때 1개의 따옴표 쌍이 아니라, 3개의 따옴표 쌍으로 감싸면 여러 줄을 한번에 출력할 수 있습니다. 앞에서 본 문자열 출력과 마찬가지로 큰따옴표, 작은따옴표 모두 사용할 수 있지만 하나로 통일되어야 합니다.

한 번의 print()로 여러 줄을 출력하는 코드입니다. 직접 작성하고 실행해 보세요.

코드 2-3-1

```
1  print("""<줄거리>
2  서로가 최고의 친구였던 자매 '엘사'와 '안나'.
3  하지만 언니 '엘사'에게는 하나뿐인 동생에게조차 말 못할 비밀이 있다.
4  모든 것을 얼려버리는 신비로운 힘이 바로 그것.
5  '엘사'는 통제할 수 없는 자신의 힘이 두려워 왕국을 떠나고,
6  얼어버린 왕국의 저주를 풀기 위해 '안나'는 언니를 찾아 환상적인 여정을 떠나는데...
7  [출처: 네이버영화]""")
```

실행 결과

```
<줄거리>
서로가 최고의 친구였던 자매 '엘사'와 '안나'.
하지만 언니 '엘사'에게는 하나뿐인 동생에게조차 말 못할 비밀이 있다.
모든 것을 얼려버리는 신비로운 힘이 바로 그것.
'엘사'는 통제할 수 없는 자신의 힘이 두려워 왕국을 떠나고,
얼어버린 왕국의 저주를 풀기 위해 '안나'는 언니를 찾아 환상적인 여정을 떠나는데...
[출처: 네이버 영화]
```

▶ print()의 괄호 안에 3개의 따옴표 쌍을 넣으면 여러 줄을 한 번에 출력할 수 있습니다. 이렇게 출력하면 따옴표 3개 사이의 모든 줄 바꿈이 인식됩니다.

잘 했습니다! 그런데 실행 결과의 처음과 끝 부분에 한 줄 여백을 두면 정보를 읽기가 더 편하지 않을까요? 이번에는 엔터 키로 처음과 끝 부분에 줄 바꿈을 추가한 코드를 작성해 보겠습니다.

처음과 끝에 줄 바꿈을 추가한 코드입니다. 직접 작성하고 실행해 보세요.

코드 2-3-2

```
1  print("""
2  <줄거리>
3  서로가 최고의 친구였던 자매 '엘사'와 '안나'.
4  하지만 언니 '엘사'에게는 하나뿐인 동생에게조차 말 못할 비밀이 있다.
5  모든 것을 얼려버리는 신비로운 힘이 바로 그것.
6  '엘사'는 통제할 수 없는 자신의 힘이 두려워 왕국을 떠나고,
7  얼어버린 왕국의 저주를 풀기 위해 '안나'는 언니를 찾아 환상적인 여정을 떠나는데...
8  [출처: 네이버영화]
9  """)
```

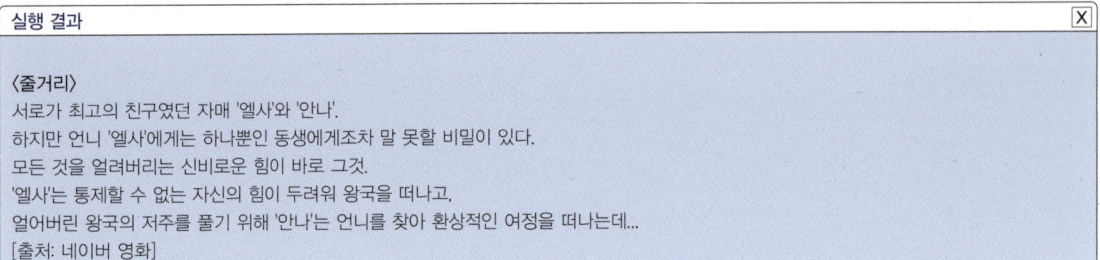

- 큰따옴표가 아닌 작은따옴표 3개로도 여러 줄을 출력할 수 있습니다.
- 작은따옴표 3개와 작은따옴표 1개는 다른 기호로 인식됩니다. 따라서 중간에 작은따옴표를 넣어도 오류가 발생하지 않습니다.
- 코드 2-3-1과 달리 문단 처음과 끝에 줄 바꿈이 추가되었습니다. 3개의 따옴표 쌍 사이의 줄 바꿈은 모두 문자처럼 인식되기 때문에 실행 결과 문단의 처음과 끝에도 줄 바꿈이 생깁니다.

문제로 익히는 개념

Q1 실행 결과를 보고 빈칸에 알맞은 코드를 적어 보세요.

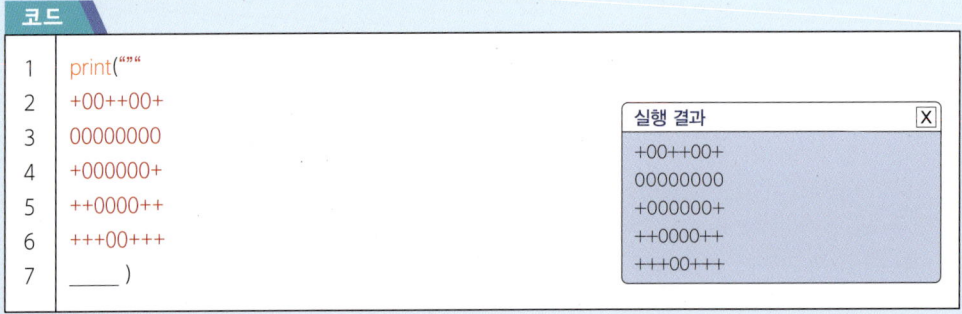

- 큰따옴표 3개로 여러 줄 출력을 시작했으므로 마지막에도 큰따옴표 3개를 적어 짝을 맞춰야 합니다.

답 Q1 """

2-4 주석

어떤 프로그래밍 언어든 주석이라는 개념은 빠지지 않습니다. 주석은 코드로 해석되지 않기 때문에 실행되지도 않습니다. 따라서 코드를 읽는 사람의 이해를 돕기 위해 설명을 작성하거나, 어떤 코드를 실행하지 않고 그냥 놔두고 싶을 때 주석을 사용합니다. 주석처리라는 말을 자주 사용하는데, 이는 원하는 부분의 코드를 주석으로 만든다는 의미입니다.

주석으로 설명을 자세히 적어 놓으면 다른 사람도 그 코드를 쉽게 이해할 수 있고, 시간이 지나 자신의 코드를 보았을 때 '왜 이런 코드를 적었지?'하며 스스로 반문하는 불상사를 막을 수 있습니다. 그것뿐만 아니라 주석처리를 적절히 활용하면 오류를 쉽게 찾을 수도 있습니다.

파이썬에서 한 줄 주석은 샵(#)으로, 여러 줄 주석은 따옴표 3개 쌍으로 적습니다. 여러 줄 주석은 여러 줄 출력과 마찬가지로 큰따옴표와 작은따옴표를 모두 사용할 수 있습니다.

한 줄 주석이 포함된 코드입니다. 직접 작성하고 실행해 보세요.

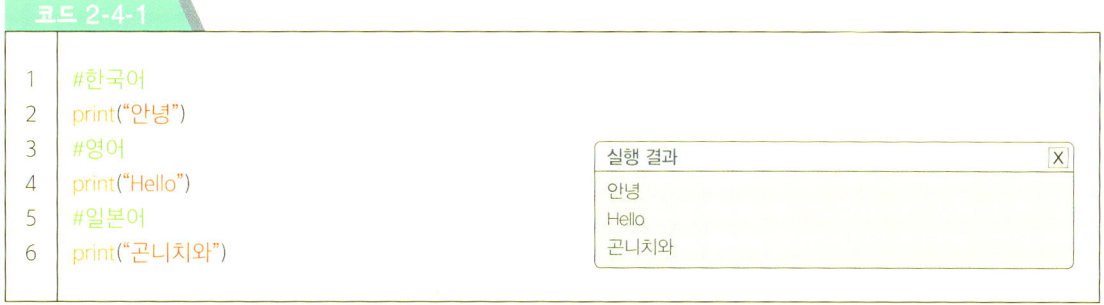

코드 2-4-1

```
1  #한국어
2  print("안녕")
3  #영어
4  print("Hello")
5  #일본어
6  print("곤니치와")
```

실행 결과
```
안녕
Hello
곤니치와
```

▶ 샵(#) 뒤의 한 줄은 코드로 인식되지 않습니다. 따라서 실행하면 주석 이외의 코드만 실행됩니다.

여러 줄 주석이 포함된 코드입니다. 직접 작성하고 실행해 보세요.

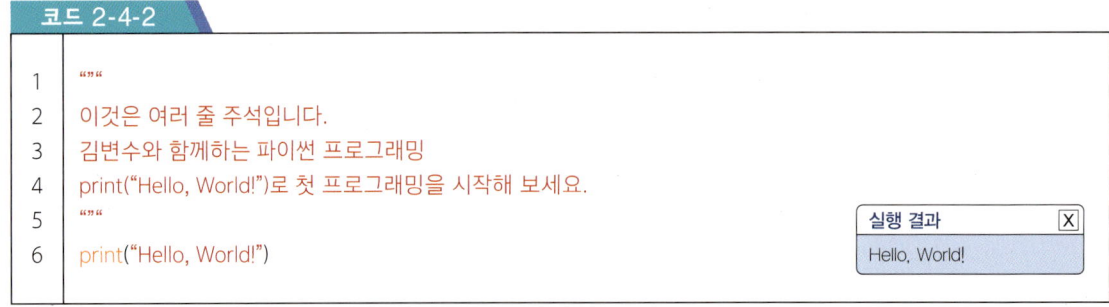

▶ 여러 줄 주석은 여러 줄 출력과 같이 따옴표 3개 쌍으로 내용을 감싸서 작성합니다. 큰따옴표와 작은따옴표 모두 사용할 수 있습니다.

문제로 익히는 개념

Q1 다음 코드의 실행 결과를 적어 보세요.

코드	
1	print("파이썬이 재밌어요") # 정말?

▶ 샵(#) 뒤의 문장은 한 줄 주석으로 인식되어 출력되지 않습니다.

Q2 실행 결과를 보고 코드를 알맞은 순서대로 나열하세요.

① 파이썬으로 프로그래밍 공부하기
② print("첫 번째 시도!")
③ print("두 번째 시도 성공!")
④ """

▶ ①의 문장은 출력되지 않았으니 주석처리된 문장이네요. 한 줄짜리 문장은 샵(#)으로 주석처리할 수도 있지만 이 코드에는 이미 큰따옴표 3개가 표시되어 있으므로 한 줄 주석이 아닌 여러 줄 주석으로 처리해야 합니다. 큰따옴표 3개로 여러 줄 주석을 닫은 후에는 출력할 문장을 순서대로 적어야 합니다.

답 Q1 파이썬이 재밌어요 Q2 ①-④-②-③

2-5 줄 바꿈 없는 출력

end 옵션은 출력하는 문장 맨 끝에 붙일 문자를 지정하는 옵션입니다. end 옵션은 언제나 print 괄호 안의 가장 마지막에 쉼표로 구분해 작성해야 합니다. print 괄호 안에 여러 문자열을 나열해 출력할 때도 마찬가지입니다.

print 문에서 end 옵션을 사용하는 코드입니다. 직접 작성하고 실행해 보세요.

코드 2-5-1

```
1  print("나는 말 끝에", "항상 ㅋㅋ을 붙여", end="ㅋㅋ")
```

실행 결과
```
나는 말 끝에 항상 ㅋㅋ을 붙여ㅋㅋ
```

▶ print 문 안에 end="ㅋㅋ" 옵션을 사용하면 문장의 마지막에 ㅋㅋ이 함께 출력됩니다.

지금까지 우리가 print 문을 사용할 때마다 자동으로 줄이 바뀌었던 것을 기억하고 있나요?

end 옵션은 출력하는 문장의 맨 끝 문자를 지정하는 동시에 print 출력에서 자동으로 생기는 줄 바꿈을 없앨 수 있습니다. 다음 코드를 통해 end 옵션으로 줄 바꿈이 없어지는지 확인해 보세요.

여러 print 문 사이에서 end 옵션을 사용하는 코드입니다. 직접 작성하고 실행해 보세요.

코드 2-5-2

```
1  print("줄 바꾸지 마")
2  print("제발!!!")
3  print("줄 바꾸지 마", end="")
4  print("제발!!!")
5  print("잘했어!")
```

실행 결과
줄 바꾸지 마
제발!!!
줄 바꾸지 마제발!!!
잘했어!

▶ 1, 2, 4, 5번 줄: 문장 마지막에 자동으로 줄 바꿈이 됩니다.
▶ 3번 줄: end 옵션을 사용했기 때문에 자동으로 줄 바꿈이 되지 않습니다.

end 옵션을 작성하지 않을 때는 왜 자동적으로 줄 바꿈이 될까요? 그 이유는 end 옵션을 따로 작성하지 않는 경우에는 end 옵션의 기본값인 \n이 적용되기 때문입니다. \n은 줄 바꿈이라는 뜻을 가진 문자입니다. 따라서 문자열 안에 \n을 넣으면 그 자리에서 줄이 바뀝니다.

> 기본값이란? 따로 설정하지 않았을 때 자동으로 지정되는 값을 의미합니다. 보통 'default(디폴트)'라는 영단어로 표현합니다.

 잠깐   \n에서 \ 기호는 어디 있나요? 어떻게 작성하나요?

\n이 포함된 문자열을 출력하는 코드입니다. 직접 작성하고 실행해 보세요.

코드 2-5-3

```
1  print("나는\n파이썬이\n좋아요.")
```

실행 결과
나는
파이썬이
좋아요.

▶ \n은 줄 바꿈 문자입니다. 문자열 안에 \n을 작성하면 \n이라는 문자가 출력되지 않고 그 자리에서 줄 바꿈이 됩니다.

문제로 익히는 개념

Q1 다음 코드의 실행 결과로 알맞은 것을 고르세요.

```
1  print("자동으로")
2  print("엔터!")
3  print("자동으로", end=" ")
4  print("엔터 금지!")
```

① 자동으로
   엔터!
   자동으로
   엔터 금지!

② 자동으로
   엔터!
   자동으로엔터 금지!

③ 자동으로
   엔터!
   자동으로 엔터 금지!

④ 자동으로 엔터!
   자동으로 엔터 금지!

> end 옵션을 작성하지 않으면 자동으로 줄 바꿈이 됩니다.
> end 옵션 안에 띄어쓰기를 넣으면 띄어쓰기 후 다음 print 출력문이 이어집니다.

Q2 실행 결과를 보고 빈칸에 알맞은 코드를 적어 보세요.

```
1  print("다른 print에 써도 줄 바꿈이 아닌", _____=" ")
2  print("띄어쓰기가 가능한지!")
```

실행 결과   X
다른 print에 써도 줄 바꿈이 아닌 띄어쓰기가 가능한지!

> 실행 결과에서 줄 바꿈 없이 띄어쓰기로 연결되었으므로 end=" " 옵션을 사용한 것을 알 수 있습니다.

답 Q1 ③ Q2 end

2-6
구분자를 포함한 출력

sep 옵션은 end 옵션처럼 print 출력문 안에서 사용할 수 있는 옵션입니다. sep 옵션을 사용하면 쉼표로 나열된 여러 문자열을 이어주는 구분자를 지정할 수 있습니다.

구분자를 포함한 출력문입니다. 직접 작성하고 실행해 보세요.

코드 2-6-1	
1	`print("전화번호 출력하기")`
2	`print("010", "1234", "9876", sep="-")`

실행 결과
전화번호 출력하기
010-1234-9876

▶ 2번 줄: sep="-" 옵션을 추가했기 때문에 sep 옵션 앞의 문자열 3개가 모두 -로 연결되어 출력됩니다.

sep 옵션은 end 옵션과 마찬가지로 print 괄호 안의 마지막 부분에 추가합니다. sep 옵션과 end 옵션은 하나의 출력문 안에서 동시에 사용할 수도 있습니다. 두 옵션의 순서는 상관없습니다.

sep 옵션과 end 옵션을 모두 사용하는 출력문입니다. 직접 작성하고 실행해 보세요.

코드 2-6-2	
1	`print("2023", "1", "1은 새해 첫날이다", sep="-", end="★")`
2	`print("2022", "12", "25는 크리스마스다", end="★", sep="-")`

실행 결과
2023-1-1은 새해 첫날이다★2022-12-25는 크리스마스다★

▶ sep="-" 옵션을 이용해 쉼표로 구분된 문자열들을 -로 이었습니다.
▶ end="★" 옵션을 이용해 문장 끝에 ★ 표시를 넣었습니다.
▶ 1번 줄에서는 sep를 먼저 작성하고 2번 줄에서는 end를 먼저 작성했습니다. 출력하는 문자열 뒤에만 작성한다면 sep 옵션

과 end 옵션의 위치는 바뀌어도 상관없습니다.

 **end 옵션의 기본값은 \n라고 했는데, sep 옵션의 기본값은 무엇인가요?**

sep 옵션을 따로 작성하지 않고 쉼표로 여러 문자열을 나열했을 때 어떻게 출력되었는지 기억하나요? 자동으로 띄어쓰기와 함께 출력되었죠! sep 옵션의 기본값은 한 칸 띄어쓰기예요.

이처럼 sep 옵션은 값 사이에 띄어쓰기가 아닌 문자를 넣고 싶을 때 사용할 수 있습니다. 전화번호, 시간 등을 출력할 때 활용하면 간단히 구현할 수 있습니다.

end 옵션처럼 sep 옵션에서도 이스케이프 문자를 사용할 수 있습니다. 만약 sep='\n'을 추가하면 값들 사이에 줄 바꿈이 됩니다.

문제로 익히는 개념

Q1 다음 코드의 실행 결과로 알맞은 것을 고르세요.

```
1  print("BUT", "TE", "R", sep="_")
```

① BUT_TE_R
② BUTTER
③ B_U_T_T_E_R
④ BUT_TER

> sep 옵션은 쉼표로 구분된 문자열들을 이어줄 문자를 지정할 수 있습니다. 이 코드에서는 sep 옵션을 사용해 언더바(_)를 구분자로 지정했기 때문에 문자열 사이에 _가 출력됩니다. 따라서 BUT, TE, R 사이에 _가 추가된 BUT_TE_R이 출력됩니다.

정답 ①

CHAPTER 2 마무리

핵심 정리

- 큰따옴표 또는 작은따옴표로 감싸야 문자열로 인식됩니다.
- 문자열을 쉼표로 구분해 출력하면 띄어쓰기를 포함해 출력됩니다.
- 여러 줄을 출력할 때는 print()의 괄호 안에서 따옴표 3개 쌍을 사용합니다.
- 한 줄 주석은 샵(#), 여러 줄 주석은 따옴표 3개 쌍을 사용합니다.
- end 옵션은 출력문 마지막에 출력될 문자를 지정합니다.
- sep 옵션은 쉼표로 구분된 문자열 사이에 구분자로 사용할 문자를 지정합니다.

개념 다지기

2-1. 실행 결과를 보고 빈칸에 알맞은 코드를 적어 보세요.

2-2. 실행 결과를 보고 빈칸에 알맞은 코드를 적어 보세요. (단, 모든 빈칸에 같은 기호가 들어가야 합니다.)

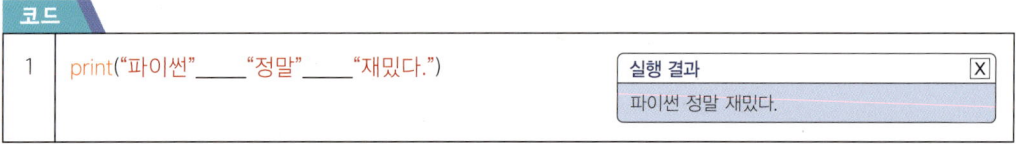

2-3. 다음 코드를 실행하면 오류가 발생합니다. 오류가 발생하는 이유를 적어 보세요.

```
1  print("이 코드의 문제점은?")
2  # 주석을 달고 싶었을 뿐인데
3  내가 무슨 잘못을 한 거지?
```

2-4. 실행 결과를 보고 빈칸에 알맞은 코드를 적어 보세요.

코드

1	print('주석 쓰는 거 어렵지 않지!!')
2	① 주석 이렇게 쓰지
3	"""
4	나는 이렇게 여러 줄로 쓰고 싶은데
5	그러면 어떻게 하지?
6	②

실행 결과
주석 쓰는 거 어렵지 않지!!

2-5. 실행 결과를 보고 빈칸에 알맞은 코드를 적어 보세요.

코드

| 1 | print("전화번호를 알려줄게요.") |
| 2 | print("010", "8765", "4321"_____) |

실행 결과
전화번호를 알려줄게요.
010-8765-4321

2-6. 다음 코드의 실행 결과를 적어 보세요.

코드

1	print("내 생일은")
2	print("9", end="월 ")
3	print("1", end="일 ")
4	print("하하하", end=" ")
5	print("선물", "줘", sep=" ")
6	print("꼭!")

| 변수의 추천 과제 | 개념을 복습하며 포트폴리오를 만들고 싶다면, 변수의 추천 과제를 해결해 보세요! |

난이도	과제	페이지
★	1-2. 출력 프로그램 만들기	254

MEMO

CHAPTER 3 변수와 자료형

3-1. 변수
3-2. 자료형
3-3. 숫자형
3-4. 불 자료형
3-5. 변수 이름 규칙

▶ CHAPTER 3 마무리

"변수를 이용하면 같은 코드를 여러 번 쓰지 않아도 돼!"

3-1
변수

변수를 빼놓고 프로그래밍을 논할 수 없습니다. 모든 프로그래밍 언어에서 변수는 아주 중요하고 기초적인 개념이니 이번 기회에 완벽하게 이해하고 넘어가세요!

변수(Variable)는 데이터를 저장하기 위해 컴퓨터 안에 만들어 놓은 방(메모리 공간)입니다. 즉 변수는 데이터를 저장하기 위한 공간이며, '가변적인(variable)'이라는 뜻 그대로 변수 안에 저장되는 데이터는 바뀔 수 있습니다. 그리고 이러한 변수 각각에는 고유한 이름을 붙여서 구분합니다.

위 그림은 변수의 개념을 형상화한 것입니다. name이라는 변수에 Bob이라는 데이터를 저장하고, age라는 변수에는 18이라는 데이터를 저장했습니다. 이 그림을 코드로 바꾸면 다음과 같습니다.

코드 3-1-1

```
1  name = "Bob" # name이라는 변수에 Bob 저장
2  age = 18 # age라는 변수에 18을 저장
```

> 프로그래밍에서 왼쪽과 오른쪽 값이 같은지 비교하는 기호는 ==입니다.

프로그래밍에서 =는 수학에서의 의미와 조금 다릅니다. 수학에서 = 기호는 왼쪽과 오른쪽의 값이 같다는 의미의 동등(equal) 연산자이지만, 프로그래밍에서의 =는 오른쪽의 값을 왼쪽에 저장(대입)함을 뜻합니다. 그렇게 데이터를 변수에 저장해 놓으면 그 데이터를 사용하고 싶은 자리에 변수를 자유자재로 사용할 수 있습니다.

변수에 데이터를 저장한 후 출력하는 코드입니다. 직접 작성하고 실행해 보세요.

코드 3-1-2

```
1  name = "Bob"
2  print("name")
3  print(name)
```

실행 결과
```
name
Bob
```

- 1번 줄: 변수 name에 Bob이라는 문자열을 저장합니다.
- 2번 줄: print()로 name이라는 문자열을 출력합니다.
- 3번 줄: print()로 name이라는 변수 안에 들어있는 데이터를 출력합니다. 여기서는 변수 name 안에 저장된 Bob이라는 문자열이 출력됩니다.

 **= 기호 앞과 뒤에는 띄어쓰기가 꼭 들어가야 하나요?**

필수는 아니지만 가독성을 높이기 위해 = 기호 앞뒤에 띄어쓰기하는 습관을 들이는 것이 좋아요!

앞에서 변수의 데이터는 계속 바뀔 수 있다고 했습니다. 그렇다면 변수에 새로운 데이터를 넣으면 어떻게 될까요? 변수에 다른 데이터를 대입하면 이전에 넣어 놓았던 데이터는 사라지고 새로 넣은 데이터가 저장됩니다. 기존 데이터가 다른 데이터로 덮어씌워지는 것이죠. 다음 코드를 실행하여 변수의 데이터가 바뀔 때 어떻게 출력되는지 확인해 보세요.

동일한 변수에 다른 데이터를 대입하는 코드입니다. 직접 작성하고 실행해 보세요.

코드 3-1-3

```
1  name = "Bob"
2  print(name)
3  name = "Kelly"
4  print(name)
5  name = "Jin"
6  print(name)
```

실행 결과
```
Bob
Kelly
Jin
```

> 2, 4, 6번 줄의 코드는 모두 print(name)으로 동일하지만 각각의 실행 결과가 다릅니다. name 변수에 대입한 데이터가 달라질 때마다 출력값이 바뀌는 것을 확인할 수 있습니다.

이처럼 변수의 값을 그대로 출력할 수도 있지만, 변수에 저장된 값을 다른 변수에 저장할 수도 있습니다.

변수의 값을 다른 변수에 저장하고 출력하는 코드입니다. 직접 작성하고 실행해 보세요.

코드 3-1-4

```
1  a = 10
2  b = a
3  print(b)
```

실행 결과
10

> **1번 줄**: 변수 a에 10을 저장합니다.
> **2번 줄**: 변수 b에 변수 a의 값을 저장합니다. 변수 a의 값 10이 변수 b에 저장됩니다.
> **3번 줄**: 변수 b의 값을 출력합니다.

문제로 익히는 개념

Q1 다음 코드의 실행 결과를 적어 보세요.

코드

```
1  a = 12
2  a = 40
3  print(a)
```

> a에 12를 저장했다가 40을 다시 저장합니다. 변수에 새로운 데이터를 저장하면 기존 데이터는 사라지기 때문에 마지막에 대입한 40만 출력됩니다.

답 Q1 40

3-2 자료형

자료형(Data type)은 데이터의 형식입니다. 지금까지 우리는 따옴표를 이용한 문자열 자료형을 주로 사용했습니다. 파이썬의 대표적인 자료형에는 문자열, 숫자(정수, 실수), 리스트, 튜플, 딕셔너리, 집합 등이 있습니다. 이번 챕터에서는 간단하게 숫자 자료형과 불(Bool) 자료형을 다뤄볼 것입니다.

본격적으로 다루기 전에 먼저 파이썬의 다양한 자료형을 빠르게 한번 살펴보겠습니다. 파이썬에서는 데이터의 자료형을 쉽게 알 수 있도록 돕는 type()이라는 함수를 제공합니다. 여기서는 type() 함수를 사용해 얼마나 다양한 자료형이 있는지 정도만 알아보겠습니다. 아직 배우지 않은 내용이 많으니 다음 코드는 실행해 보지 않고 눈으로만 훑어도 괜찮습니다!

> 챕터 8에서 함수에 대해 자세히 다루겠지만, 지금은 함수가 '어떤 기능을 하는 것'이라고만 알아두면 됩니다.

다양한 형식의 데이터들의 자료형을 출력하는 코드입니다.

코드 3-2-1

```python
print(type("문자열"))
print(type(10))
print(type(2.5))
print(type(True))
print(type([1, 2, 3]))
print(type((1, 2, 3)))
print(type({ 'name': 'byunsoo'}))
```

실행 결과:
```
<class 'str'>
<class 'int'>
<class 'float'>
<class 'bool'>
<class 'list'>
<class 'tuple'>
<class 'dict'>
```

- str, int, float, bool, list, tuple, dict는 모두 자료형에 해당합니다.
- str은 문자열, int는 정수, float은 실수, bool은 불, list는 리스트, tuple은 튜플, dict는 딕셔너리입니다.

3-3 숫자형

파이썬에서 숫자 자료형으로는 대표적으로 정수형(Integer type)과 실수형(Float type)이 있습니다.

자료형	의미	설명
int	정수형	소수점이 없는 정수. 수를 세는 등 정수가 필요한 여러 계산에 사용된다.
float	실수형	소수점이 포함된 실수. 분수나 정확한 측정값을 구하는 데 사용되며 평균을 구할 때 많이 쓰인다.

표에서 알 수 있듯 int는 정수형을, float은 실수형을 나타내는 숫자 자료형입니다. 앞에서 본 type() 함수로 정수형과 실수형의 차이를 살펴보겠습니다.

숫자의 자료형을 출력하는 코드입니다. 직접 작성하고 실행해 보세요.

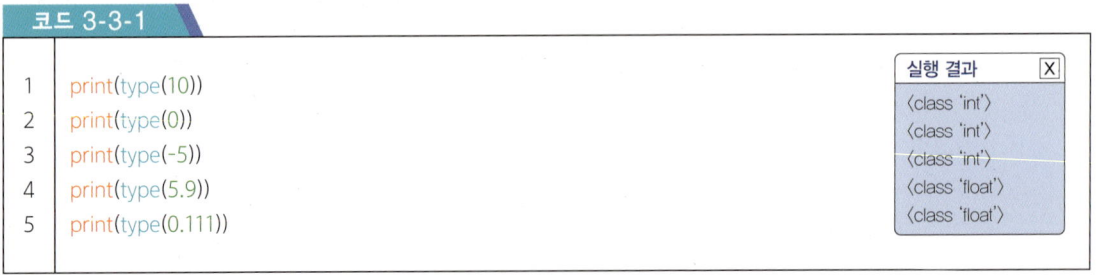

코드 3-3-1

```
1  print(type(10))
2  print(type(0))
3  print(type(-5))
4  print(type(5.9))
5  print(type(0.111))
```

실행 결과
```
<class 'int'>
<class 'int'>
<class 'int'>
<class 'float'>
<class 'float'>
```

▶ 정수는 int, 실수는 float이라는 자료형임을 확인할 수 있습니다.

숫자 자료형의 데이터는 숫자이기 때문에 당연히 기본적인 연산도 가능합니다. 본격적인 연산을 배우기에 앞서 여기서는 맛보기로 간단한 연산 코드를 살펴보겠습니다.

숫자 자료형, 문자열 자료형을 각각 더하고 출력하는 코드입니다. 직접 작성하고 실행해 보세요.

코드 3-3-2

```
1  print(2000 + 23)
2  print("2000" + "23")
3  print(0.5 + 0.5)
4  print("0.5" + "0.5")
```

실행 결과
```
2023
200023
1.0
0.50.5
```

- 1, 3번 줄: 숫자 자료형의 데이터에 대해 연산을 수행한 결과가 출력되었습니다.
- 2, 4번 줄: + 기호로 이어진 문자열이 출력되었습니다. 숫자를 적을 때 따옴표로 감싸면 숫자가 아니라 문자열로 인식됩니다. 숫자로 쓰고 싶을 때는 따옴표 없이 숫자 그대로 사용해야 한다는 점을 유의하세요!

이번에는 type() 함수를 이용해 각 자료형끼리 더한 결과의 자료형을 확인해 보겠습니다.

각 자료형을 더한 결과가 어떤 자료형인지 출력하는 코드입니다. 직접 작성하고 실행해 보세요.

코드 3-3-3

```
1  print(type(2000 + 23))
2  print(type("2000" + "23"))
```

실행 결과
```
<class 'int'>
<class 'str'>
```

- int는 정수형, str는 문자열 자료형입니다.
- 숫자가 문자열로 인식될 때를 구별할 줄 알아야 합니다. 따옴표로 감싼 숫자는 문자열임을 꼭 기억하세요!

변수는 데이터를 저장하는 공간이며, 여기에 모든 자료형의 데이터를 저장할 수 있습니다. 이번에는 변수에 숫자형 데이터를 저장하고 출력해 보겠습니다.

변수에 숫자형 데이터를 저장하고 출력하는 코드입니다. 직접 작성하고 실행해 보세요.

코드 3-3-4

```
1  year = 2022
2  month = 3
3  day = 21
4  print(year)
5  print(month)
6  print(day)
```

실행 결과
```
2022
3
21
```

- 변수 year에 2022를, 변수 month에 3을, 변수 day에 21을 저장한 후 각각 출력했습니다.

문제로 익히는 개념

Q1 다음 코드의 실행 결과로 알맞은 것을 고르세요.

코드	
1	print("123" + "456", 333 + 456)

① 579 789
② 123456789
③ 123456333456
④ 123456 789

- 문자열 "123"+"456"과 숫자 333+456의 결과를 쉼표(,)로 이어 출력했습니다. 쉼표로 이을 때는 그 사이에 띄어쓰기가 포함됩니다.
- "123"+"456"은 문자열을 띄어쓰기 없이 출력한 코드이므로 123456으로 출력됩니다. 333+456은 숫자형이므로 연산 결과로 789가 출력됩니다.

Q2 다음 코드의 실행 결과를 적어 보세요.

코드	
1	a = 10
2	b = a
3	a = 15
4	print(a, b)

- 1번 줄: 변수 a에 10을 저장합니다.
- 2번 줄: 변수 b에 변수 a의 값을 저장합니다.
- 3번 줄: 변수 a에 15를 저장합니다. 변수 a는 기존에 10이라는 값을 가지고 있었지만 15라는 새로운 값으로 덮어씌워졌습니다.
- 따라서 변수 a와 b를 출력한 결과는 15 10입니다.

답 Q1 ④ Q2 15 10

3-4 불 자료형

불 자료형은 참(True)과 거짓(False)을 값으로 가지는 자료형입니다. 참과 거짓도 숫자나 문자열처럼 데이터로 취급된다니, 처음에는 이해하기 힘들 수 있습니다. 하지만 다음 예시 코드를 살펴보면 무슨 뜻인지 바로 감이 올 거예요!

부등호로 두 숫자를 비교한 결과를 출력하는 코드입니다. 직접 작성하고 실행해 보세요.

코드 3-4-1

```
1  print(2 > 3)
2  print(2 < 9)
```

실행 결과
```
False
True
```

- 수학에서의 부등호 >, <를 파이썬에서도 동일한 의미로 사용할 수 있습니다.
- 부등호로 비교하는 결과는 참 또는 거짓이므로 불 자료형에 해당합니다.
- 1번 줄에서 2 > 3은 거짓이므로 False, 2 < 9는 참이므로 True가 출력됩니다.

파이썬에서 불 자료형은 참을 의미하는 True와 거짓을 의미하는 False로 이루어져 있습니다. 다른 자료형처럼 불 자료형도 출력할 수 있고 type() 함수를 사용해 확인해 볼 수도 있습니다.

True와 False를 직접 출력하는 코드입니다. 직접 작성하고 실행해 보세요.

코드 3-4-2

```
1  print(True)
2  print(False)
3  print(type(True))
4  print(type(False))
```

실행 결과
```
True
False
<class 'bool'>
<class 'bool'>
```

- 1, 2번 줄: True와 False를 출력하면 불 자료형 그대로 출력됩니다.
- 3, 4번 줄: 불 자료형은 bool로 표시됩니다. type() 함수를 사용해 불 자료형임을 확인할 수 있습니다.

주의해야 할 점은 True와 False의 대소문자를 지켜주어야 한다는 것입니다. 만약 대소문자가 다르면 불 자료형으로 인식하지 않습니다.

불 자료형을 정확하게 작성하지 않은 코드입니다. 코드를 실행하면 오류가 발생합니다.

- True나 False의 대소문자를 잘못 작성하면 불 자료형으로 인식하지 못합니다.

문제로 익히는 개념

Q1 다음 코드와 실행 결과의 빈칸을 알맞게 채워 보세요.(단, ①에 들어갈 코드는 한 글자입니다.)

- 1번 줄: 실행 결과가 True이므로 3 〈 5여야 합니다.
- 2번 줄: 3 〉 6은 거짓이므로 False입니다. type() 함수를 통해 False의 자료형인 불 자료형을 보여 주어야 하므로 실행 결과의 빈칸에는 〈class 'bool'〉이 들어가야 합니다.

답 Q1 ① 〈 ② 〈class 'bool'〉

3-5
변수 이름 규칙

모든 프로그래밍 언어에는 변수 이름을 짓는 규칙이 있습니다. 그중에는 변수 이름을 지을 때 꼭 지켜야 하는 규칙과 지키지 않아도 되지만 권장되는 규칙이 있습니다. 우리 사회의 법과 도덕 같네요. 후자는 강제적인 규칙은 아니지만 지키는 편이 좋습니다. 권장 규칙을 지켜 코드를 작성하면 여러분이 짠 코드를 다른 사람이 보거나, 시간이 흐른 후에 다시 코드를 볼 때 쉽게 이해할 수 있습니다.

꼭 지켜야 할 규칙

(1) 변수 이름은 숫자로 시작할 수 없다.

변수 이름 중간이나 뒤에는 숫자가 들어가도 괜찮습니다. 하지만 숫자로 시작하는 이름은 오류를 발생시킵니다.

숫자로 시작된 변수 이름이 있는 코드입니다. 코드를 실행하면 오류가 발생합니다.

- name1과 nam2e는 오류가 발생하지 않습니다.
- 3name은 변수 이름이 숫자로 시작되기 때문에 오류가 발생합니다.

(2) 변수 이름에는 공백을 사용할 수 없다.

변수 이름 안에 공백이 있으면 파이썬은 그것을 공백이 포함된 1개의 단어로 이해하지 않고 공백으로 구분된 2개의 단어로 이해합니다.

공백을 포함한 변수 이름이 있는 코드입니다. 코드를 실행하면 오류가 발생합니다.

▶ 변수 이름으로 sco re을 사용하자 오류가 발생합니다.

(3) 예약어는 변수 이름으로 사용할 수 없다.

파이썬에서 이미 정해둔 의미를 가진 단어를 예약어라고 합니다. 예를 들어, 불 자료형의 값을 의미하는 True, False도 예약어입니다. 예약어는 변수 이름으로 사용할 수 없습니다.

예약어를 변수 이름으로 사용한 코드입니다. 코드를 실행하면 오류가 발생합니다.

▶ True는 불 자료형의 값으로, 파이썬의 예약어 중 하나입니다.
▶ 예약어를 변수 이름으로 사용하면 오류가 발생합니다.

예약어에 대한 자세한 설명은 Part 1의 〈Chapter 8. 함수〉에서 확인할 수 있습니다.

| 지키지 않아도 되지만 권장하는 규칙

(1) 변수 이름은 스네이크 케이스 규칙에 따라 짓는다.

한 단어로 변수의 의미를 설명하기 어려운 경우에는 2개 이상의 단어를 사용해 변수 이름을 짓습니다. 2개 이상의 단어로 이름을 지을 때 사용할 수 있는 규칙에는 4가지가 있습니다.

규칙	예시	설명
카멜 케이스	classStudentName	첫 단어는 모두 소문자, 두 번째 단어부터는 첫 글자를 대문자, 나머지를 소문자로 표기한다.
케밥 케이스	class-student-name	모두 소문자로 표기하고 단어는 대시(-)로 구분한다.
파스칼 케이스	ClassStudentName	단어의 첫 글자는 모두 대문자, 나머지는 소문자로 표기한다.
스네이크 케이스	class_student_name	모두 소문자로 표기하고 단어는 언더바(_)로 구분한다.

파이썬 언어의 공식 문서에서는 변수 이름을 지을 때 스네이크 케이스로 작성할 것을 권장합니다. 따라서 변수 이름을 지을 때는 이 규칙을 지켜주는 것이 좋습니다.

(2) 변수 이름은 저장할 데이터의 의미를 담아 짓는다.

변수 이름을 지을 때 의미 없는 문자나 과도한 줄임말을 사용하면 코드를 이해하기 힘들고 가독성도 떨어집니다. 예를 들어 '학생 이름'을 저장하는 변수 이름을 'student_name'이 아니라 'stdn'이라고 지으면 어떨까요? 코드를 짜는 순간에는 편하지만, 다른 사람들이 그 코드를 이해하기 어렵고 본인도 시간이 흐르고 나면 어떤 코드인지 알아보기 힘듭니다.

변수의 이름을 지을 때는 다음과 같이 저장할 데이터의 의미를 담아 짓는 것이 좋습니다.

코드 3-5-4

```
1  teacher_name = "Bob"
2  student_name = "Kelly"
```

- 선생님 이름은 teacher_name, 학생의 이름은 student_name이라는 변수에 담아 저장합니다.
- 스네이크 케이스 규칙에 따라 변수의 이름을 작성했습니다.

이 책에서는 지면의 한계로 인해 간단한 문자로 변수 이름을 지은 예시가 많습니다. 하지만 여러분이 실제로 코드를 짤 때는 변수 이름이 길어지더라도 의미를 담아서 지어야 합니다.

이런 규칙들을 코딩 컨벤션이라고 합니다. 이외에도 연산자 앞뒤로는 공백을 추가하거나, 적절한 위치에 공백과 줄바꿈을 추가하는 등 다양한 컨벤션이 있습니다. 코딩 컨벤션은 꼭 지키지 않아도 되지만 지킨다면 코드의 품질을 향상시킬 수 있습니다.

CHAPTER 3 마무리

핵심 정리

- 변수는 데이터를 저장할 수 있는 컴퓨터상의 공간입니다.
- 프로그래밍에서 = 기호는 오른쪽에 있는 값을 왼쪽에 대입한다는 의미입니다.
- 자료형은 데이터의 형식이며, 문자열, 숫자, 불 등의 자료형이 있습니다.
- type() 함수를 사용해 데이터의 자료형을 확인할 수 있습니다.
- 파이썬의 숫자 자료형에는 정수형(int)과 실수형(float)이 있습니다.
- 파이썬의 불 자료형에는 참(True)과 거짓(False)이 있습니다.
- 변수 이름을 지을 때는 규칙을 지켜 지어야 합니다.

개념 다지기

3-1. 다음 코드의 실행 결과로 알맞은 것을 고르세요.

코드

```
1  p = "변수 이름도"
2  y = 2
3  th = "렇게"
4  o = 4
5  n = "마음대로"
6  print(p, y, th, o, n)
```

① 오류가 발생한다.
② p, y, th, o, n
③ 변수 이름도2렇게4마음대로
④ 변수 이름도 2 렇게 4 마음대로

3-2. 실행 결과를 보고 빈칸에 들어갈 코드를 적어 보세요.

코드	
1	a = 10
2	b = 20
3	___ = b
4	print(a, b)

실행 결과 [X]
20 20

3-3. 변수에 다양한 데이터를 저장하고 type()을 이용해 자료형을 확인하는 코드입니다. 빈칸에 들어갈 자료형을 순서대로 나열해 보세요.

코드	
1	a = "1"
2	b = 5
3	c = 3.5
4	d = True
5	print(type(a))
6	print(type(b))
7	print(type(c))
8	print(type(d))

실행 결과 [X]
〈class '_____'〉
〈class '_____'〉
〈class '_____'〉
〈class '_____'〉

① int
② float
③ bool
④ str

변수의 추천 과제

개념을 복습하며 포트폴리오를 만들고 싶다면, 변수의 추천 과제를 해결해 보세요!

난이도	과제	페이지
★	1-3. 자료형 마스터!	257

MEMO

CHAPTER

산술 연산자

4 – 1. 연산자의 종류
4 – 2. 기본 사칙연산
4 – 3. 나눗셈과 거듭제곱
4 – 4. 산술 연산자 활용하기
▶ CHAPTER 4 마무리

"컴퓨터는 원래 '계산기'로 태어났어."

4-1
연산자의 종류

컴퓨터라는 이름은 '계산하다(compute)'와 '~하는 사람(er)'에서 유래됐다는 것! 알고 있나요? 컴퓨터는 애초에 계산하기 위해 태어난 계산기라서 우리가 알고 있는 기본적인 계산을 컴퓨터로 처리할 수 있습니다. 본격적으로 코드를 살펴보기 전에 계산에 사용되는 기호인 연산자에 대해 알아보겠습니다.

- **연산** : 프로그램에서 수나 식을 계산해서 결과를 도출하는 행위
- **연산자** : 계산할 때 사용되는 기호 (+, - 등)

우리에게 익숙한 덧셈(+), 뺄셈(-) 연산자 이외에도 다양한 연산자들을 사용할 수 있습니다. 파이썬에서 사용할 수 있는 연산자의 종류가 많아 이를 유형에 따라 구분해 놓았습니다. 프로그래밍에 주로 사용되는 산술, 대입, 관계, 논리 연산자를 다음 표에서 확인해 보세요.

> +=이나 -=처럼 산술 연산자(+, -, *, /, %)와 =를 붙여쓸 수 있습니다. 'a += 1'은 'a = a + 1'과 같고, 'a -= 1'은 'a = a - 1'과 같습니다. 즉, 산술 연산자와 =를 붙여쓰면 왼쪽 변수에 오른쪽 숫자를 연산한 결과가 그 변수에 저장됩니다.

구분	목적	연산자 종류	예시
산술 연산자	산술 계산을 위한 기호	+, -, *, /, % 등	a + 5 a - 5
대입 연산자	오른쪽의 값을 왼쪽으로 대입하기 위한 기호	=, +=, -= 등	a = 5
관계 연산자	두 개의 값을 비교하기 위해 쓰이는 기호	<, >, !=, == 등	a < 5 a > 5
논리 연산자	2개 이상의 관계 연산식을 묶어 논리식을 만들기 위한 기호	and, or, not	a < 5 and b > 5

이번 장에서는 산술 연산자에 대해 자세히 살펴보고 나머지 유형의 연산자들은 Part 1의 〈Chapter 6. 조건문〉에서 다루겠습니다.

4-2
기본 사칙연산

기본 사칙연산(덧셈, 뺄셈, 곱셈, 나눗셈)을 파이썬 코드로 손쉽게 계산할 수 있습니다.

기본 사칙연산 결과를 출력하는 코드입니다. 직접 작성하고 실행해 보세요.

코드 4-2-1

```
1  print(200 + 10 - 3)
2  print(10 * 10)
3  print(100 / 8)
4  print(100 / 5)
```

실행 결과
```
207
100
12.5
20.0
```

▶ 덧셈은 +, 뺄셈은 -, 곱셈은 *, 나눗셈은 /로 표시합니다.
▶ 정수끼리 나눠도 나눗셈의 결과는 실수로 출력됩니다. 나눗셈이 나머지 없이 딱 떨어질 때도 마찬가지입니다.

이렇게 print 문 안에서 숫자와 연산자를 사용해 그 결과를 출력해도 되지만, 숫자 대신 변수를 이용해도 됩니다. 숫자 값이 담긴 변수를 이용해 연산할 수 있고, 또 그 결과를 변수에 저장하거나 출력할 수도 있습니다.

변수를 이용한 사칙연산 코드입니다. 직접 작성하고 실행해 보세요.

코드 4-2-2

```
1  a = 10
2  b = 20
3  c = a * b
4  print(c)
5  print(a + b)
```

실행 결과
```
200
30
```

- 1, 2번 줄: 변수 a와 b에 정수를 저장합니다.
- 3번 줄: 변수 c에 a와 b를 곱한 값을 대입합니다.
- 4번 줄: 변수 c에 저장된 연산 결과를 출력합니다.
- 5번 줄: 변수 a와 b를 더한 연산 결과를 출력합니다.

문제로 익히는 개념

Q1 코드를 보고 실행 결과의 빈칸에 들어갈 내용을 적어 보세요.

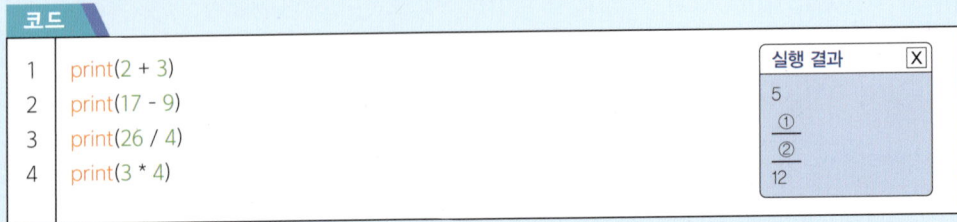

- ① 17 빼기 9의 결과는 8입니다.
- ② 정수 2개를 나눗셈(/) 기호로 연산한 결과는 실수입니다. 26을 4로 나눈 결과를 실수로 나타내면 6.5입니다.

Q2 다음 코드의 실행 결과로 알맞은 것을 고르세요.

```
1  a = 30
2  b = 20
3  c = 25
4  add = a + b
5  sub = b - c
6  print("덧셈:", add, "뺄셈:", sub)
```

① 오류 발생
② 덧셈: 50.0 뺄셈: 5
③ 덧셈: 50.0 뺄셈: -5.0
④ 덧셈: 50 뺄셈: 5.0
⑤ 덧셈: 50 뺄셈: -5

- 정수 2개의 덧셈과 뺄셈의 결과는 정수로 표현됩니다. 결과가 음수인 연산도 동일합니다.

답 Q1 ① 8 ② 6.5 Q2 ⑤

4-3
나눗셈과 거듭제곱

정수 2개의 나눗셈 결과는 실수로 표현되었습니다. 그냥 나눗셈 결과가 필요한 경우라면 이런 기능이 편리할 수 있지만, 몫이나 나머지를 각각 정수로 확인하려고 할 때는 오히려 이 점이 불편하게 느껴질 수 있습니다. 그럴 때 사용할 수 있는 또 다른 나눗셈 연산자들이 있습니다.

종류	기능
/ 연산자	나눗셈
// 연산자	몫을 구하는 버림 나눗셈
% 연산자	나머지를 구하는 나눗셈

이처럼 파이썬에서 사용할 수 있는 나눗셈 연산자는 3가지입니다. 그중 버림 나눗셈(//) 연산자를 사용하면 몫만 구할 수 있고, 모듈로(%) 연산자를 사용하면 나머지만 구할 수 있습니다. 예를 들어 5를 2로 나눌 때 5 / 2의 결과는 2.5입니다. 이와 달리 5 // 2는 몫만 계산하므로 결과가 2가 되고, 5 % 2는 나머지만 계산하므로 결과가 1이 됩니다.

여러 나눗셈 연산자를 사용하는 코드입니다. 직접 작성하고 실행해 보세요.

코드 4-3-1

```
1  print(55 / 3)
2  print(55 // 3)
3  print(55 % 3)
```

실행 결과
```
18.333333333333332
18
1
```

▶ 1번 줄: 기본 나눗셈(/) 연산자로 계산한 결과는 실수로 나타납니다.
▶ 2번 줄: 버림 나눗셈(//) 연산자는 몫인 18만 구합니다.
▶ 3번 줄: 모듈로(%) 연산자는 나머지인 1만 구합니다.

파이썬에서는 연산자를 이용해 거듭제곱(exponent)도 손쉽게 구할 수 있습니다. 거듭제곱 연산자는 **이며 앞의 숫자를 뒤의 수만큼 거듭제곱하라는 뜻입니다. 코드로 살펴보겠습니다.

거듭제곱을 연산한 코드입니다. 직접 작성하고 실행해 보세요.

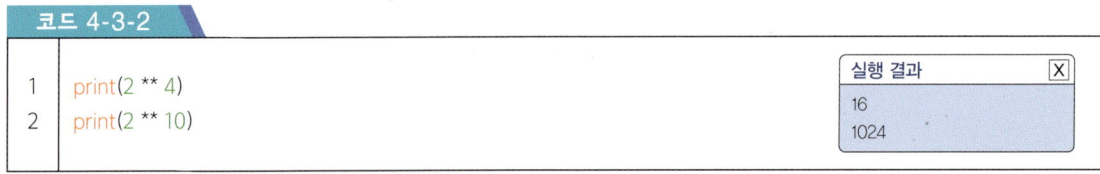

코드 4-3-2

```
1  print(2 ** 4)
2  print(2 ** 10)
```

실행 결과
16
1024

▶ 1번 줄: 2의 4 제곱을 구하는 계산식으로, 16이 출력됩니다.
▶ 2번 줄: 2의 10 제곱을 구하는 계산식으로, 1024가 출력됩니다.

문제로 익히는 개념

Q1 코드를 보고 실행 결과의 빈칸에 들어갈 내용을 적어 보세요.

코드
```
1  print(7 / 4)
2  print(7 // 4)
3  print(7 % 4)
```

실행 결과
1.75
①
②

▶ 버림 나눗셈(//) 연산자는 몫만, 모듈로(%) 연산자는 나머지만 구합니다. 결과는 정수로 나타납니다.

Q2 다음 코드의 실행 결과로 알맞은 것을 고르세요.

코드
```
1  a = 3 ** 2
2  b = 2 ** 3
3  print(a, b)
```

① 8 8
② 8 9
③ 9 8
④ 9 9

▶ 3 ** 2는 3의 2 제곱인 9를 의미하고, 2 ** 3은 2의 3제곱인 8을 의미합니다.

답 Q1 ① 1 ② 3 Q2 ③

4-4 산술 연산자 활용하기

산술 연산자를 활용하면 다양한 프로그램을 손쉽게 만들 수 있습니다. 하지만 산술 연산자를 이해하는 것과 활용할 줄 아는 것은 다릅니다. 그렇기 때문에 연산자를 자유자재로 활용하려면 다양한 예제를 본 후에 직접 연습해 봐야 합니다.

우선 기본 사칙연산 중 곱셈 연산자를 활용해 프로그램을 만들어 보겠습니다. 곱하기로 만들 수 있는 프로그램이라고 했을 때 어떤 프로그램이 가장 먼저 떠오르나요? 복잡한 수학 원리가 담긴 프로그램을 떠올릴 수도 있겠지만, 아직은 그것을 코드로 표현하는 데 익숙지 않을 것입니다. 그러니 지금은 누구나 알고 있고 코드로 쉽게 구현할 수 있는 **구구단 프로그램**으로 시작해 보겠습니다.

구구단 5단을 출력하는 프로그램입니다. 직접 작성하고 실행해 보세요.

코드 4-4-1

```
1   a = 5
2   print(a, "* 1 =", a * 1)
3   print(a, "* 2 =", a * 2)
4   print(a, "* 3 =", a * 3)
5   print(a, "* 4 =", a * 4)
6   print(a, "* 5 =", a * 5)
7   print(a, "* 6 =", a * 6)
8   print(a, "* 7 =", a * 7)
9   print(a, "* 8 =", a * 8)
10  print(a, "* 9 =", a * 9)
```

실행 결과
```
5 * 1 = 5
5 * 2 = 10
5 * 3 = 15
5 * 4 = 20
5 * 5 = 25
5 * 6 = 30
5 * 7 = 35
5 * 8 = 40
5 * 9 = 45
```

산술 연산자를 이용하면 짝수와 홀수를 쉽게 구할 수 있습니다. 바로 2로 나누어 보는 것이죠. 2로 나누었을 때 나머지가 1이면 홀수, 0이면 짝수입니다. 나머지를 구하는 모듈로(%) 연산자를 이용하면 더욱 쉽게 짝수와 홀수를 구분할 수 있습니다. 그럼 홀짝을 확인하는 프로그램을 만들어 볼까요?

홀수인지 짝수인지 확인하는 프로그램입니다. 직접 작성하고 실행해 보세요.

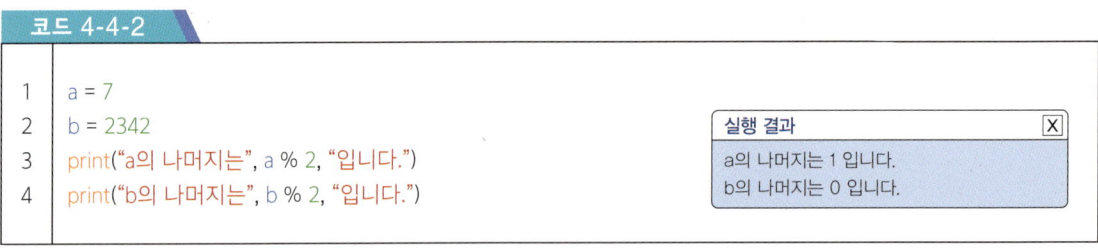

▶ a를 2로 나눈 나머지가 1이므로 a는 홀수입니다. 또한 b를 2로 나눈 나머지가 0이므로 b는 짝수입니다.

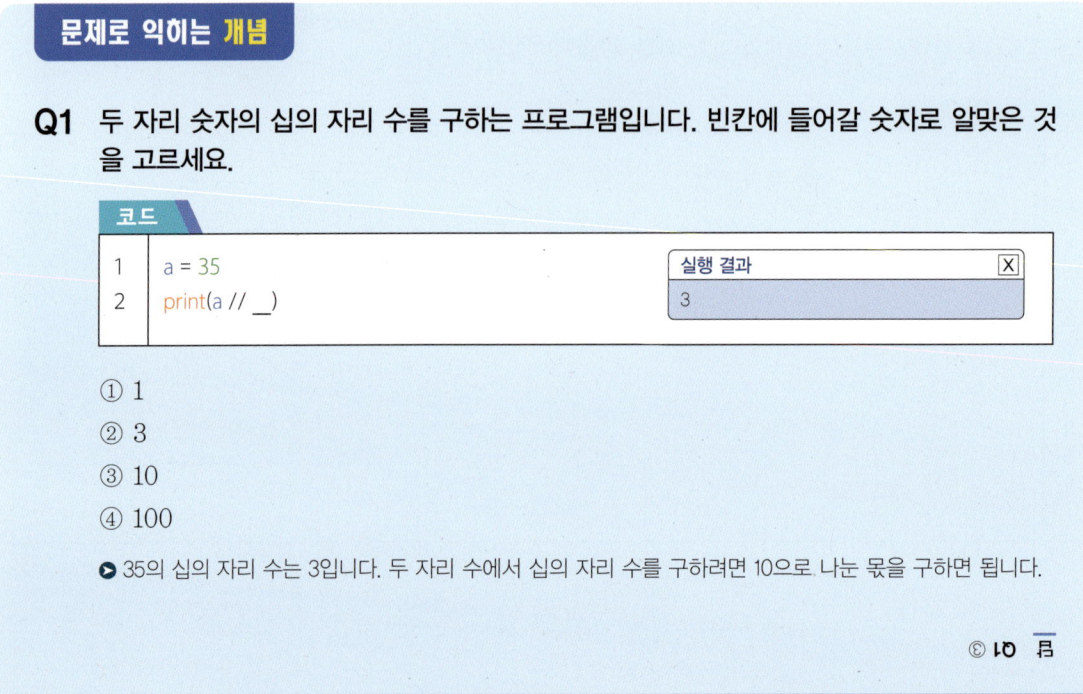

CHAPTER 4 마무리

> **핵심 정리**

- 연산자는 계산에 사용되는 기호이며, 파이썬에는 산술, 대입, 관계, 논리 연산자 등이 있습니다.
- 덧셈(+), 뺄셈(−), 곱셈(*), 나눗셈(/) 등이 산술 연산자입니다.
- 기본 나눗셈(/)의 결과는 실수형이며, 버림 나눗셈(//)과 모듈로(%) 연산자의 결과는 정수형입니다.
- 버림 나눗셈(//)은 몫을 나타내고, 모듈로(%) 연산자는 나머지를 나타냅니다.
- 거듭제곱(**) 연산자로 거듭제곱한 값을 손쉽게 구할 수 있습니다.

> **개념 다지기**

4-1. 다음 코드를 실행한 결과를 적어 보세요.

```
1  x = 50
2  x = x + 10
3  x = x * 2
4  print(x)
```

4-2. 코드를 보고 실행 결과의 빈칸에 들어갈 내용을 적어 보세요.

```
1  x = 5
2  y = 10
3  x = x ** 2
4  x = x % 4
5  x = x + y
6  y = x // 3
7  print("x 값 :", x)
8  print("y 값 :", y)
```

실행 결과
x 값 : ①
y 값 : ②

4-3. 실행 결과를 보고 빈칸에 들어갈 코드를 적어 보세요.

코드	실행 결과
1 print(5 ① 2) 2 print(6 ② 7) 3 print(7 ③ 4) 4 print(15 ④ 2)	25 42 3 7

4-4. 실행 결과를 보고 알맞은 코드를 골라 빈칸에 순서대로 나열해 보세요.

코드	실행 결과
1 a = 50 2 b = 30 3 ___ ___ ___ 4 print(add)	80

① a + b

② a − b

③ =

④ ==

⑤ add

 개념을 복습하며 포트폴리오를 만들고 싶다면, 변수의 추천 과제를 해결해 보세요!

변수의 추천 과제

난이도	과제	페이지
★	1-4. 어떻게 돈을 내야 할까?	259
★★	2-14. 시간 변환 계산기	313

CHAPTER

입력과 자료형 변환

5 – 1. 입력(input)
5 – 2. 숫자형 입력
5 – 3. 자료형 변환
▶ CHAPTER 5 마무리

"컴퓨터에게 말을 걸어보자!"

5-1
입력(input)

프로그래밍은 입력(input)을 받아 출력(output)을 만들어 내는 과정입니다. 지금까지는 print()를 이용해 다양한 출력(output)을 배웠습니다. 이번 장에서는 입력에 대해 배울 것입니다. 입력과 출력이 있어야 완전한 프로그램이라고 볼 수 있겠죠? 그럼 이제 사용자로부터 문장이나 숫자를 입력받아 출력하는 방법을 알아보겠습니다.

게임을 시작할 때는 보통 닉네임을 정하고 시작합니다. 닉네임을 입력하고 완료 버튼을 누르면 설정한 닉네임이 게임 화면에 보이게 됩니다. 그 과정을 살짝 살펴보자면, 여러분이 입력한 닉네임을 변수에 저장하고 나서 게임 화면에 그 변수의 값을 출력하는 것입니다. 코드로 확인해 보겠습니다.

input()으로 닉네임을 입력받고 print()로 출력하는 코드입니다.

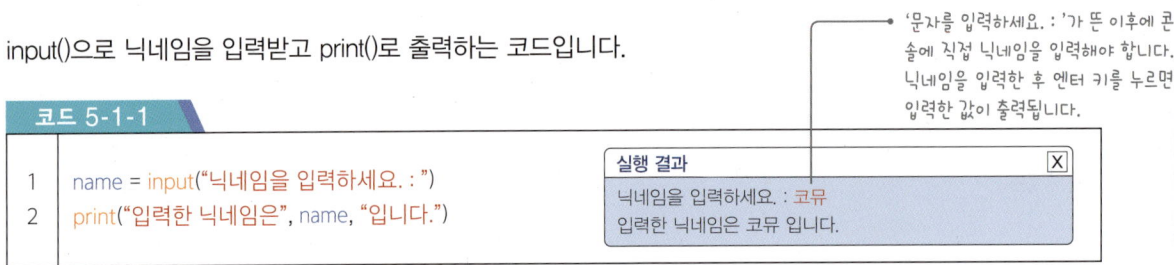

- '닉네임을 입력하세요.'라고 뜬 후 커서만 깜빡입니다. 사용자의 입력을 기다리는 것입니다.
- 원하는 닉네임(코뮤)을 직접 콘솔에 입력한 후에 엔터 키를 눌러 주세요. 그러면 변수 name에 값이 저장됩니다.
- print() 출력 코드가 실행된 후 프로그램이 종료됩니다.

문제로 익히는 개념

Q1 실행 결과를 보고 빈칸에 들어갈 코드를 순서대로 나열하세요.

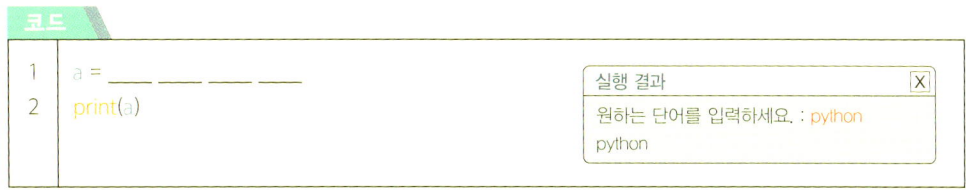

① (
②)
③ "원하는 단어를 입력하세요. : "
④ input

▶ 파이썬에서는 input()으로 입력을 받습니다. input() 괄호 안에 있는 문자열이 먼저 출력되고 그 후에 사용자 입력을 받습니다.

Q2 다음 코드를 실행한 결과로 알맞은 것을 고르세요.

▶ input() 안의 문자열이 먼저 출력되고 사용자의 입력을 받아 출력하는 코드입니다.

답 Q1 ④-①-③-② Q2 ④

[PART 1] CH 5 입력과 자료형 변환

5-2 숫자형 입력

input()으로 사용자의 입력을 받을 때 사용자는 문자나 숫자를 입력할 수 있지만 프로그램에서는 기본적으로 모든 입력값이 문자열로 저장됩니다. 예를 들어, 사용자가 숫자 1을 입력해도 프로그램은 문자열 1로 인식하고 저장합니다.

그렇다면 사용자에게 숫자 1을 입력받아 a라는 변수에 저장한 후 type()으로 자료형을 확인해 보면 어떤 자료형으로 나타날까요? int일까요? 아니면 str일까요? 코드를 통해 확인해 보세요.

input()으로 입력받은 데이터의 자료형 출력하는 코드입니다. 사용자 입력으로는 숫자 1을 입력해 보세요.

코드 5-2-1

```
1  a = input("숫자 1을 입력하세요. : ")
2  print(a)
3  print(type(a))
```

실행 결과
```
숫자 1을 입력하세요. : 1
1
<class 'str'>
```

분명 숫자 1을 입력했는데 문자열 자료형인 str이 나타나네요. input()으로 입력받은 모든 것은 문자열로 저장된다는 사실을 꼭 기억하세요.

5-3 자료형 변환

만약 입력받은 숫자를 정수형 또는 실수형으로 사용하려면 어떻게 해야 할까요? 이때 활용할 수 있는 것이 바로 자료형 변환입니다. 자료형 변환을 사용하면 강제로 자료형을 바꿔줄 수 있습니다.

정수로 변환하려면 int()로 감싸고, 실수로 변환하고 싶으면 float()으로 감싸면 됩니다. 이러한 자료형 변환을 활용해 실수를 정수로, 정수를 실수로 바꿔 보겠습니다.

실수를 정수로, 정수를 실수로 바꿔 출력하는 코드입니다. 직접 작성하고 실행해 보세요.

코드 5-3-1

```
1  print(int(3.6))
2  print(float(3))
```

실행 결과
```
3
3.0
```

- int(3.6)은 3.6이라는 실수의 소수점을 '버림' 처리합니다. 따라서 정수로 강제 변환됩니다.
- float(3)은 3이라는 정수를 실수로 강제 변환합니다.

사용자로부터 입력받은 숫자에도 이러한 자료형 변환을 사용할 수 있습니다. 앞서 input()으로 입력받은 모든 것은 문자열로 인식된다고 했습니다. 문자열로 인식된 숫자에 자료형 변환을 사용하면 어떻게 되는지 코드를 통해 확인해 보세요.

입력받은 숫자를 정수로 변환한 후 자료형을 출력하는 코드입니다. 직접 작성하고 실행해 보세요.

코드 5-3-2

```
1  a = int(input("숫자 1을 입력하세요. : "))
2  print(a)
3  print(type(a))
```

실행 결과
```
숫자 1을 입력하세요. : 1
1
<class 'int'>
```

▶ 입력받은 문자열을 int()로 감싸 바로 정수형으로 강제 변환합니다.

다만, 이렇게 입력받은 문자열을 정수나 실수로 강제 변환할 때는 예외 상황에 대한 오류를 주의해야 합니다. 사용자가 숫자가 아닌 문자를 입력하고 정수형이나 실수형으로 강제 자료형 변환을 하면 오류가 발생합니다. 코드 5-3-2를 다시 실행한 후 숫자 대신 문자 a를 입력해 보면 어떤 식으로 오류가 발생하는지 확인할 수 있습니다.

실행 결과
```
숫자 1을 입력하세요. : a
...(중략)...
    a = int(input("숫자 1을 입력하세요. : "))
ValueError: invalid literal for int() with base 10: 'a'
```

▶ 숫자가 아닌 문자를 숫자형으로 변환하려고 하면 오류가 발생합니다.

지금까지 자료형 변환을 이용해 숫자로 된 문자열을 숫자로 바꿔 보았습니다. 반대로 숫자를 문자열로 바꿀 수도 있습니다. 숫자를 문자열로 직접 변환해야 하는 경우를 코드로 살펴보겠습니다.

숫자를 문자열 사이에 출력하려는 코드입니다. 이 코드를 실행하면 오류가 발생합니다.

코드 5-3-3

```
1  my_age = 32        ← + 기호가 아닌 쉼표(,)를 사용하면 오류가 발생하지 않습니다.
2  print("안녕 나는 " + my_age + "살이고 파이썬 공부 중이야!")
```

실행 결과
```
...(중략)...
    print("안녕 나는 " + my_age + "살이고 파이썬 공부 중이야!")
TypeError: can only concatenate str (not "int") to str
```

▶ 숫자형 데이터를 형 변환 없이 + 기호로 문자열과 함께 출력하려고 하면 오류가 발생합니다.

숫자와 문자열을 + 기호로 이어 출력하고 싶었지만 마음대로 되지 않았습니다. 이때, 숫자를 문자열로 강제 변환한 뒤 출력하면 원하는 대로 출력할 수 있습니다. 다른 자료형을 문자열로 바꿀 때는 str()로 감싸면 됩니다.

숫자를 문자로 변환한 후 출력하는 프로그램입니다. 직접 작성하고 실행해 보세요.

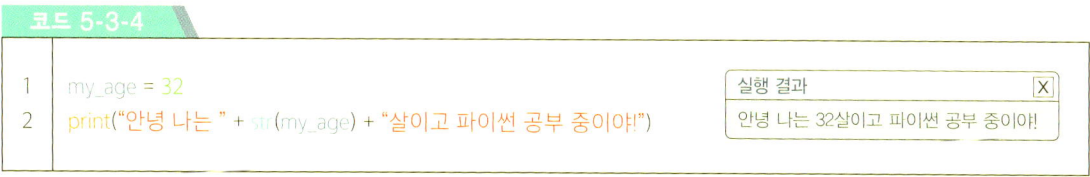

문제로 익히는 개념

Q1 실행 결과를 보고 빈칸에 들어갈 코드로 알맞은 것을 고르세요.

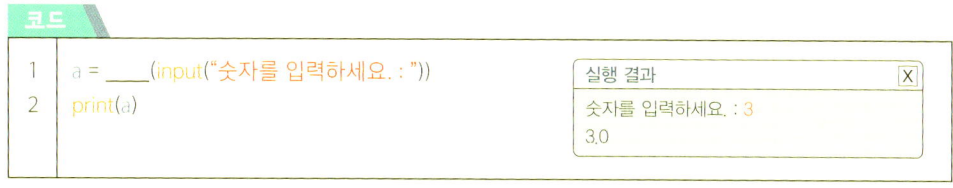

① float
② Float
③ str
④ int
⑤ Int

▶ input()으로 입력받은 값을 변수 a에 저장한 후 a의 값을 출력하니 실수형으로 출력되었습니다. 따라서 float()을 이용해 실수형으로 강제 자료형 변환을 했음을 알 수 있습니다.

답 ①

[PART 1] CH 5 입력과 자료형 변환

CHAPTER 5 마무리

핵심 정리

- 사용자에게서 입력을 받을 때는 input()을 활용합니다.
- input()으로 입력받은 모든 것은 문자열로 처리됩니다.
- int(), float(), str()를 사용해 각각 정수, 실수, 문자열 자료형으로 강제 변환할 수 있습니다.

개념 다지기

5-1. 다음 코드의 실행 결과로 알맞은 것을 고르세요.

```
1  a = input("정수를 입력하세요. : ")
2  print(a + 10)
```

① 실행 결과
정수를 입력하세요. : 5
15

② 실행 결과
정수를 입력하세요. : 7
710

③ 실행 결과
정수를 입력하세요. : a
a10

④ 실행 결과
정수를 입력하세요. : 5
...(중략)
TypeError: can only concatenate str (not "int") to str

5-2. 실행 결과를 보고 다음 코드에서 int가 들어갈 위치로 알맞은 것을 고르세요.

코드	
1	① num = ② (③ input(④ "정수를 입력하세요. : "))
2	print(num)

실행 결과
정수를 입력하세요. : 5
5

5-3. 실행 결과를 보고 빈칸에 알맞은 코드를 적어 보세요. (단, 두 빈칸에는 동일한 코드가 들어가야 합니다.)

코드	
1	a = ____(input("a: "))
2	b = ____(input("b: "))
3	print("덧셈:", a + b)
4	print("뺄셈:", a - b)
5	print("나눗셈:", a / b)
6	print("나머지:", a % b)

실행 결과
a: 5
b: 2
덧셈: 7.0
뺄셈: 3.0
나눗셈: 2.5
나머지: 1.0

변수의 추천 과제	개념을 복습하며 포트폴리오를 만들고 싶다면, 변수의 추천 과제를 해결해 보세요!

난이도	과제	페이지
★	1-5. 생년월일로 연도, 월, 일 출력하기	262
★★	2-3. 반올림 계산기 만들기	286

MEMO

CHAPTER 6 조건문

6-1. 조건문이 필요할 때
6-2. 비교 연산자
6-3. 논리 연산자
6-4. 조건문 활용하기
6-5. elif 조건문

▶ CHAPTER 6 마무리

"조건문을 활용하면 조건에 따라 다른 코드를 실행할 수 있어!"

6-1
조건문이 필요할 때

조건문은 어떤 프로그래밍 언어를 배우든 매우 중요하고 기초적인 문법입니다. 그만큼 많이 쓰이기도 하죠. 조건문을 사용하면 프로그램의 코드가 특정한 조건에만 실행되도록 만들 수 있습니다.

조건문을 살펴보기 전에 다음과 같은 상황을 생각해 보세요.

　　돈이 있다면? 결제가 가능하다.
　　돈이 없다면? 결제가 불가능하다.

일상생활에서 흔히 접하는 상황입니다. 만약 이런 상황을 코드로 작성해야 한다면, 우리가 지금까지 배운 문법으로는 구현하기 어려울 것입니다. 이럴 때 조건문을 사용할 수 있습니다.

조건문인 if 문의 기본 구조를 살펴보겠습니다.

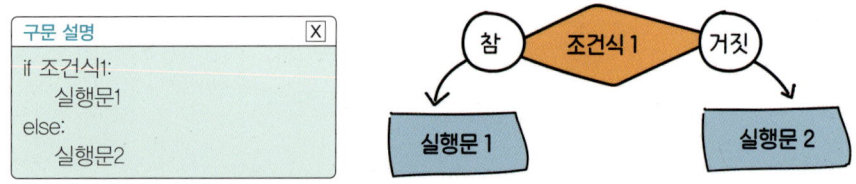

조건식1이 참이라면 실행문1이 실행되고, 거짓이라면 실행문2가 실행됩니다. 조건식1이 참일 경우 실행문1이 실행된 후 바로 if 조건문을 빠져나갑니다. else 다음 실행문2는 실행되지 않고 말이죠. 반대로 조건식1이 거짓일 때는 실행문1은 실행되지 않고 else 다음 실행문2만 실행됩니다.

6-2 비교 연산자

본격적으로 조건문을 배우기 전에 필수로 알고 넘어가야 할 내용이 있습니다. 바로 비교 연산자와 논리 연산자입니다. 조건문에는 참과 거짓을 판단할 수 있는 조건을 적어 주어야 하는데, 거기에 유용하게 사용되는 연산자가 비교 연산자와 논리 연산자입니다.

우선 비교 연산자부터 살펴보겠습니다. 예를 들어, 두 숫자 중 어떤 수가 더 큰지 확인하려면 두 숫자의 크기를 비교해야 합니다. 무언가를 비교할 때 쓰는 연산자를 비교 연산자라고 합니다. 자주 사용되는 비교 연산자들을 다음 표에서 확인하세요.

비교 연산자	예시	의미
>	a > b	a가 b보다 크다.
<	a < b	a가 b보다 작다.
>=	a >= b	a가 b보다 크거나 같다.
<=	a <= b	a가 b보다 작거나 같다.
==	a == b	a와 b가 같다.
!=	a != b	a와 b가 같지 않다.

여기서 주의해야 할 점은 프로그래밍에서는 == 기호로 같음(equals)을 나타낸다는 점입니다. 수학에서는 = 기호를 같다는 의미로 사용했지만 프로그래밍에서 = 기호는 오른쪽에 있는 값을 왼쪽에 대입한다는 의미로 사용합니다. 변수에 값을 저장할 때 = 기호를 사용했던 걸 기억하면 됩니다.

비교 연산자의 종류를 간단하게 살펴보았으니, 이제 비교 연산자가 실제 코드에서 어떻게 사용되는지 확인해 보겠습니다.

두 숫자를 비교한 결과를 출력하는 코드입니다. 직접 작성하고 실행해 보세요.

코드 6-2-1

```
1  a = 10
2  b = 7
3  print(a > b)
4  print(a >= b)
5  print(a < b)
6  print(a <= b)
7  print(a == b)
8  print(a != b)
```

실행 결과
True
True
False
False
False
True

◐ 비교 연산자를 이용해 a와 b를 비교한 결과를 출력했습니다. 비교문의 결과는 모두 불 자료형인 True 또는 False로 나타냅니다.

문제로 익히는 개념

Q1 다음 코드의 실행 결과를 적어 보세요.

코드

```
1  print(4 + 7 != 10)
2  print('콩' == '콩')
3  print(77 <= 7 * 11)
```

◐ 1번 줄: 4 + 7 != 10에서 11과 10은 같지 않으므로 참입니다.
◐ 2번 줄: 비교 연산자를 사용해 문자열도 비교할 수 있습니다.
◐ 3번 줄: 77 <= 7 * 11에서 77과 77은 같으므로 '작거나 같다'라는 연산의 결과는 참입니다.

답 Q1 True
True
True

6-3 논리 연산자

> and는 논리곱, or는 논리합, not은 논리부정이라고 합니다.

논리 연산자는 여러 가지 논리에 대한 참과 거짓을 판별하거나 어떤 논리를 뒤집으며 논리 값을 판단해 주는 연산자입니다. 설명이 조금 어렵지만 예시를 보면 금방 이해할 수 있을 거예요.

주요 논리 연산자에는 and, or, not이 있습니다. and는 조건들이 모두 참일 때만 참, or는 조건들 중 하나 이상이 참이면 참이라고 판단합니다. 그리고 not은 논리 값이 참이면 거짓으로, 거짓이면 참으로 바꿉니다. 다음 표에서 논리 연산자로 계산한 결과를 보세요.

a	b	a and b	a or b	not a
True	True	True	True	False
True	False	False	True	False
False	True	False	True	True
False	False	False	False	True

논리 연산자는 불 자료형 값뿐만 아니라 숫자나 문자를 이용한 다른 조건식들과 함께 사용할 수도 있습니다. 즉, 위 표의 a, b 자리에 비교 연산자를 포함한 조건식을 사용할 수 있다는 뜻입니다.

비교 연산자와 논리 연산자를 활용한 코드입니다. 직접 작성하고 실행해 보세요.

코드 6-3-1

```
1  x = 10
2  y = False
3  print(x >= 10 and y == False)
4  print(x < 10 or y == True)
5  print(not y)
```

실행 결과
```
True
False
True
```

- **3번 줄**: x >= 10은 True, y == False는 True입니다. True and True의 결과는 True입니다.
- **4번 줄**: x < 10은 False, y == True는 False입니다. False or False의 결과는 False입니다.
- **5번 줄**: y는 False이므로 not y로 논리 값을 뒤집으면 True입니다.

문제로 익히는 개념

Q1 다음 코드의 실행 결과를 적어 보세요.

코드	
1	a = True
2	b = False
3	print(a and a)
4	print(a and b)
5	print(b and b)

- **3번 줄**: True and True는 True입니다.
- **4번 줄**: True and False는 False입니다.
- **5번 줄**: False and False는 False입니다.

Q2 다음 코드의 실행 결과를 적어 보세요.

코드	
1	a = True
2	b = False
3	print(a or a)
4	print(a or b)
5	print(b or b)

- **3번 줄**: True or True는 True입니다.
- **4번 줄**: True or False는 True입니다.
- **5번 줄**: False or False는 False입니다.

답 Q1 True False False Q2 True True False

6-4 조건문 활용하기

조건문을 활용하면 앞서 설명한 대로 특정 조건일 때만 실행하는 코드를 짤 수 있습니다. 비교 연산자와 논리 연산자를 배웠으니 우리는 이제 조건문에 활용할 조건을 자유자재로 만들 수 있습니다.

소지금이 5,000원보다 많으면 결제가 가능하고, 적으면 결제가 불가능하다고 출력하는 프로그램을 만들어 보겠습니다.

조건문을 활용한 프로그램입니다. 직접 작성하고 실행해 보세요.

코드 6-4-1

```
1  money = 3000
2  if money >= 5000:
3      print("결제가 가능합니다.")
4  else:
5      print("결제가 불가능합니다.")
```

실행 결과
결제가 불가능합니다.

▶ money에 3000이 저장되어 있으므로 money >= 5000은 거짓입니다. 따라서 5번 줄의 코드가 실행됩니다.

조건문을 작성할 때는 들여쓰기(indent)를 유의해야 합니다. 파이썬은 공백에 굉장히 예민한 언어라 들여쓰기 유무에 따라 결과가 아예 바뀔 수도 있습니다. 예를 들어, 코드 6-4-1의 2번 줄과 4번 줄 끝에 콜론(:)이 있는데, 콜론 다음으로는 들여쓰기를 하고 나서 문장을 적어야 합니다. 그래야 그 문장이 조건문에 속한 코드라고 인식되기 때문입니다. 만약 3번 줄과 5번 줄 앞에 들여쓰기가 없으면 제대로 작동하지 않습니다.

> 스페이스바 말고도 탭 키를 눌러 띄어쓰기를 할 수 있습니다. 들여쓰기는 보통 2칸 또는 4칸을 기준으로 합니다.

if와 else 다음 줄에서 들여쓰기를 하지 않은 코드입니다. 직접 작성하고 실행해 보세요.

코드 6-4-2

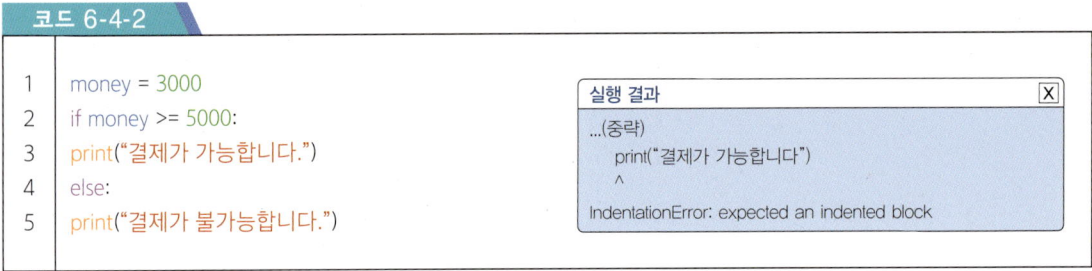

▶ 콜론(:) 다음 문장에 들여쓰기가 없을 경우 오류가 발생합니다.

조건이 참이나 거짓일 경우에 여러 줄의 코드가 실행되게 할 수도 있습니다. 단, 이 경우에는 조건문에 속할 문장과 그렇지 않은 문장을 염두에 두고 들여쓰기에 더욱 신경을 써야 합니다. 다음 코드 6-4-3과 6-4-4를 실행하여 들여쓰기 유무에 따라 결과가 어떻게 다른지 직접 확인해 보세요.

마지막 print 문 앞에 들여쓰기를 한 코드입니다.

코드 6-4-3

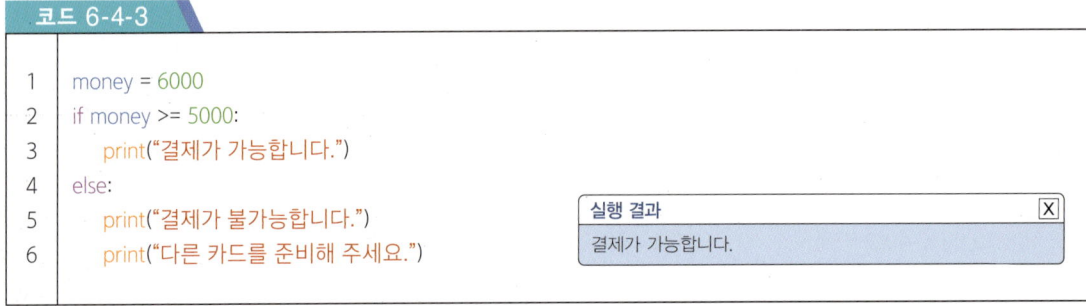

▶ 6번 줄: 조건문의 else 부분에 속하기 때문에 조건식이 거짓일 때만 실행됩니다.

마지막 print 문 앞에 들여쓰기를 하지 않은 코드입니다.

코드 6-4-4

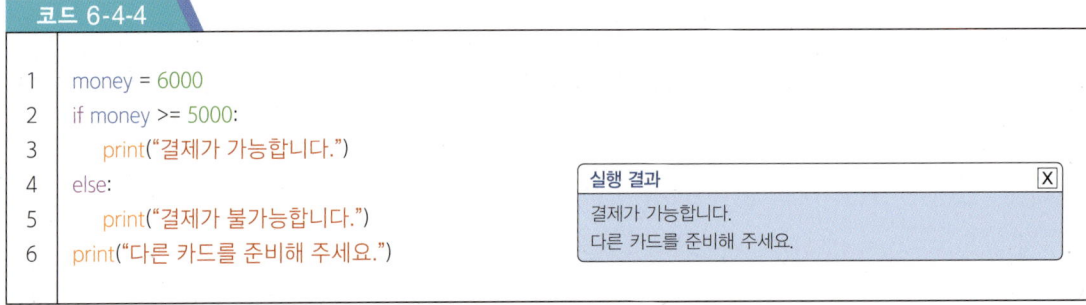

▶ 6번 줄: 조건문에 속하지 않는 코드입니다. 조건문 바깥에 있으므로 조건문의 참·거짓과 무관하며 조건문에서 빠져나온 후 별개로 실행됩니다.

문제로 익히는 개념

Q1 다음 코드의 실행 결과를 적어 보세요.

```
1  num1 = 10
2  num2 = 20
3  if num1 > num2:
4      print(num1)
5  else:
6      print(num2)
```

▶ num1 > num2는 거짓이므로 num2가 출력됩니다. 따라서 출력 결과는 20입니다.

Q2 다음 코드에서 들여쓰기가 필요한 부분을 모두 고르세요.

```
1  a = int(input('숫자 입력: '))
2  if a % 2 == 0:
3  ①  print(a, ': 짝수')
4  ②  else:
5  ③  print(a, ': 홀수')
6  ④  print('출력 완료!')
```

실행 결과 1
숫자 입력: 44
44 : 짝수
출력 완료!

실행 결과 2
숫자 입력: 53
53 : 홀수
출력 완료!

▶ 콜론(:) 다음 문장에 들여쓰기를 해야 if 또는 else에 속하는 코드로 인식됩니다.
▶ 6번 줄은 짝수, 홀수일 경우 모두 출력됩니다. 조건문에 속하지 않으므로 들여쓰기를 하지 않습니다.

답 Q1 20 Q2 ①, ③

6-5 elif 조건문

만약 조건을 여러 개 사용하고 싶다면 어떻게 할 수 있을까요? if 문을 여러 개 사용할 수도 있지만, 그러면 코드가 깔끔해 보이지 않겠죠? 그럴 때 elif라는 것을 사용하면 한 if 문 안에 여러 개의 조건을 추가할 수 있습니다. elif는 else if(아니라 만약)를 줄인 말이며, if와 else 사이에 적어야 합니다.

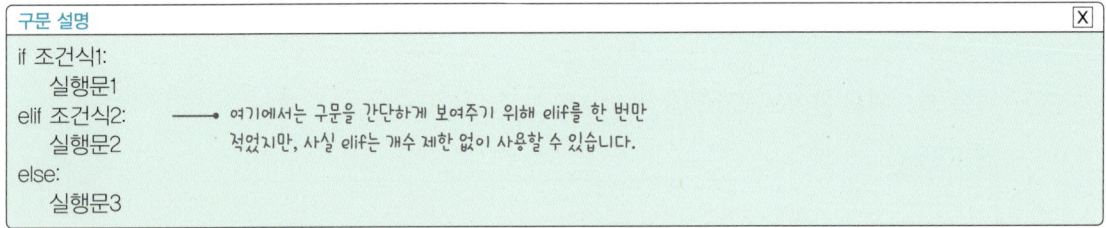

그럼 이제 코드를 통해 elif를 어떻게 사용하는지 확인해 보겠습니다.

식사 메뉴 종류를 골라주는 프로그램입니다. 직접 작성하고 실행해 보세요.

코드 6-5-1

```
1  button = int(input("1~3 중에서 입력하세요. : "))
2  if button == 1:
3      print("한식")
4  elif button == 2:
5      print("중식")
6  elif button == 3:
7      print("일식")
8  else:
9      print("잘못된 번호 입력")
10 print("맛있게 드세요!")
```

실행 결과
1~3 중에서 입력하세요. : 3
일식
맛있게 드세요!

◐ elif를 이용해 총 3가지 조건을 만들었습니다. 여기서는 사용자가 입력한 값이 3이기 때문에 7번 줄이 출력됩니다. 그 후 조건문을 빠져나와 10번 줄이 출력됩니다.

if 문에서 else가 필요 없는 경우에는 else를 생략해도 괜찮습니다. 하지만 else를 사용하는 경우에는 언제나 else를 가장 마지막에 적어야 합니다. 그러지 않으면 오류가 발생하기 때문이죠. 코드로 살펴보겠습니다.

else를 생략한 조건문입니다. 직접 작성하고 실행해 보세요.

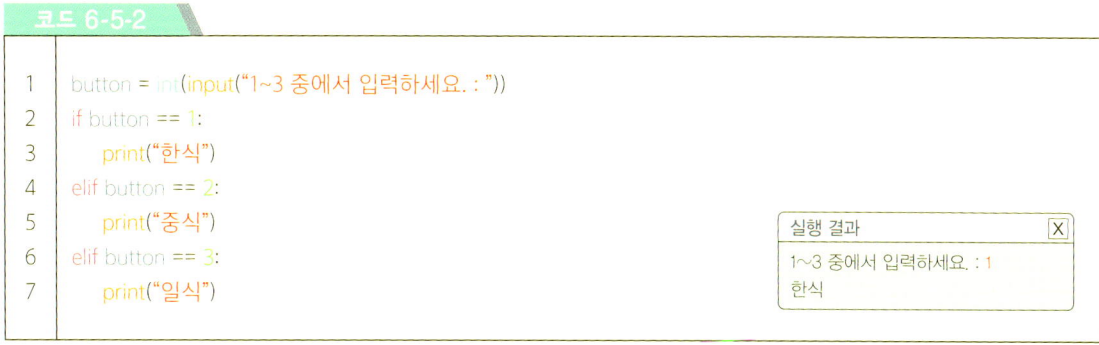

◐ 원한다면 언제든지 else를 생략할 수 있습니다. else를 생략하면 참인 조건이 없을 때 곧바로 조건문을 빠져나가게 됩니다.

else를 elif보다 먼저 적은 코드입니다. 이 코드를 실행하면 오류가 발생합니다.

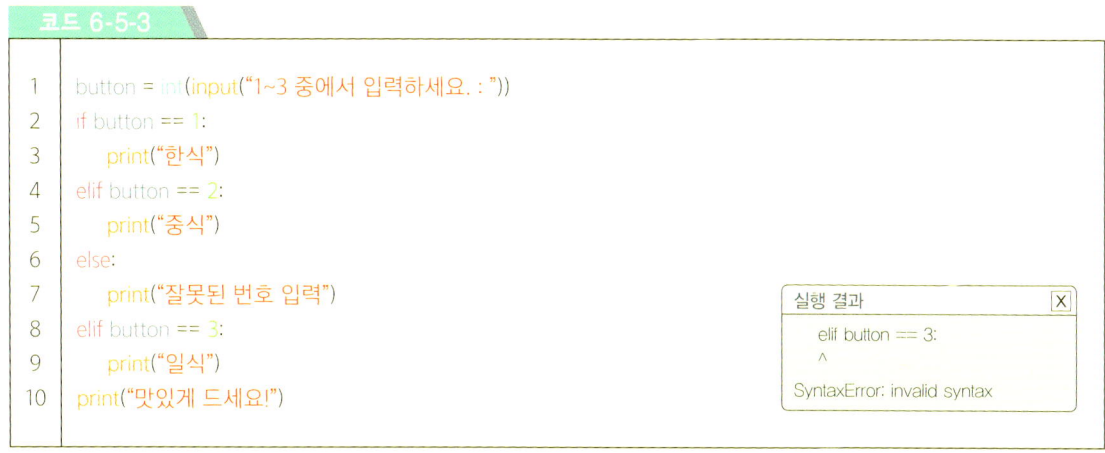

◐ else를 elif보다 먼저 적을 경우 오류가 발생합니다. else는 항상 마지막에 와야 합니다.

문제로 익히는 개념

Q1 실행 결과를 보고 빈칸에 들어갈 코드로 알맞은 것을 고르세요.

코드

```
1  button = int(input("1~3 중에서 입력하세요. : "))
2  if button == 1:
3      print("한식")
4  ____ button == 2:
5      print("중식")
6  ____ button == 3:
7      print("일식")
```

실행 결과
```
1~3 중에서 입력하세요. : 2
중식
```

① else
② else if
③ elif
④ elseif

▶ 여러 개의 조건을 추가할 때는 elif와 조건을 적어야 합니다.

Q2 다음 코드의 실행 결과를 적어 보세요.

코드

```
1  score = 73
2  if score >= 90:
3      print('A')
4  elif score >= 80:
5      print('B')
6  elif score >= 70:
7      print('C')
8  else:
9      print('F')
```

▶ 73은 80보다 작고 70보다 크므로 score >= 70 조건이 참이 되어 C를 출력합니다.

답 Q1 ③ Q2 C

CHAPTER 6 마무리

핵심 정리

- 조건에 따라 다른 코드를 실행하기 위해 if 문을 사용합니다.
- 조건식에 비교 연산자와 논리 연산자를 활용할 수 있습니다.
- 콜론(:) 다음 문장은 들여쓰기를 해야 합니다.
- 한 조건문 안에 여러 조건을 적을 때는 elif를 사용합니다.
- 조건문에서 else는 생략 가능합니다.

개념 다지기

6-1. 실행 결과를 보고 빈칸에 알맞은 논리 연산자를 적어 보세요.

코드
```
1  a = True
2  b = False
3  print(a  ①  b)
4  print(  ②  b)
5  print(a  ③  b)
```

실행 결과
```
False
True
True
```

6-2. 다음 실행 결과처럼 출력되도록 코드를 알맞은 순서로 나열해 보세요.

실행 결과
```
10 은(는) 양수입니다.
```

( ) – ( ) – ( ) – ( ) – ( )

① if a > 0:
② else:
③   print(a, "은(는) 양수입니다.")
④   print(a, "은(는) 음수입니다.")
⑤ a = 10

6-3. if 문 안에 또 다른 if 문을 작성한 코드입니다. 실행 결과로 알맞은 것을 고르세요.

코드

```
1   x = 15
2   if x >= 10:
3       if x == 15:
4           print('15입니다.')
5       else:
6           print('너무 커요!')
7   else:
8       if x == 6:
9           print('6입니다.')
10      else:
11          print('너무 작아요!')
```

① 15입니다.
② 너무 커요!
③ 6입니다.
④ 너무 작아요!
⑤ 오류 발생

6-4. 다음 코드의 실행 결과로 알맞은 것을 고르세요.

코드

```
1   temp = 35
2   if temp > 32:
3       fan = False
4       aircon = True
5   elif temp > 28:
6       fan = True
7       aircon = False
8   else:
9       fan = False
10      aircon = False
11  print("선풍기를 켜나요?", fan)
12  print("에어컨을 켜나요?", aircon)
```

① 실행 결과
선풍기를 켜나요? True
에어컨을 켜나요? True

② 실행 결과
선풍기를 켜나요? False
에어컨을 켜나요? True

③ 실행 결과
선풍기를 켜나요? True
에어컨을 켜나요? False

④ 실행 결과
선풍기를 켜나요? False
에어컨을 켜나요? False

6-5. 실행 결과를 보고 빈칸에 들어갈 코드를 순서대로 나열하세요.

코드
```
1  a = 17
2  ____ ____ ____ ____ ____
3      print(a, ': 짝수')
4  else:
5      print(a, ': 홀수')
```

실행 결과
17 : 홀수

① if
② a % 2
③ 0
④ ==
⑤ :

변수의 추천 과제 개념을 복습하며 포트폴리오를 만들고 싶다면, 변수의 추천 과제를 해결해 보세요!

난이도	과제	페이지
★	1-6. 합격과 불합격 통보하기	264
★	1-7. BMI 결과보기	266
★★	2-1. 윤년 판단하기	282

MEMO

CHAPTER 7

반복문

7 – 1. 반복문이 필요할 때
7 – 2. for 반복문
7 – 3. 중첩 for 반복문
7 – 4. while 반복문
7 – 5. 반복문 속 조건문과 break
▶ CHAPTER 7 마무리

"반복문을 활용하면 같은 코드를 두세 번 적을 필요가 없어!"

7-1 반복문이 필요할 때

반복문도 조건문처럼 어떤 프로그래밍 언어에서든 매우 중요하고 기초적인 문법입니다. 하지만 코딩을 처음 배우는 사람에게는 제법 난이도가 높은 문법이죠.

어렵더라도 포기하지 말고 배워야 합니다. 반복문을 사용하면 같은 코드를 여러 번 적지 않아도 돼서 무척 편리하거든요. 반복문 사용 유무에 따라 코드가 어떻게 다른지 비교해 볼까요?

반복문을 사용하지 않은 코드입니다.

코드 7-1-1

```
1   print(0)
2   print(1)
3   print(2)
4   print(3)
5   print(4)
6   print(5)
7   print(6)
8   print(7)
9   print(8)
10  print(9)
```

실행 결과
```
0
1
2
3
4
5
6
7
8
9
```

반복문을 사용한 코드입니다.

코드 7-1-2

```
1  for i in range(10):
2      print(i)
```

실행 결과
```
0
1
2
3
4
5
6
7
8
9
```

두 코드 모두 같은 결과가 출력됩니다. 코드 7-1-1에서는 총 10개의 출력문을 작성하여 0부터 9까지 출력했지만, 코드 7-1-2에서는 반복문을 사용해 단 2줄의 코드만으로 같은 결과를 만들었습니다. 이처럼 반복문을 이용하면 아주 간단히 코드를 반복할 수 있습니다.

> 무조건 짧은 코드를 적거나 반복문을 사용하는 것이 좋은 것만은 아닙니다. 상황에 맞게 반복문을 활용하면 가독성이 좋고 효과적인 코드를 짤 수 있습니다.

반복문은 원하는 횟수만큼 또는 특정 조건에 도달할 때까지 반복문에 속한 코드를 반복하여 실행할 수 있습니다. 파이썬에서 사용할 수 있는 반복문에는 for 문과 while 문이 있습니다. 하나씩 차근차근 살펴보겠습니다.

7-2 for 반복문

for 반복문은 파이썬의 반복문 중 하나로, for 문이라고도 부릅니다. 보통 원하는 횟수만큼 반복시킬 때 사용하는 반복문이죠. for 문은 리스트, 튜플 자료형과 함께 사용되는 경우가 많지만 여러분은 아직 리스트와 튜플을 배우지 못했으니 여기서는 range()를 활용한 for 문을 배우면서 반복문의 골격을 익혀보겠습니다. range()를 활용한 반복문의 기본 구조는 다음과 같습니다.

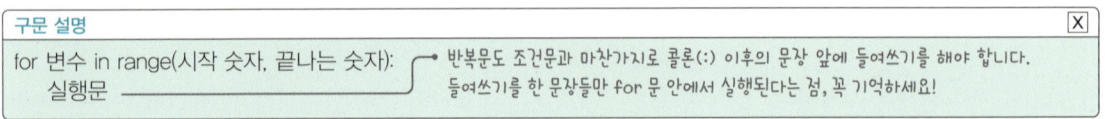

range()는 숫자들의 모음을 만들어 주는 함수입니다. 따라서 위의 기본 구조를 풀어보면 "변수가 시작 숫자부터 끝나는 숫자-1까지 1씩 증가하는 동안 실행문을 반복한다."라고 해석할 수 있습니다.

1부터 10까지 출력하는 코드입니다. 직접 작성하고 실행해 보세요.

코드 7-2-1

```
1  for i in range(1, 11):
2      print(i)
```

실행 결과
```
1
2
3
4
5
6
7
8
9
10
```

▶ 변수 i가 1부터 10까지 1씩 증가하는 동안 print(i)가 반복 실행됩니다.

for 문의 기본 구조를 알았으니 이번 챕터 도입부의 코드 7-1-2를 다시 한번 살펴보겠습니다.

for i in range(10):
    print(i)

range(10)이라니, 뭔가 이상하지 않나요? 바로 앞에서 range(시작 숫자, 끝나는 숫자)라고 배웠는데 말이죠. 그럼 이쯤에서 range()의 다양한 활용 방법을 한번 살펴보겠습니다.

형식	설명
range(끝나는 숫자)	0부터 끝나는 숫자-1까지 1 간격으로
range(시작 숫자, 끝나는 숫자)	시작 숫자부터 끝나는 숫자-1까지 1 간격으로
range(시작 숫자, 끝나는 숫자, 간격)	시작 숫자부터 끝나는 숫자-1까지 지정된 간격으로

range(끝나는 숫자)라고만 적을 경우 시작 숫자는 자동으로 0으로 설정됩니다. 따라서 for i in range(10):이라는 코드를 적으면 0부터 9까지 반복됩니다.

또한 range()는 안에서 범위뿐만 아니라 그 사이의 간격도 설정할 수 있습니다. 다음 코드를 통해 살펴보세요.

0부터 10까지 2 간격으로 출력하는 코드입니다. 직접 작성하고 실행해 보세요.

▶ range() 안에 적은 마지막 숫자 2로 인해 변수 i가 2 간격으로 반복됩니다.

range(시작 숫자, 끝나는 숫자, 간격)은 시작 숫자에서부터 끝나는 숫자-1까지 지정한 간격을 띄운 숫자 모음을 의미합니다. 이때 유의해야 할 점은 간격을 적을 때는 반드시 시작 숫자를 적어야 한다는 것입니다. 파이썬은 쉼표(,)를 기준으로 위치를 파악하기 때문에 range(0, 10, 2)라고 적으면 시작 숫자를 0으로 인식하지만, range(10, 2)라고 적으면 시작 숫자를 10으로 끝나는 숫자를 2로 인식합니다.

간격은 양수뿐만 아니라 음수로 설정해도 됩니다. 다만, 시작 숫자보다 끝나는 숫자가 작을 때는 간격을 음수로 설정해야 원하는 대로 반복되며, 끝나는 숫자+1까지 반복문이 수행됩니다.

음수 간격으로 반복하는 코드입니다. 직접 작성하고 실행해 보세요.

코드 7-2-3

```
1  for i in range(10, 0, -1):
2      print(i)
```

실행 결과
10
9
8
7
6
5
4
3
2
1

▶ 시작 숫자가 10, 끝나는 숫자가 0, 간격이 -1이므로 10부터 1까지 -1 간격으로 반복됩니다.
▶ 간격을 음수로 설정할 경우 마지막 숫자는 range에 지정한 끝나는 숫자보다 1이 더 큽니다.

range() 안에는 숫자를 저장한 변수를 적을 수도 있습니다.

변수를 이용해 for 반복문을 사용한 코드입니다. 직접 작성하고 실행해 보세요.

코드 7-2-4

```
1  x = 3
2  for i in range(1, x + 1):
3      print(i)
```

실행 결과
1
2
3

▶ 1부터 x+1-1, 즉 3까지 반복됩니다.

문제로 익히는 개념

Q1 다음 코드의 실행 결과로 알맞은 것을 고르세요.

```
1  for count in range(5):
2      print(count, end=" ")
```

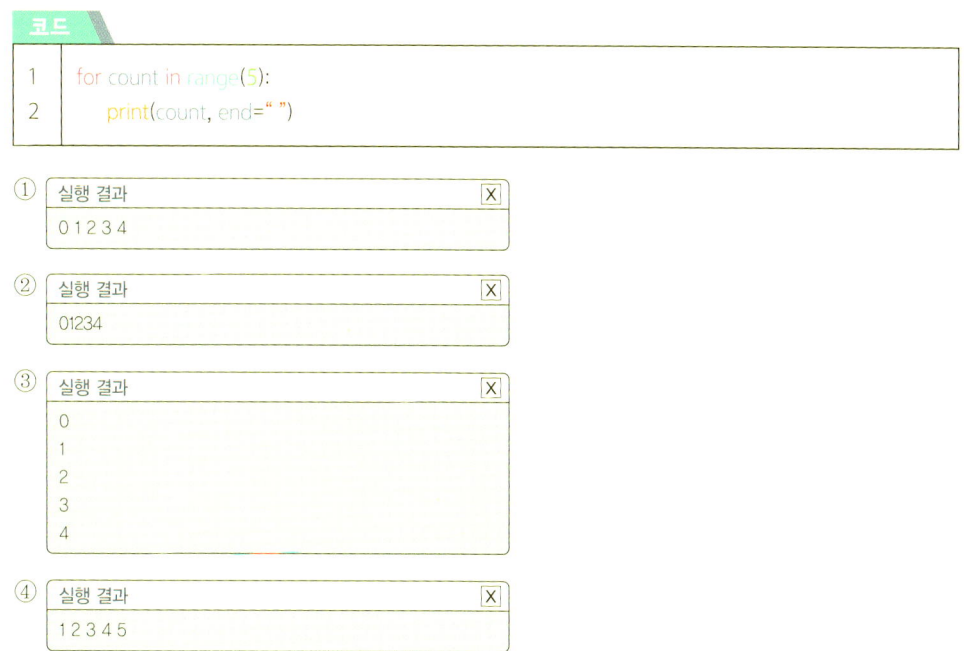

> range(5)는 0부터 4까지를 의미합니다. 따라서 count는 0부터 4까지 반복됩니다.
> 출력문 안에 end=" "를 작성했기 때문에 줄바꿈 대신 띄어쓰기와 함께 출력됩니다.

Q2 다음 코드의 실행 결과에서 "for 문이다"가 몇 번 반복될까요? 알맞은 횟수를 고르세요.

```
1  for i in range(3, 10, 2):
2      print("for 문이다")
```

① 3번
② 4번
③ 7번
④ 8번

> range(3, 10, 2)는 3부터 9까지 2 간격으로라는 의미입니다. 따라서 3, 5, 7, 9까지 총 4번 반복됩니다.

7-3 중첩 for 반복문

반복문을 여러 번 중첩하여 사용할 수 있습니다. 구구단을 출력하는 코드를 살펴보며 중첩 반복문을 활용하는 방법을 알아보겠습니다.

2단부터 9단까지 구구단 결과를 출력하는 코드입니다. 직접 작성하고 실행해 보세요.

코드 7-3-1

```
1  for i in range(2, 10):
2      for j in range(1, 10):
3          print(i * j, end=" ")
4      print()
```

실행 결과
```
2 4 6 8 10 12 14 16 18
3 6 9 12 15 18 21 24 27
4 8 12 16 20 24 28 32 36
5 10 15 20 25 30 35 40 45
6 12 18 24 30 36 42 48 54
7 14 21 28 35 42 49 56 63
8 16 24 32 40 48 56 64 72
9 18 27 36 45 54 63 72 81
```

- **1번 줄**: i는 2부터 9까지 1씩 증가하며 반복됩니다.
- **2번 줄**: 첫 번째 for 문에 속한 코드로, i가 바뀔 때마다 반복됩니다. for 문 안에 중첩된 for 문에서 j는 1부터 9까지 1씩 증가하며 반복됩니다.
- **3번 줄**: 두 번째 for 문에 속한 코드로, j가 바뀔 때마다 반복됩니다. end 옵션을 이용해 줄 바꿈 대신 띄어쓰기로 출력문을 구분합니다.
- **4번 줄**: 첫 번째 for 문에 속한 코드로, i가 바뀔 때마다 반복됩니다. i가 바뀌기 전 마지막으로 실행되는 코드이며, 구구단의 단이 바뀔 때 줄 바꿈을 해주는 역할을 합니다.

반복문을 2번 이상 중첩할 수 있습니다. 단, 반복문을 많이 중첩하면 코드의 복잡성도 높아지고 실행 시간도 길어질 수 있으니 꼭 필요한 경우에만 중첩하여 사용하는 것을 추천합니다.

문제로 익히는 개념

Q1 다음 코드에서 4번째 줄의 print() 코드는 몇 번 실행될까요?

```
1  for i in range(1, 6):
2      for j in range(1, i + 1):
3          print(j, end=" ")
4      print()
```

실행 결과
```
1
1 2
1 2 3
1 2 3 4
1 2 3 4 5
```

▶ i는 1부터 5까지 총 5번 반복되고 j는 1부터 i까지 반복됩니다. print()는 i의 반복 실행문이므로 총 5번 실행됩니다.

Q2 구구단을 6단부터 7단까지 출력하는 코드입니다. 빈칸에 들어갈 숫자를 적어 보세요.

```
1  for dan in range( ① , ② ):
2      print('구구단을 외자!!', dan, '단')
3      for i in range( ③ , ④ ):
4          print(dan, '*', i, '=', dan * i)
```

실행 결과
```
구구단을 외자!! 6 단
6 * 1 = 6
6 * 2 = 12
6 * 3 = 18
6 * 4 = 24
6 * 5 = 30
6 * 6 = 36
6 * 7 = 42
6 * 8 = 48
6 * 9 = 54
구구단을 외자!! 7 단
7 * 1 = 7
7 * 2 = 14
7 * 3 = 21
7 * 4 = 28
7 * 5 = 35
7 * 6 = 42
7 * 7 = 49
7 * 8 = 56
7 * 9 = 63
```

▶ 1번 줄: 6단부터 7단까지 실행하려면 range(6, 8)로 설정해야 합니다.
▶ 3번 줄: 1부터 9까지 반복하려면 range(1, 10)으로 설정해야 합니다.

답 Q1 5번 Q2 ① 6 ② 8 ③ 1 ④ 10

7-4
while 반복문

for 문과 같은 반복문이지만 조건에 따라 반복되는 반복문이 바로 while 반복문입니다. while 문은 for 문과 달리 조건식만 있으면 반복할 수 있습니다.

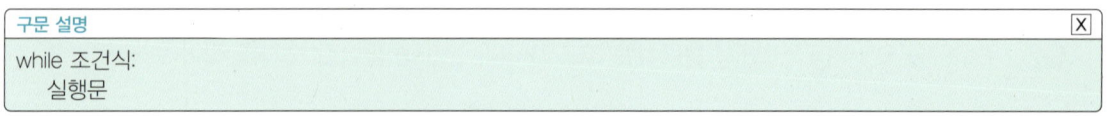

while 문은 if 문처럼 조건식이 참일 경우 실행문이 실행됩니다. 다만, 반복문이기 때문에 조건식이 참인 동안 반복됩니다. 만약 조건식이 계속 참이면 무한으로 반복됩니다.

1부터 3까지 출력하는 프로그램을 보며 for 문과 while 문의 차이를 살펴보세요.

for 문으로 작성한 코드입니다.

◐ for 문은 범위를 사용해 반복합니다.

while 문으로 작성한 코드입니다.

코드 7-4-2

```
1  x = 1
2  while x <= 3:
3      print(x)
4      x = x + 1
```

실행 결과
```
1
2
3
```

- while 문은 조건식을 사용해 반복합니다.
- x라는 변수를 1로 선언하고 반복문이 실행될 때마다 1씩 더해 주었습니다. 따라서 x가 4일 때 조건식이 거짓이 되어 반복문을 벗어납니다.

문제로 익히는 개념

Q1 실행 결과를 보고 빈칸에 들어갈 코드로 알맞은 것을 고르세요.

코드

```
1  num = 0
2  while num < 10:
3      _____
4      _____
```

실행 결과
```
2
4
6
8
10
```

① print(num)
   num = num + 2

② print(num)
   num = num - 2

③ num = num + 2
   print(num)

④ num = num - 2
   print(num)

- 1, 2번 줄: num에 0을 저장합니다. num이 0부터 시작해 10이 될 때까지 반복됩니다.
- 3, 4번 줄: 실행 결과를 보면 10이 될 때까지 2 간격으로 출력이 반복됨을 알 수 있습니다. 다만, 0이 아니라 2부터 출력되므로 num = num + 2는 출력문 이전에 실행됩니다.

답 ③

7-5
반복문 속 조건문과 break

반복문 안에 조건문을 넣어서 활용할 수도 있습니다. 반복하는 중에 원하는 조건에 해당하면 반복문을 빠져나오거나 출력문을 실행하는 등 원하는 기능을 자유자재로 구현할 수 있습니다.

while 반복문 안에 조건문을 사용한 코드입니다. 직접 작성하고 실행해 보세요.

코드 7-5-1

```
1  hit = 0
2  while hit < 5:
3      hit = hit + 1
4      print("나무를", hit, "번 찍었습니다.")
5      if hit == 5:
6          print("쓰러집니다~")
```

실행 결과
```
나무를 1 번 찍었습니다.
나무를 2 번 찍었습니다.
나무를 3 번 찍었습니다.
나무를 4 번 찍었습니다.
나무를 5 번 찍었습니다.
쓰러집니다~
```

▶ **5번 줄**: 반복문을 반복하다 hit == 5가 참이 되면 6번 줄이 출력됩니다.

이렇게 while 문 안에 조건문을 넣어 활용하는 경우가 많습니다. 일부러 무한 반복을 만들기도 합니다. 무한 반복을 만든 다음, 조건식을 이용해 멈춰줄 수 있기 때문입니다. 반복문 안에 break라는 코드를 적으면 곧바로 반복문을 빠져나옵니다.

다음 코드를 통해 break로 무한 반복에서 벗어나는 방법을 살펴보겠습니다.

무한 반복에서 사용자의 입력을 받아 반복문을 빠져나오는 코드입니다. 직접 작성하고 실행해 보세요.

코드 7-5-2

```
1   number = 0
2   while True:
3       number = int(input("문을 여시겠습니까? (1:Yes / 2:No) "))
4       if number == 1:
5           print("문이 열렸습니다.")
6           break
7       elif number == 2:
8           print("문을 열 수 없습니다.")
```

실행 결과
```
문을 여시겠습니까? (1:Yes / 2:No) 2
문을 열 수 없습니다.
문을 여시겠습니까? (1:Yes / 2:No) 1
문이 열렸습니다.
```

- 2번 줄: while True에서 조건식이 무조건 참이므로 while 문이 무한 반복됩니다.
- 3번 줄: 사용자가 입력한 번호를 받아 정수형으로 강제 변환합니다.
- 4번 줄: number가 1일 경우 '문이 열렸습니다.'라고 출력되며 반복문을 빠져나갑니다.
- 7번 줄: number가 2일 경우 '문을 열 수 없습니다.'라고 출력되며 다시 반복됩니다.

문제로 익히는 개념

Q1 다음 코드에서 출력문이 실행되는 횟수로 알맞은 것을 고르세요.

코드
```
1   i = 10
2   while i >= 0:
3       if i == 5:
4           break
5       print(i)
6       i = i - 1
```

① 4
② 5
③ 6
④ 10

- i는 10부터 시작되며, i가 0 이상인 경우 실행문이 반복됩니다. 실행문의 마지막에서 i가 1씩 줄어듭니다.
- i가 5일 때 출력문이 실행되기 전에 break가 실행되어 반복문에서 빠져나옵니다. 따라서 출력문은 10, 9, 8, 7, 6까지 총 5회 실행됩니다.

정답 ②

CHAPTER 7 마무리

> **핵심 정리**

- 반복문은 for 문 또는 while 문으로 만들 수 있습니다.
- 반복문 안에 다른 반복문을 중첩해서 사용할 수 있습니다.
- while 문 안에 조건문을 넣어 활용하는 경우가 많습니다.
- 반복문 안에서 break가 실행되는 즉시 반복문을 빠져나옵니다.

> **개념 다지기**

7-1. 실행 결과를 보고 코드를 알맞은 순서대로 나열하세요.

① :
② count
③ 3
④ <
⑤ while

7-2. 실행 결과를 보고 빈칸에 들어갈 코드를 적어 보세요.

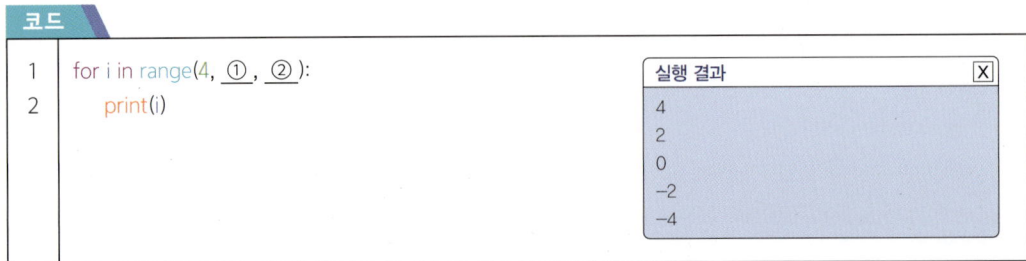

7-3. 합계를 구하는 프로그램입니다. 실행 결과를 보고 코드를 알맞은 순서대로 나열하세요.

```
1  sum= 0
2  i = 1
3  while i < 10:
4     _____
5     _____
6  _____
```

실행 결과
합계 45

① print("합계", sum)
② sum += i
③ i += 1

7-4. 5!(팩토리얼)을 구하는 프로그램입니다. 빈칸에 알맞은 코드를 적어 보세요. (5! = 5*4*3*2*1)

```
1  fact = 1
2  for i in range(1, ___):
3     fact = fact * i
4  print(fact)
```

실행 결과
120

변수의 추천 과제

 개념을 복습하며 포트폴리오를 만들고 싶다면, 변수의 추천 과제를 해결해 보세요!

난이도	과제	페이지
★	1-8. 짝수이면서 7의 배수는 아닌 수 찾기	268
★★	2-4. 높이가 n인 직각이등변삼각형 만들기	288
★★	2-5. 팩토리얼 계산하기	290
★★	2-12. 소인수분해	307
★★★	3-3. 8월 달력 출력하기	325
★★★	3-8. 전자레인지 시간 설정하기	341

MEMO

CHAPTER  함수

8-1. 함수
8-2. 매개변수가 있는 함수
8-3. 반환값이 있는 함수
8-4. 변수의 사용 범위
8-5. 내장 함수와 예약어
▶ CHAPTER 8 마무리

"함수를 활용하면 자주 쓰는 코드를 저장해 놓을 수 있어."

8-1 함수

함수는 모든 프로그래밍 언어에 존재하는 문법으로, 수학에서 말하는 함수(function)와 비슷합니다. 한 번 이해하고 나면 어렵지 않지만, 처음에는 많은 사람이 힘들어하는 부분입니다. 프로그래밍을 처음 접하는 초보자에게 쉽지 않은 문법이니 차근차근 알아보겠습니다.

함수를 간단하게 말하자면 어떤 기능을 수행하는 코드 덩어리라고 할 수 있습니다. 코드 덩어리를 위한 인풋(input)과 코드 덩어리가 실행된 이후의 아웃풋(output)이 있을 수 있습니다. 그림으로 살펴보면 다음과 같습니다.

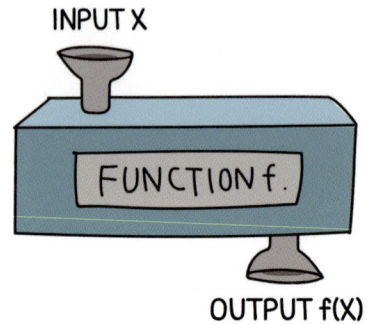

함수에 어떤 x를 넣으면 함수의 기능을 거친 후 f(x)가 반환되는 식으로 작동합니다.

그럼 이제 구문 설명을 통해 함수의 기본 형태를 조금 더 구체적으로 살펴보겠습니다.

> **구문 설명**
>
> ```
> def 함수명(매개변수):
>     실행문1
>     실행문2
>     return 반환하는 값
> ```

- **def**: 함수를 만들 때 이것이 함수라는 것을 알려주는 역할을 합니다.
- **함수명**: 함수는 변수처럼 이름을 가져야 합니다.
- **매개변수**: 함수에서 변수처럼 사용할 값입니다. 매개변수는 없을 수도 있고, 1개 이상일 수도 있습니다.
- **반환하는 값**: 함수의 마지막에는 return과 함께 아웃풋으로 반환할 값을 적어줍니다. 반환할 값이 없다면 return 문장은 생략해도 괜찮습니다.

함수를 정의할 때 첫 번째 줄에 함수명을 적고 마지막에는 콜론(:)을 붙여줍니다. 그리고 조건문, 반복문에서도 그랬듯이 함수에 속하는 실행문, return 문장 등은 모두 들여쓰기를 지켜서 적어야 합니다. 그래야 파이썬이 해당 코드가 함수에 속한다고 인식할 수 있습니다.

반복되는 코드나 특정 기능을 수행하는 코드 덩어리를 보통 함수로 만듭니다. 함수 구성을 잘하면 코드의 가독성과 재사용성을 높일 수 있습니다. 하지만 아직 함수라는 개념이 낯선 코딩 초보자는 이게 무슨 말인지 이해하기 어려울 것입니다. 실제 코드 예시를 통해 조금 더 알아보겠습니다.

hello world를 출력하는 함수입니다. 직접 작성하고 실행해 보세요.

코드 8-1-1

```
1  def printHello():
2      print("hello world")
```

실행 결과

> printHello라는 이름의 함수를 생성했습니다. printHello() 함수는 'hello world'를 출력하는 기능을 합니다.

코드 8-1-1을 작성하고 실행해 보았나요? 그렇다면 뭔가 이상한 점을 발견하지 않았나요? 분명 코드를 열심히 적고 실행했는데 아무런 결과가 나오지 않아 의아했을 것입니다. 실행 결과창에 아무 것도 나타나지 않은 이유는 여기서 함수를 만들기만 하고 사용하지는 않았기 때문입니다.

함수를 만든 다음에는 함수명으로 호출해야 함수가 실행됩니다. 함수를 호출할 때의 기본 형태는 다음과 같습니다.

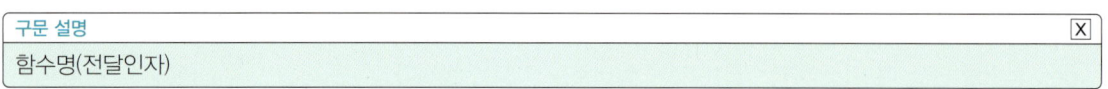

- **함수명**: 함수를 만들 때 지었던 함수 이름입니다.
- **전달인자**: 함수를 호출할 때 함수에 인풋으로 넣어줄 값입니다. 함수를 정의할 때 사용한 매개변수의 개수와 전달인자의 개수는 같아야 합니다. 만약 매개변수가 없으면 전달인자도 없습니다. 그럴 때는 전달인자 없이 '함수명()'처럼 빈 괄호로 두고 함수를 호출하면 됩니다.

함수를 만들고 호출하는 코드입니다. 직접 작성하고 실행해 보세요.

▶ 1~2번 줄: 함수를 작성(정의)합니다.
▶ 3~5번 줄: 함수를 호출하여 실행하면 함수를 사용한 결과가 나타납니다.

함수 호출 시 주의할 점은 함수는 정의한 후에 호출해야 한다는 것입니다. 만약 함수를 만들기도 전에 호출해 버리면 오류가 발생합니다.

함수를 정의하기 전에 호출하는 코드입니다. 코드를 실행하면 오류가 발생합니다.

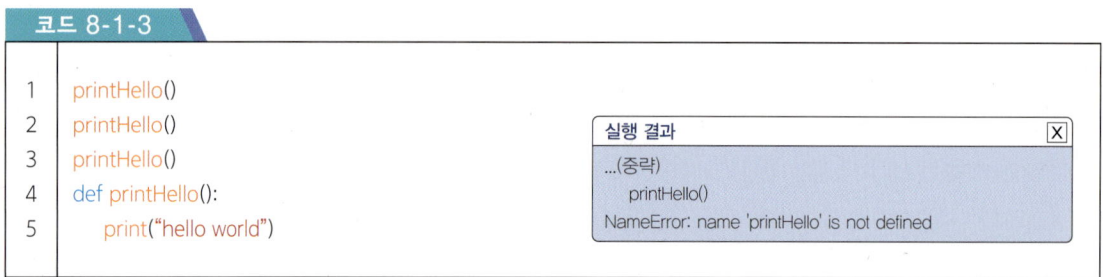

함수에서 반환하는 값이 없으면 함수를 호출하기만 해도 원하는 결과대로 실행됩니다. 하지만 함수에서 반환하는 값이 있을 경우 아래의 구문 설명처럼 함수 호출한 후 그 결과를 바로 변수에 저장하여 사용해야 합니다.

구문 설명
변수 = 함수명(전달인자)

이러한 경우의 코드 예시는 다음 섹션에서 살펴보겠습니다.

문제로 익히는 개념

Q1 call() 함수를 정의하기 위해 빈칸에 넣어야 할 코드는 무엇일까요?

```
1   ____ call():
2       print("여보세요")
```

① for
② while
③ print
④ def
⑤ bef

◐ 함수를 정의할 때에는 def를 함수명 앞에 적어야 합니다.

정답 ④

8-2
매개변수가 있는 함수

지금까지는 매개변수와 전달인자, 반환값이 없는 함수를 살펴보았습니다. 이번에는 매개변수가 있는 형태의 함수를 살펴보려고 합니다. 매개변수가 있는 함수는 어떻게 만들고 호출할 수 있을까요?

두 숫자를 매개변수로 받아 합계를 출력하는 함수를 사용한 코드입니다. 직접 작성하고 실행해 보세요.

코드 8-2-1

```
1  def printSum(a, b):
2      print(a + b)
3  printSum(3, 5)
4  printSum(6, 7)
```

실행 결과
```
8
13
```

- **1, 2번 줄:** 두 매개변수를 받아 그 둘의 합을 출력하는 함수를 정의합니다.
- **3, 4번 줄:** 1번 줄에서 함수를 정의할 때 매개변수를 2개 적었으므로, printSum() 함수의 괄호 안에 전달인자 2개를 적어 함수를 호출합니다.

앞서 8-1의 함수 구문 설명에서도 매개변수가 있는 함수를 호출할 때는 매개변수의 개수를 신경 써야 한다고 했습니다. 함수를 호출하려면 그 함수를 정의할 때 적은 매개변수의 개수에 맞게 전달인자를 넣어야 합니다. 이 점을 꼭 기억하세요!

함수에서 사용하는 매개변수 이름과 함수를 호출할 때의 전달인자 이름은 다를 수 있습니다. 코드 예시를 통해 살펴보겠습니다.

두 숫자를 입력받아 합계를 출력하는 코드입니다. 직접 작성하고 실행해 보세요.

코드 8-2-2

```
1   def printSum(a, b):
2       print(a + b)
3   x = int(input("숫자 1개를 입력하세요. : "))
4   y = int(input("숫자 1개를 더 입력하세요. : "))
5   printSum(x, y)
```

실행 결과
숫자 1개를 입력하세요. : 24
숫자 1개를 더 입력하세요. : 35
59

● 1, 2번 줄: 2개의 매개변수가 있는 printSum() 함수를 정의합니다.
● 3, 4번 줄: 입력받은 숫자는 변수 x와 y로 저장합니다.
● 5번 줄: 변수 x와 y를 전달인자로 사용하여 printSum() 함수를 호출합니다. 그 결과 두 수의 합이 출력됩니다.

이처럼 함수를 정의할 때 작성하는 매개변수의 변수 이름과 함수를 호출할 때 작성하는 전달인자의 변수 이름은 다를 수 있습니다.

문제로 익히는 개념

Q1 다음 코드의 실행 결과로 알맞은 것을 고르세요.

코드

```
1   def say(word):
2       print(word, "안녕하세요")
3
4   say("Say Ho~")
```

① Say Ho~ 안녕하세요
② 안녕하세요
③ Say Ho~
④ 오류 발생
⑤ 출력 없음

● 전달인자로 "Say Ho~"를 전달했으므로 ①처럼 출력됩니다.

정답 ①

8-3 반환값이 있는 함수

함수에는 인풋에 해당하는 매개변수뿐만 아니라 아웃풋에 해당하는 반환값이 있을 수 있습니다. 반환값이 있는 함수는 어떻게 정의하고 호출하는지 살펴보겠습니다.

두 숫자를 매개변수로 받아 합계를 반환하는 함수를 사용한 코드입니다. 직접 작성하고 실행해 보세요.

코드 8-3-1

```python
def getSum(a, b):
    sum = a + b
    return sum
result = getSum(6, 5)
print(result)
```

실행 결과
```
11
```

- 1~3번 줄: a와 b를 매개변수로 받아 두 수의 덧셈 결과를 반환값으로 반환하는 getSum() 함수를 정의합니다.
- 4번 줄: getSum() 함수를 호출하고 반환값을 변수 result에 저장합니다.
- 5번 줄: result를 출력합니다.

위의 예시처럼 'return 반환값' 형태로 원하는 값을 반환할 수 있습니다. 함수를 호출한 뒤 반환값을 받아 변수에 저장하거나 출력하는 등 다양한 형태로 사용할 수 있습니다.

문제로 익히는 개념

Q1 다음 코드의 실행 결과로 알맞은 것을 고르세요.

```
1  def say():
2      return "안녕하세요!"
3
4  say()
```

① 안녕하세요!
② 결과 없음
③ 오류 발생
④ say()

▶ say() 함수에서 문자열을 반환합니다. 함수를 호출만 했으므로 아무 실행 결과가 없습니다.

Q2 실행 결과를 보고 빈칸에 들어갈 코드를 적어 보세요.

```
1  def call():
2      return "여보세요"
3  ____ = call()
4  print(v)
```

실행 결과
여보세요

▶ 실행 결과에서 '여보세요'가 출력되었으므로 call 함수의 반환값을 변수로 저장하여 출력했음을 알 수 있습니다. 마지막 줄 코드에서 v를 출력했으므로 빈칸에는 v가 들어가야 합니다.

답 Q1 ② Q2 v

8-4 변수의 사용 범위

함수 안에서 선언하는 변수는 코드 전체에서 사용할 수 없습니다. 함수 안에서 만든 변수는 함수 안에서만 쓰일 수 있고, 이런 변수를 지역 변수라고 합니다. 한편 우리가 써왔던 변수처럼 코드 전체에서 사용할 수 있는 변수를 전역 변수라고 합니다. 지역 변수를 전역에서 사용하면 오류가 발생합니다. 코드 예시를 통해 살펴보겠습니다.

지역 변수를 전역으로 사용한 코드입니다. 코드를 실행하면 오류가 발생합니다.

코드 8-4-1

```
1  def cal(x, y):
2      result = x + y
3      return result
4  cal(4, 5)
5  print(result)
```

실행 결과
```
...(중략)
    print(result)
NameError: name 'result' is not defined
```

▶ 변수 result는 cal() 함수 안에서 정의한 지역 변수이므로 cal() 함수 안에서만 사용할 수 있습니다. 그런데 5번 줄, 즉 cal() 함수 정의 바깥에서 result를 사용해 오류가 발생합니다.

위 코드 8-4-1처럼 지역 변수를 전역 변수처럼 사용할 경우 오류가 발생합니다. 함수 안에서 선언한 변수나 매개변수의 이름은 해당 함수 안에서만 사용해야 합니다.

8-5 내장 함수와 예약어

지금까지는 함수를 직접 정의해서 사용하는 방법을 알아보았습니다. 함수를 직접 정의해서 사용할 수도 있지만, 사용자의 편의를 위해 파이썬에서 미리 만들어 놓은 함수를 사용할 수도 있습니다. 이러한 함수를 <u>내장 함수</u>라고 부릅니다. 지금까지 우리가 무심코 사용했던 print(), input()이 대표적인 내장 함수입니다. 평소에 자주 사용되고 유용한 내장 함수들에 대해서는 Part 1의 〈Chapter 15. 파이썬 응용하기〉에서 더욱 자세히 살펴보겠습니다.

여기서는 숫자의 절댓값을 구할 수 있는 abs() 함수를 이용해 내장 함수의 특징을 알아보겠습니다.

| 내장 함수의 특징
(1) 함수를 정의하지 않고 호출할 수 있다.
내장 함수는 파이썬에서 미리 구현해 둔 함수입니다. 따라서 사용자는 내장 함수를 정의하지 않고 호출해 사용할 수 있습니다.

abs() 내장 함수를 사용한 코드입니다. 직접 작성하고 실행해 보세요.

코드 8-5-1
```
1  number = -10
2  print(number)
3
4  abs_number = abs(number)
5  print(abs_number)
```

실행 결과
```
-10
10
```

▶ -10을 전달인자로 abs() 함수를 호출하자 10이 반환됩니다.

(2) 내장 함수 이름을 변수 이름으로 짓지 않는 것이 좋다.

내장 함수의 이름을 변수 이름으로 사용해도 오류가 발생하지는 않습니다. 하지만 내장 함수 이름으로 변수 이름을 짓고, 변수에 값을 저장하면 내장 함수의 실행문이 덮어씌워집니다. 그러면 내장 함수의 기능을 사용할 수 없게 됩니다.

abs라는 변수에 숫자를 저장한 코드입니다. 코드 8-5-1과 비교해 살펴보세요.

코드 8-5-2

```
1  abs = -10
2  print(abs)
3
4  abs_number = abs(abs)
5  print(abs_number)
```

실행 결과
```
-10
- - - > 4 abs_number = abs(abs)
TypeError: 'int' object is not callable
```

- **1번 줄**: 내장 함수 abs의 이름을 변수 이름으로 사용해 abs 함수가 숫자로 덮어씌워졌습니다. 내장 함수의 이름을 변수 이름으로 사용한 것 자체로는 오류가 발생하지 않습니다.
- **2번 줄**: abs 변수에 저장된 -10이 출력됩니다.
- **4번 줄**: abs라는 이름의 함수를 호출하자 오류가 발생합니다. abs가 변수로 덮어씌워졌기 때문입니다.

파이썬에서 미리 구현해 둔 내장 함수처럼, 미리 문법적인 의미를 담아 둔 단어도 존재합니다. 이러한 단어를 예약어라고 합니다. 예를 들어, 불 자료형을 의미하는 True와 False, 함수를 정의할 때 사용하는 def, 챕터 10에서 리스트의 값을 삭제할 때 사용하는 del은 모두 예약어에 해당합니다.

파이썬 3.7을 기준으로 35개의 예약어가 있습니다. 예약어는 파이썬의 버전에 따라 추가되거나 삭제될 수 있습니다.

파이썬의 예약어				
False	await	else	import	pass
None	break	except	in	raise
True	class	finally	is	return
and	continue	for	lambda	try
as	def	from	nonlocal	while
assert	del	global	not	with
async	elif	if	or	yeild

Part 1의 〈Chapter 3. 변수와 자료형〉에서 언급했듯이 예약어는 변수의 이름으로 사용할 수 없습니다.

예약어인 True, False, def를 변수 이름으로 사용한 코드입니다. 코드를 실행하면 오류가 발생합니다.

코드 8-5-3

```
1  True = "참"
2  False = "거짓"
3  def = "함수"
```

실행 결과
```
True = "참"
     ^
SyntaxError: cannot assign to True
```

◉ True를 변수 이름으로 사용하고 있습니다. 따라서 True라는 이름에 데이터를 대입할 수 없다는 문법 오류가 발생합니다.
◉ 오류가 발생했기 때문에 그 다음 코드들은 실행되지 않고 프로그램이 종료됩니다.

CHAPTER 8 마무리

> **핵심 정리**
> - 함수는 어떤 기능을 하는 코드 덩어리입니다.
> - 반복되거나 특정 기능을 수행하는 코드를 함수로 만듭니다.
> - 함수는 함수명, 매개변수, 반환값으로 구성됩니다.
> - 함수는 정의한 후에 호출해야 실행됩니다.
> - 파이썬에서 미리 구현해 놓은 함수를 내장 함수라고 합니다.
> - 파이썬에서 문법적인 의미를 가지고 있는 단어를 예약어라고 합니다.

> **개념 다지기**

8-1. 실행 결과를 보고 알맞은 코드를 골라 순서대로 나열하세요.

실행 결과	X
여보세요	

(   ) – (   ) – (   )

① def call():
② print("여보세요")
③   print("여보세요")
④ call()

8-2. 다음의 코드를 실행하면 오류가 발생합니다. 오류가 발생하는 이유로 알맞은 것을 고르세요.

코드
1　say()
2
3　def say():
4　　　print("안녕하세요!")

① 함수의 호출 코드가 잘못되었다.
② 함수를 정의하는 코드가 잘못되었다.
③ 함수의 호출과 정의의 순서가 잘못되었다.
④ 정의한 함수와 호출한 함수가 다르다.

8-3. 다음 코드와 실행 결과가 동일한 코드를 고르세요.

```
1  def say():
2      print("안녕하세요?")
3
4  say()
```

8-4. 실행 결과를 보고 빈칸에 들어갈 코드를 적어 보세요. (**은 거듭제곱 연산자입니다. 예를 들어, 2 ** 3 = 2^3입니다.)

```
1  ①  power(a, b):
2      c = a ** b
3      return  ②
4
5   ③  = power(3, 4)
6  print(result)
```

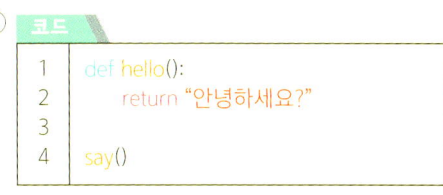

실행 결과
81

8-5. 입력받은 숫자가 짝수인지 확인하는 프로그램입니다. 이 코드에서는 숫자가 짝수인지 판별하는 함수를 사용합니다. 빈칸에 들어갈 코드를 알맞은 순서로 나열하세요.

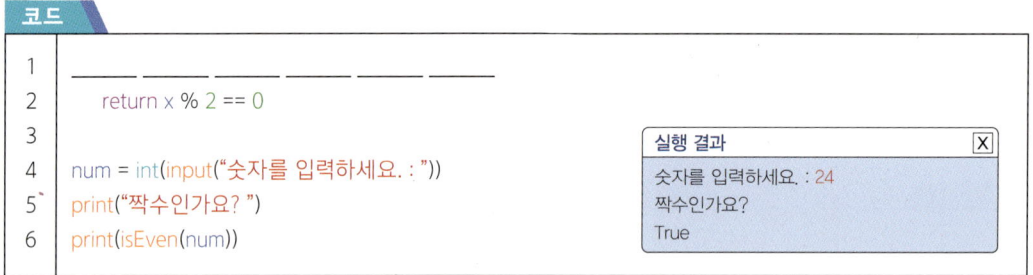

① (
②)
③ x
④ def
⑤ isEven
⑥ :

변수의 추천 과제

개념을 복습하며 포트폴리오를 만들고 싶다면, 변수의 추천 과제를 해결해 보세요!

난이도	과제	페이지
★	1-9. 정수 n까지의 합을 구하는 함수 만들기	270
★★	2-7. 도형별 넓이 계산기	294
★★	2-11. 함수를 활용한 구구단	304
★★	2-13. 최댓값의 위치 구하기	310

CHAPTER

문자열 파헤치기

9 – 1. 문자열 인덱싱과 슬라이싱
9 – 2. 문자열 포매팅
9 – 3. 문자열 응용 함수
▶ CHAPTER 9 마무리

"파이썬의 문자열엔 많은 기능이 있어!"

9-1
문자열 인덱싱과 슬라이싱

지금까지 출력문, 변수 등을 다루며 문자열을 원래 형태 그대로 사용했지만 인덱싱과 슬라이싱을 이용하면 원하는 대로 가공할 수 있습니다. 인덱싱(Indexing)은 무언가를 가리킨다는 의미입니다. 문자열의 글자에 번호를 지정하고 가리키는 것을 <mark>문자열 인덱싱</mark>이라고 합니다. 예를 들어, hi라는 변수에 '파이썬 공부는 즐거워!'라는 문자열을 저장하고 번호를 지정하면 다음과 같습니다.

파	이	썬		공	부	는		즐	거	워	!
0	1	2	3	4	5	6	7	8	9	10	11

→ 띄어쓰기나 느낌표(!) 등의 특수문자도 하나의 공간을 차지하기 때문에 번호를 각각 하나씩 지정해야 합니다.

→ 인덱싱을 할 때 유의할 점은 번호의 시작은 1이 아니라 0이라는 점입니다. 문자열의 글자 개수가 12개이면 0~11까지의 번호로 지정됩니다.

이러한 번호로 원하는 글자를 인덱싱할 수 있습니다. 예시 코드를 통해 살펴보겠습니다.

문자열 인덱싱으로 원하는 위치의 글자를 출력하는 코드입니다. 직접 작성하고 실행해 보세요.

코드 9-1-1

```
1  hi = "파이썬 공부는 즐거워!"
2  print(hi[2])
3  print(hi[6])
```

실행 결과
```
썬
는
```

▶ hi[2]는 '썬', hi[6]은 '는'을 가리킵니다.

코드 9-1-1에서 알 수 있듯이 문자열 인덱싱을 할 때는 <mark>대괄호로 원하는 위치를 지정</mark>합니다. hi[2]라고 하면 변수 hi에 담긴 문자열의 인덱스 2번, 즉 세 번째 문자를 가리킵니다.

양수가 아닌 음수로 뒤에서부터 번호를 붙여줄 수도 있습니다.

뒤에서부터 번호를 지정할 땐 맨 오른쪽에서 -1부터 시작해 왼쪽으로 가며 1씩 줄어듭니다. 당연히 이 음수 번호로도 인덱싱할 수 있습니다.

문자열 인덱싱으로 원하는 위치의 글자를 출력하는 코드입니다. 직접 작성하고 실행해 보세요.

코드 9-1-2

```
1  hi = "파이썬 공부는 즐거워!"
2  print(hi[-1])
3  print(hi[-10])
```

실행 결과
```
!
썬
```

▶ hi[-1]은 '!', hi[-10]은 '썬'을 가리킵니다.

문자열 인덱싱이 무엇인지 알게 되었으니 이번에는 문자열 슬라이싱에 대해 알아보겠습니다. 슬라이싱(Slicing)은 자른다는 의미입니다. 따라서 문자열 슬라이싱은 원하는 위치부터 원하는 위치까지 문자열을 자르는 방법입니다. 문자열을 슬라이싱하려면 문자열의 인덱스 번호를 알고 있어야 합니다.

문자열 슬라이싱의 기본 구조는 다음과 같습니다.

구문 설명
변수명[시작 번호:끝 번호+1]

예를 들어, 변수 hi에 "파이썬 공부는 즐거워!"라는 문자열이 저장되어 있을 때 인덱스 4번부터 6번까지의 '공부는'이라는 문자열을 슬라이싱하려면 hi[4:7]이라고 작성합니다. 코드를 통해 살펴보겠습니다.

문자열을 슬라이싱하는 코드입니다. 직접 작성하고 실행해 보세요.

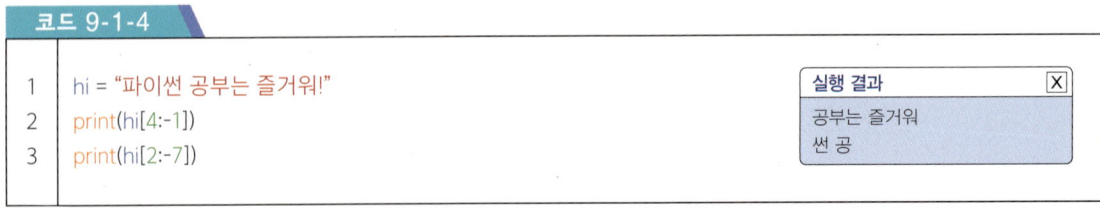

- hi[4:7]은 인덱스 4번부터 6번까지의 문자열인 '공부는'을 슬라이싱합니다.
- hi[7:10]은 인덱스 7번부터 9번까지의 문자열인 ' 즐거'를 슬라이싱합니다.

그리고 뒤에서부터 붙인 음수 번호로도 슬라이싱이 가능합니다.

음수 인덱싱으로 슬라이싱하는 코드입니다. 직접 작성하고 실행해 보세요.

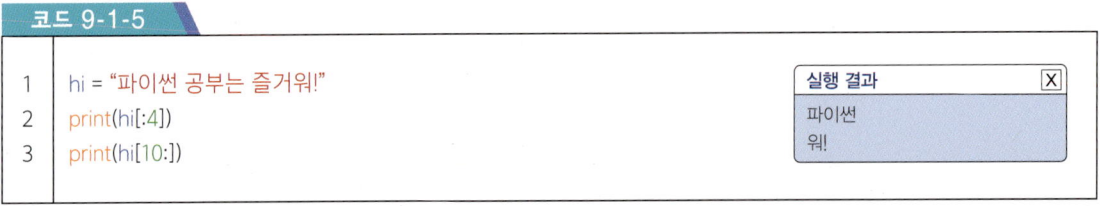

- hi[4:-1]은 인덱스 4번('공')에서부터 -2번('워')까지 슬라이싱합니다.
- hi[2:-7]은 인덱스 2번('썬')에서부터 -8번('공')까지 슬라이싱합니다.

슬라이싱을 할 때 시작 번호 또는 끝 번호 중 하나를 적지 않아도 됩니다. 시작 번호를 쓰지 않을 경우 첫 글자부터, 끝 번호를 쓰지 않을 경우 마지막 글자까지 슬라이싱됩니다.

문자열을 슬라이싱하는 코드입니다. 직접 작성하고 실행해 보세요.

```
코드 9-1-5
1  hi = "파이썬 공부는 즐거워!"
2  print(hi[:4])
3  print(hi[10:])
```

실행 결과
파이썬
워!

- hi[:4]는 시작 번호가 없으므로 인덱스 0번('파')부터 3번(' ')까지 슬라이싱합니다.
- hi[10:]는 끝 번호가 없으므로 인덱스 10번('워')부터 11번('!')까지 슬라이싱합니다.

또한 문자열 슬라이싱을 할 때 다음과 같이 간격을 정해줄 수도 있습니다.

> 구문 설명   [X]
> 변수명[시작번호:끝번호+1:간격]

시작 번호부터 끝 번호까지 간격만큼 인덱스를 건너뛰며 슬라이싱합니다. 이때 시작 번호나 끝 번호, 혹은 둘 다를 생략할 수도 있습니다.

문제로 익히는 개념

Q1 실행 결과를 보고 빈칸에 들어갈 숫자로 알맞은 것을 모두 고르세요.

코드	실행 결과
1 a = "안녕 반가워! 파이썬은 처음이지?" 2 print(a[___])	녕

① 1
② 2
③ -2
④ -16
⑤ -17

- 양수로 번호를 지정할 때에는 0부터 시작되므로 두 번째 글자의 인덱스 번호는 1입니다.
- 음수로 번호를 지정할 때에는 맨 뒤에서 -1부터 시작합니다. 따라서 인덱스 -17번이 '녕'에 해당합니다.

Q2 다음 코드의 실행 결과로 알맞은 것을 고르세요.

코드
1 car = "81하 1234" 2 print(car[:2])

① 81
② 81하
③ 81하 1
④ 81하 1234
⑤ 1234

- car[:2]는 시작 번호를 지정하지 않았으므로 시작 번호인 0번부터 시작해 1번까지 슬라이싱합니다. 그러므로 정답은 81입니다.

답 Q1 ①, ⑤ Q2 ①

9-2
문자열 포매팅

지금까지는 쉼표나 더하기 기호를 사용해 변수를 출력했습니다. 이번에 배울 문자열 포매팅을 사용하면 조금 더 간단하게 변수와 문자열을 합쳐서 출력할 수 있습니다.

파이썬에서 변수를 문자열 포매팅으로 출력하는 방법은 문자열 포맷 코드 사용하기, format 함수 사용하기, f 문자열 사용하기로 총 3가지입니다. 한 가지씩 천천히 살펴보겠습니다.

(1) 문자열 포맷 코드 사용하기

변수를 문자열 포매팅으로 출력하는 첫 번째 방법은 출력할 위치에 값 대신 문자열 포맷 코드를 작성하는 방식입니다. 정수는 %d, 실수는 %f, 문자열은 %s 등 자료형별로 정해진 포맷 코드가 있습니다.

포맷 코드	자료형
%d	정수
%f	실수
%s	문자열

자료형이 다양한 만큼 포맷 코드도 여러 가지가 있지만, 우선은 이 정도만 알아두고 예시 코드를 통해 문자열 포맷 코드의 사용 방법을 살펴보겠습니다.

데이터 하나에 대한 문자열 포맷 코드를 사용하는 예시입니다. 직접 작성하고 실행해 보세요.

코드 9-2-1

```
1  n = 3
2  print("n은 %d입니다." % n)
```

실행 결과
n은 3입니다.

● 문자열 안에서 숫자를 출력할 위치에 %d를 쓰고, 문자열 뒤에 % n을 적습니다. 그러면 출력할 때 %d 대신 변수 n에 들어 있는 정수가 출력됩니다. 이처럼 % 뒤에 원하는 데이터를 작성해 포매팅할 수 있습니다.

그렇다면 두 개 이상의 데이터를 포매팅할 수도 있을까요? 당연히 가능합니다. 다만, 두 개 이상의 데이터를 포매팅할 때는 문자열 뒤 %에서 데이터들을 괄호로 묶어야 합니다. 그리고 이 괄호 안에서 쉼표를 사용해 각 데이터들을 구분해야 합니다.

여러 데이터에 대한 문자열 포맷 코드를 사용하는 예시입니다. 직접 작성하고 실행해 보세요.

코드 9-2-2

```
1  n = 3
2  m = 5
3  print("n은 %d, m은 %d입니다." % (n, m))
```

실행 결과
n은 3, m은 5입니다.

● 문자열에서 숫자를 출력할 위치에 %d를 작성하고, 마지막에 % (n, m)을 써서 포매팅합니다.

앞서 이야기했듯이 자료형별로 정해진 포맷 코드가 있기 때문에 포맷 코드를 사용할 때는 자료형에 맞는 포맷 코드를 적어야 합니다. 만약 포맷 코드와 자료형이 일치하지 않으면 오류가 발생합니다.

문자열 포맷 코드와 포매팅하는 데이터의 자료형이 다른 경우입니다. 오류가 발생합니다.

코드 9-2-3

```
1  n = 3
2  m = "안녕"
3  print("n은 %d, m은 %d입니다." % (n, m))
```

실행 결과
...(중략)
    print("n은 %d, m은 %d입니다." % (n, m))
TypeError: %d format: a number is required, not str

● n은 숫자 자료형, m은 문자열 자료형인 변수입니다. 따라서 n을 출력할 위치에는 %d를, m을 출력할 위치에는 %s를 적어야 합니다. 이 코드에서는 m을 출력할 위치에 %d를 적어 오류가 발생합니다.

(2) format 함수 사용하기

챕터8에서 배운 함수라는 개념을 기억하나요? 함수는 사용자가 직접 만들어 사용할 수도 있지만 파이썬에 이미 구현되어 있는 내장 함수를 사용할 수도 있습니다. format()은 파이썬의 내장 함수 중 하나로, 문자열을 원하는 형식으로 포매팅하는 기능을 가지고 있습니다.

format() 함수는 문자열 포맷 코드를 사용하는 방식과 달리 자료형을 신경 쓰지 않고 포매팅할 수 있습니다. 문자열 안에서 포맷 코드를 쓰는 대신 {숫자}로 작성하고, 문자열 뒤에 .format(...)을 적습니다. 코드 예시를 통해 살펴보겠습니다.

format() 함수를 이용해 출력하는 코드입니다. 직접 작성하고 실행해 보세요.

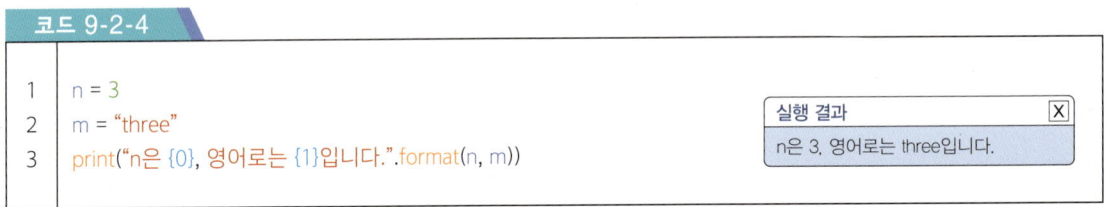

▶ {0} 자리에 n이, {1} 자리에 m이 포매팅되어 출력됩니다.

이처럼 format() 함수를 이용할 때는 포매팅할 위치에 중괄호와 함께 순서를 0부터 적습니다. 그런 다음 문자열 뒤에 .format(...)을 추가하면 format() 함수 안에 넣은 값이 해당 위치에 포매팅됩니다.

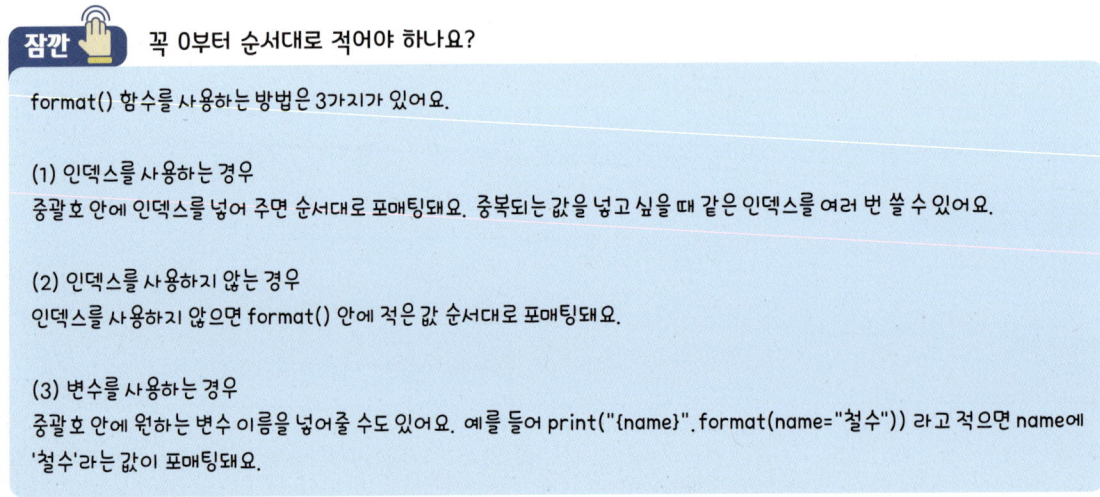

(3) f 문자열 사용하기

> f 문자열은 파이썬 3.6 이상 버전에서만 사용 가능합니다. 만약 파이썬 3.6 미만 버전을 사용하고 있다면 안타깝지만 f 문자열을 사용할 수 없습니다.

마지막으로 f 문자열이라는 것을 사용하여 포매팅할 수 있습니다. f 문자열은 지금까지의 포매팅 방식 중에 가장 간단합니다. 문자열 앞에 f를 붙이고, 포매팅할 위치에 있는 변수를 중괄호로 감싸는 게 전부입니다.

f 문자열을 사용해 출력하는 코드입니다. 직접 작성하고 실행해 보세요.

코드 9-2-5

```
1  n = 3
2  print(f'n은 {n}입니다.')
```

실행 결과
```
n은 3입니다.
```

◐ {n} 자리에 3이 포매팅되어 출력됩니다.

문제로 익히는 개념

Q1 실행 결과를 보고 빈칸에 들어갈 코드를 적어 보세요.

코드
```
1  name = "변수"
2  age = 18
3  hobby = "코딩"
4  print("제 이름은 ① 입니다." % name)
5  print(f"제 나이는 ② 살이고요,")
6  print("제 취미는 {0}입니다.". ③ (hobby))
```

실행 결과
```
제 이름은 변수입니다.
제 나이는 18살이고요.
제 취미는 코딩입니다.
```

◐ 4번 줄: 변수 name에 저장된 데이터는 문자열이므로 문자열 포맷 코드인 %s를 적어야 합니다.
◐ 5번 줄: f 문자열을 사용하므로 변수 age를 중괄호로 감싸서 적어야 합니다.
◐ 6번 줄: format() 함수를 사용할 때는 문자열 뒤에 .format(변수명)을 적어 포매팅할 수 있습니다.

답 Q1 ① %s ② {age} ③ format

9-3 문자열 응용 함수

파이썬에는 문자열 자료형과 관련된 내장 함수가 많습니다. 함수를 이용하면 문자열을 똑똑하게 활용할 수 있습니다. 자주 사용되는 문자열 함수를 몇 가지만 살펴보겠습니다.

(1) 문자열 길이 구하기 : len()

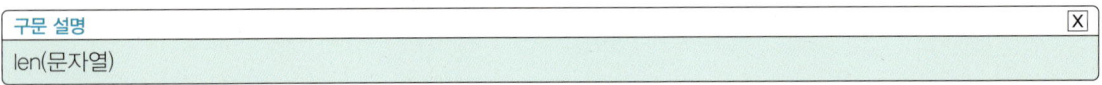

len(문자열)은 해당 문자열의 길이를 반환합니다.

len() 함수로 문자열 길이를 구하는 코드입니다. 직접 작성하고 실행해 보세요.

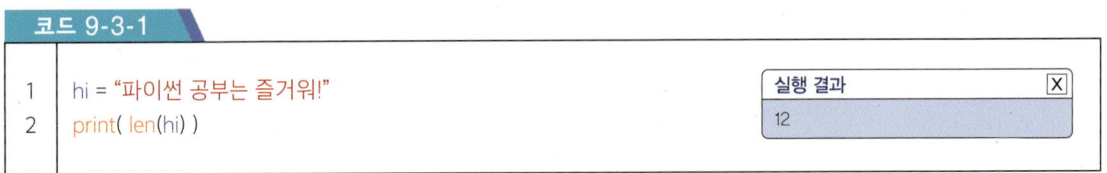

(2) 특정 문자의 개수 세기 : count()

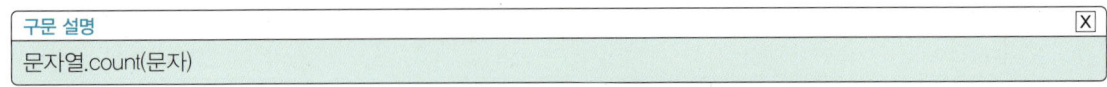

문자열.count(문자)는 문자열 안에 포함된 해당 문자의 개수를 반환합니다.

count() 함수로 문자열 내 특정 문자의 개수를 세는 코드입니다. 직접 작성하고 실행해 보세요.

(3) 특정 문자의 위치 찾기 : find()

문자열.find(문자)는 문자열에서 해당 문자의 위치, 즉 인덱스를 반환합니다. 만약 문자열에 해당 문자가 여러 개 있으면 그중 첫 번째의 인덱스를 반환하고, 없으면 -1을 반환합니다.

find() 함수로 문자열 내 특정 문자의 위치를 찾는 코드입니다. 직접 작성하고 실행해 보세요.

(4) 특정 문자열을 다른 문자열로 변환하기 : replace()

문자열.replace(기존 문자열, 대체 문자열)을 이용하면 전체 문자열 안에 있는 어떤 문자열을 찾아 대체 문자열로 변환합니다.

replace() 함수로 특정 문자열을 다른 문자열로 변환하는 코드입니다. 직접 작성하고 실행해 보세요.

(5) 특정 문자를 기준으로 문자열 자르기 : split()

구문 설명	X
문자열.split(문자)	

문자열.split(문자)는 해당 문자를 기준으로 문자열을 자릅니다. 문자를 적지 않은 경우에는 자동으로 띄어쓰기, 탭, 엔터 등의 공백을 기준으로 잘립니다.

split() 함수를 사용해 문자열을 자른 뒤 반환한 값은 문자열 자료형이 아니라 리스트 자료형입니다. 리스트 자료형에 대해서는 Part 1의 〈Chapter 10. 리스트〉 다룰 것입니다. 지금은 split() 함수로 문자열을 자른다는 것 정도만 알면 충분합니다.

split() 함수로 특정 문자를 기준으로 문자열을 자르는 코드입니다. 직접 작성하고 실행해 보세요.

코드 9-3-5
```
1  a = "python is fun"
2  print(a.split())
3  b = "py,thon,is,fun"
4  print(b.split(','))
```

실행 결과
```
['python', 'is', 'fun']
['py', 'thon', 'is', 'fun']
```

5가지 함수 이외에도 join(문자열 사이에 문자열을 삽입하기), upper(소문자를 대문자로 바꾸기), lower(대문자를 소문자로 바꾸기), strip(양쪽 공백 지우기) 등 다양한 문자열 함수를 사용할 수 있습니다.

문제로 익히는 개념

Q1 다음 코드의 실행 결과로 알맞은 것을 고르세요.

```
1  name = "kimbyunsoo"
2  print(len(name))
```

① 9
② 10
③ 11
④ 12

▶ len()은 문자열의 길이를 반환하는 함수입니다. 변수 name에 10글자의 문자열이 담겨 있으므로 len(name)은 10을 반환합니다.

Q2 다음 코드의 실행 결과를 적어 보세요.

```
1  a = "짜라짜짜짜파게티 맛있게 먹자!"
2  print(a.count('짜'))
```

▶ count()는 문자열 안의 특정 문자 개수를 반환하는 함수입니다. 변수 a에 담긴 문자열에서 '짜'라는 글자는 4번 나타납니다.

Q3 다음 코드의 실행 결과로 알맞은 것을 고르세요.

```
1  a = "도레미 레미파 미파솔"
2  print(a.index('미'))
```

① 2
② 3
③ 5
④ 8

▶ a.index('미')는 변수 a에 담긴 문자열 안에서 '미'라는 글자의 인덱스를 반환합니다. 문자열 안에 있는 여러 '미'들 중 가장 앞에 있는 '미'의 인덱스를 반환합니다.

답 Q1 ② Q2 4 Q3 ①

CHAPTER 9 마무리

> **핵심 정리**
> - 문자열 인덱싱은 문자열의 문자에 번호를 지정하여 가리키는 것입니다.
> - 문자열 인덱싱에서 인덱스 번호는 0부터 시작됩니다.
> - 문자열 슬라이싱은 문자열을 자르는 것입니다.
> - 문자열 포맷 코드, format 함수, f 문자열을 사용해 문자열 포매팅을 할 수 있습니다.
> - 파이썬에는 문자열 자료형과 관련된 유용한 내장 함수가 많습니다.

> **개념 다지기**

9-1. 다음 코드의 빈칸에 넣으면 오류가 발생하는 것을 고르세요.

코드
1 a = "perfect day" 2 print(len(a[ ]))

① −1
② −11
③ 11
④ 10
⑤ −10

9-2. 다음 코드의 실행 결과를 적어 보세요.

코드
1 fc = "파이썬 재밌다!" 2 print(fc[-3:7])

9-3. 실행 결과를 보고 빈칸에 들어갈 코드를 알맞은 순서로 나열하세요.

코드
```
1  fast = '햄버거,감자튀김,콜라,사이다,너겟,비스켓'
2  print(____ ____ ____ ____ ____ ____ ____ ____)
```

실행 결과
['햄버거', '감자튀김', '콜라', '사이다', '너겟', '비스켓']

① split
② fast
③ (
④)
⑤ "
⑥ "
⑦ ,
⑧ .

변수의 추천 과제

개념을 복습하며 포트폴리오를 만들고 싶다면, 변수의 추천 과제를 해결해 보세요!

난이도	과제	페이지
★	1-10. 이름 출력하기	272
★★★	3-1. 영어 문장 대소문자 올바르게 사용하기	318
★★★	3-2. 자릿수의 합이 가장 큰 수 찾기	322
★★★	3-4. 두 숫자 사이의 n의 배수 찾기	328
★★★	3-9. 가운데 글자 찾기	344
★★★	3-13. 24시간제에서 12시간제로 변환	356

MEMO

CHAPTER

리스트

10 - 1. 변수를 모아서 리스트
10 - 2. for 문과 리스트
10 - 3. 리스트 슬라이싱
10 - 4. 리스트 응용 함수
10 - 5. 2차원 리스트
▶ CHAPTER 10 마무리

"리스트를 활용하면 변수 하나에 여러 데이터를 저장할 수 있어."

10-1
변수를 모아서 리스트

만약 변수가 1,000개 필요하다면 어떻게 해야 할까요? 변수 1,000개를 모두 선언하면 코드도 1,000줄 이상 적어야 하고 알아보기도 힘들 것입니다. 이럴 때 사용할 수 있는 것이 바로 리스트 자료형입니다. 리스트는 프로그래밍에서 아주 중요한 개념이며, 배열이라고 부르기도 합니다.

> 엄밀히 말하면 리스트와 배열은 비슷하지만 다른 개념입니다. 하지만 여기서는 같은 것으로 다루겠습니다.

리스트는 여러 개의 데이터를 묶어 하나의 변수에 저장한 것입니다. 예를 들어, 변수가 방이라면 리스트는 방들을 묶어 놓은 기숙사입니다. 각 방에는 호수에 해당하는 인덱스가 있어 원하는 방으로 접근할 수 있습니다. 참고로 인덱스는 문자열 인덱싱에서 배웠던 것처럼 0부터 시작합니다.

리스트는 대괄호를 이용해 만들 수 있습니다. 예를 들어, value = [10, 9, 8, 9, 9]는 value라는 이름의 리스트에 10, 9, 8, 9, 9를 각각 저장하는 코드입니다. 이 코드를 그림으로 표현하면 다음과 같습니다.

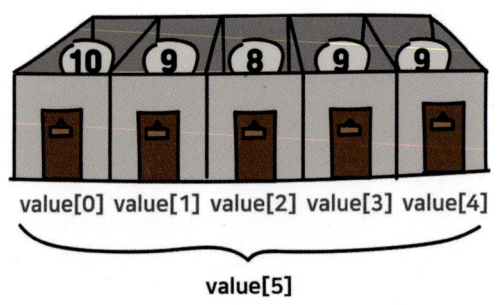

위 그림에서 10, 9, 8, 9, 9라는 값이 방 5개에 순서대로 저장되는 것을 확인할 수 있습니다. 각 호수에 해당하는 것이 인덱스이기 때문에 방의 위치는 0에서부터 시작합니다.

그렇다면 리스트에 저장한 각 데이터에 접근하고 싶을 때는 어떻게 해야 할까요? 마찬가지로 대괄호를 사용합니다. 리스트의 방 하나에 접근할 때 리스트 이름[인덱스]로 접근할 수 있습니다.

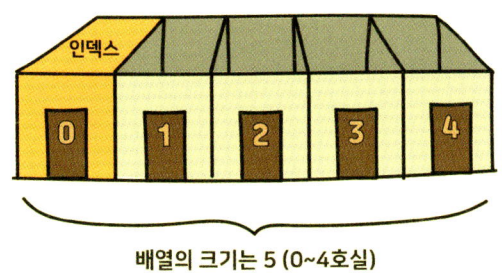

리스트의 구조를 그림으로 살펴봤으니 이제 코드를 통해 리스트 활용 방법을 확인해 보겠습니다.

value라는 리스트에 값들을 저장하고, 저장된 값을 가져와 출력하는 코드입니다. 직접 작성하고 실행해 보세요.

코드 10-1-1

```
1  value = [10, 9, 8, 9, 9]
2  print(value[0])
3  print(value[3])
4  print(value[-1])
```

실행 결과
```
10
9
9
```

- 인덱스는 0부터 시작하므로 value[0]은 10, value[3]은 9에 해당합니다.
- 문자열 인덱싱에서 배운 것처럼 뒤에서부터 음수로 시작하는 인덱스도 사용할 수 있습니다. value[-1]은 마지막 인덱스를 가리킵니다.

리스트에는 원하는 자료형을 모두 저장할 수 있습니다. 하나의 리스트 안에 여러 가지 자료형 데이터를 저장할 수도 있습니다.

다양한 자료형을 리스트에 저장하고 출력하는 코드입니다. 직접 작성하고 실행해 보세요.

- **1번 줄**: example이라는 리스트에 각각 정수, 문자열, 실수 자료형 데이터인 1, python, 1.3을 저장합니다.
- **2번 줄**: example[0]은 첫 번째 인덱스로, 정수 1을 가리킵니다.
- **3번 줄**: example[1]은 두 번째 인덱스로, 문자열 python을 가리킵니다.
- **4번 줄**: example[-1]은 마지막 데이터인 실수 1.3를 가리킵니다.

리스트 안에 저장된 데이터를 가져올 때뿐만 아니라 리스트 안에 데이터를 저장할 때도 똑같이 인덱싱을 사용할 수 있습니다. 변수에 데이터를 저장하듯이 리스트에 데이터를 저장해 보겠습니다.

리스트 안에 데이터를 저장하고 출력하는 코드입니다. 직접 작성하고 실행해 보세요.

코드 10-1-3

```
1  value = [10, 8, 8, 9, 9]
2  print(value[0])
3  value[0] = 3
4  print(value[0])
```

실행 결과
```
10
3
```

- **1번 줄**: value에 10, 8, 8, 9, 9를 저장합니다.
- **2번 줄**: value 리스트의 인덱스 0에 저장된 10을 출력합니다.
- **3번 줄**: value 리스트의 인덱스 0에 숫자 3을 저장합니다.
- **4번 줄**: 다시 한번 value 리스트의 인덱스 0에 저장된 값을 출력하면 3이 출력됩니다. 이를 통해 리스트의 0번 인덱스 데이터가 바뀌었음을 확인할 수 있습니다.

잠깐 비어 있는 리스트는 어떻게 만드나요?

아무 값도 없는 리스트를 만들 때는 list() 라고 적으면 돼요. 예를 들어, value = list()라고 적으면 value 변수 안에 빈 리스트가 저장돼요. 빈 리스트를 만든 후 값을 추가하는 방법은 뒤에서 배울 거예요!

문제로 익히는 개념

Q1 다음 코드의 실행 결과로 알맞은 것을 고르세요.

코드
1　a = ['리', '스', '트', '인덱싱', '하기'] 2　print(a[3])

① 리
② 스
③ 트
④ 인덱싱
⑤ 하기

▶ 인덱스는 0부터 시작하므로 a[3]은 4번째를 의미합니다. 따라서 '인덱싱'이 출력됩니다.

Q2 다음 코드의 실행 결과로 알맞은 것을 고르세요.

코드
1　cap = ['tain', 'a', 'me', 'ri', 'ca'] 2　cap[1] = 'A' 3　print(cap)

① 오류 발생
② ['tain', 'A', 'me', 'ri', 'ca']
③ ['tain', 'a', 'me', 'ri', 'ca']
④ ['tain', 'A', 'ME', 'RI', 'CA']
⑤ tainAmerica

▶ 기존 리스트에서 인덱스 1을 'A'로 변경하였습니다. 따라서 ['tain', 'A', 'me', 'ri', 'ca']가 출력됩니다.

답 Q1 ④ Q2 ②

10-2
for 문과 리스트

리스트와 for 문은 궁합이 아주 좋습니다. 앞서 리스트를 소개할 때 리스트는 변수가 많이 필요할 때 유용한 개념이라고 말했습니다. for 문은 이러한 리스트를 더 효율적으로 사용할 수 있게 도와줍니다.

for 문은 리스트 안에 있는 데이터를 가져오는 데 사용할 수 있습니다. for 문을 다음과 같은 구조로 사용하면 변수가 리스트 안의 데이터를 가리키게 됩니다.

구문 설명
```
for 변수 in 리스트:
    print(변수)
```

for 문을 이용해 리스트 안의 데이터를 출력하는 코드입니다. 직접 작성하고 실행해 보세요.

코드 10-2-1

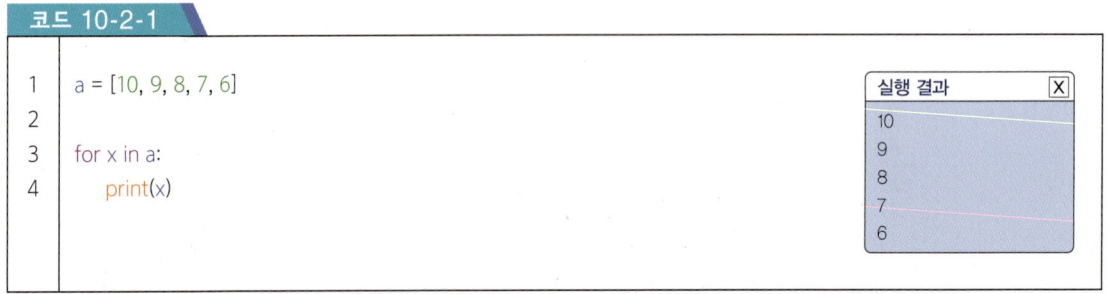

▶ for 문으로 리스트 a의 인덱스 0부터 마지막까지 반복합니다. 여기서 변수 x는 리스트 안의 데이터를 가리킵니다. 따라서 반복문 안에서 x를 출력하면 리스트 a 안의 데이터가 순서대로 출력됩니다.

이렇게 리스트 자체로도 반복할 수 있지만, 리스트의 길이를 이용해 반복할 수도 있습니다. 구조는 다음과 같습니다.

> **구문 설명**　　　　　　　　　　　　　　　　　　　　　　　　　　　　　　　X
> ```
> for 인덱스 in range(len(리스트)):
>     print(리스트[인덱스])
> ```

리스트의 길이로 반복할 때는 인덱스 번호를 이용하며, 여기서 len(리스트)는 리스트에 저장된 데이터의 개수를 반환하는 함수입니다.

len() 함수를 이용해 for 문을 사용하는 코드입니다. 직접 작성하고 실행해 보세요.

코드 10-2-2

```
1  a = [10, 9, 8, 7, 6]
2
3  for i in range(len(a)):
4      print("인덱스 ", i, "값: ", a[i])
```

실행 결과
```
인덱스  0 값:  10
인덱스  1 값:  9
인덱스  2 값:  8
인덱스  3 값:  7
인덱스  4 값:  6
```

- 3번 줄: len(a)는 리스트 a의 데이터 개수를 반환합니다. 따라서 for i in range(5):와 같습니다.
- 4번 줄: i는 0부터 4에 해당하므로 a[i]를 이용해 리스트 안의 데이터를 출력할 수 있습니다.

같은 방식으로 리스트 a에 데이터를 새로 저장할 수 있습니다. 코드를 통해 살펴보겠습니다.

for 문을 이용해 리스트에 데이터를 새로 저장하는 코드입니다. 직접 작성하고 실행해 보세요.

코드 10-2-3

```
1  a = [10, 9, 8, 7, 6]
2
3  for i in range(len(a)):
4      a[i] = 'a'
5
6  print(a)
```

실행 결과
```
['a', 'a', 'a', 'a', 'a']
```

- 3번 줄: len(a)는 리스트 a의 데이터 개수를 반환합니다. 따라서 for i in range(5):와 같습니다.
- 4번 줄: i는 0부터 4에 해당하므로 a[i]를 이용해 모든 인덱스에 'a'를 저장합니다.
- 6번 줄: 리스트 a를 출력한 결과, 모든 데이터가 'a'로 바뀌었음을 확인할 수 있습니다.

문제로 익히는 개념

Q1 다음 코드의 실행 결과로 알맞은 것을 고르세요.

코드
1 a = [1, 2, 3, 4, 5] 2 for x in a: 3   print(x * 2, end=" ")

① 0 1 2 3 4
② 0 2 4 6 8
③ 1 2 3 4 5
④ 2 4 6 8 10

▶ 2번 줄: for x in a는 리스트 안의 데이터를 기준으로 반복합니다. 여기서 x는 리스트 안의 데이터 1, 2, 3, 4, 5를 가리킵니다.

▶ 3번 줄: x가 가리키는 데이터에 2를 곱한 값을 출력하므로 결과는 2 4 6 8 10입니다.

Q2 다음 코드의 실행 결과로 알맞은 것을 고르세요.

코드
1 a = [1, 2, 3, 4, 5] 2 for x in range(1, len(a)): 3   print(a[x], end=' ')

① 1 2 3 4 5
② 1 2 3 4
③ 2 3 4 5
④ 2 3 4

▶ 2번 줄: for x in range(1, len(a))에서 x는 인덱스입니다. 리스트 a의 길이가 5이므로 range(1, len(a))는 range(1, 5)와 같고, 따라서 x가 인덱스 1부터 4까지 반복됩니다.

▶ 3번 줄: a[x]를 출력하면 인덱스 1부터 4까지인 2 3 4 5가 출력됩니다.

답 Q1 ④ Q2 ③

10-3
리스트 슬라이싱

문자열 인덱싱과 리스트 인덱싱이 같듯이, 문자열 슬라이싱처럼 리스트도 슬라이싱할 수 있습니다. 기본 구조도 다음과 같이 동일합니다.

> **구문 설명**
> 변수명[시작 번호:끝 번호+1]

또한 문자열 슬라이싱과 마찬가지로 시작 번호와 끝 번호 중 하나를 생략할 수도 있습니다. 시작 번호가 없으면 자동으로 0부터 시작하고, 끝 번호가 없으면 마지막 인덱스까지 슬라이싱됩니다.

리스트를 슬라이싱하는 코드입니다. 직접 작성하고 실행해 보세요.

코드 10-3-1

```
1  a = [1,2,3,4,5,6,7,8,9,10]
2  print(a)
3  print(a[0:5])
4  print(a[5:10])
5  print(a[:5])
6  print(a[-5:])
```

실행 결과
```
[1, 2, 3, 4, 5, 6, 7, 8, 9, 10]
[1, 2, 3, 4, 5]
[6, 7, 8, 9, 10]
[1, 2, 3, 4, 5]
[6, 7, 8, 9, 10]
```

- 3번 줄: a[0:5]는 인덱스 0부터 4까지 슬라이싱합니다.
- 4번 줄: a[5:10]은 인덱스 5부터 9까지 슬라이싱합니다.
- 5번 줄: a[:5]는 인덱스 0부터 4까지 슬라이싱합니다.
- 6번 줄: a[-5:]는 인덱스 -5부터 9까지 슬라이싱합니다.

10-4
리스트 응용 함수

파이썬에서는 리스트와 관련된 다양한 내장 함수를 사용할 수 있습니다. 자주 사용되는 리스트 내장 함수를 살펴보겠습니다.

(1) 리스트에 데이터 삽입하기 : append()

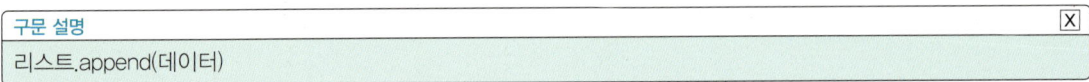

구문 설명
리스트.append(데이터)

리스트에 새로운 데이터를 추가하고 싶을 때 사용할 수 있는 함수입니다. append() 함수 괄호 안에 있는 데이터를 리스트 맨 뒤에 추가합니다.

append() 함수로 데이터를 삽입하는 코드입니다. 직접 작성하고 실행해 보세요.

코드 10-4-1

```
1  a = []
2
3  a.append(0)
4  print(a)
5  a.append(1)
6  print(a)
```

실행 결과
[0]
[0, 1]

- 3번 줄: 리스트 a의 마지막에 0을 추가합니다. a 리스트는 0을 가지게 됩니다.
- 5번 줄: 리스트 a의 마지막에 1을 추가합니다. a 리스트는 0, 1을 가지게 됩니다.

(2) 리스트의 원하는 인덱스에 데이터 삽입하기 : insert()

구문 설명	X
리스트.insert(값을 추가할 인덱스, 데이터)	

append() 함수가 리스트의 마지막에 데이터를 추가하는 것과 다르게, insert() 함수는 원하는 위치에 데이터를 추가할 수 있습니다.

insert() 함수로 데이터를 삽입하는 코드입니다. 직접 작성하고 실행해 보세요.

코드 10-4-2

```
1  a = [1,2,3,4,5]
2  print(a)
3
4  a.insert(3,6)
5  print(a)
```

실행 결과
[1, 2, 3, 4, 5]
[1, 2, 3, 6, 4, 5]

▶ 4번 줄: 리스트 a의 인덱스 3에 숫자 6을 삽입합니다. 즉 4번째 값 자리에 6이 추가되어, 리스트 a는 1, 2, 3, 6, 4, 5라는 값을 가지게 됩니다.

(3) 인덱스로 데이터 삭제하기 : del

구문 설명	X
del 리스트[삭제할 값의 인덱스]	

del은 파이썬에서 미리 의미를 담아둔 단어인 예약어입니다. 다른 응용 함수와 달리 del 예약어는 리스트 앞에 적습니다. 그런 다음 리스트[삭제할 값의 인덱스]를 적어 지정한 인덱스에 해당하는 값을 삭제합니다. 인덱스 슬라이싱처럼 범위를 지정하여 여러 값을 삭제할 수도 있습니다.

del 예약어로 데이터를 삭제하는 코드입니다. 직접 작성하고 실행해 보세요.

코드 10-4-3

```
1  a = [1,3,5,7,9]
2  del a[1]
3
4  print(a)
```

실행 결과
[1, 5, 7, 9]

▶ 2번 줄: 리스트 a의 인덱스 1에 해당하는 값인 3이 삭제되어 리스트 a는 [1, 5, 7, 9]가 됩니다.

(4) 원하는 값을 찾아 삭제하기 : remove()

구문 설명	X
리스트.remove(삭제할 값)	

remove() 함수로 특정 값을 찾아 삭제할 수 있습니다.

remove() 함수로 값을 삭제하는 코드입니다. 직접 작성하고 실행해 보세요.

▶ 2번 줄: 리스트 a의 값 중에서 7을 삭제합니다. 따라서 리스트 a는 [1, 3, 5, 9]가 됩니다.

(5) 리스트 정렬하기 : sort()

sort() 함수는 리스트 안의 데이터를 오름차순으로(작은 것부터 큰 것 순서대로) 정렬합니다.

sort() 함수로 데이터를 정렬하는 코드입니다. 직접 작성하고 실행해 보세요.

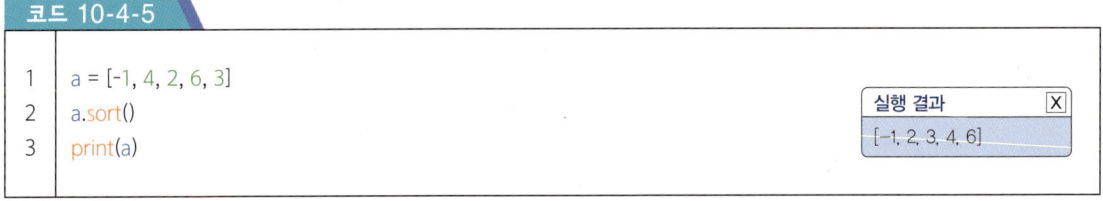

▶ 2번 줄: 리스트 a의 값을 오름차순으로 정렬합니다. 따라서 리스트 a는 [-1, 2, 3, 4, 6]이 됩니다.

(6) 리스트의 인덱스를 거꾸로 만들기 : reverse()

reverse() 함수는 리스트 안의 데이터 순서를 거꾸로 바꿉니다.

reverse() 함수로 순서를 뒤바꾸는 코드입니다. 직접 작성하고 실행해 보세요.

코드 10-4-6

```
1  a = [-1, 4, 2, 6, 3]
2  a.reverse()
3  print(a)
```

실행 결과
[3, 6, 2, 4, -1]

▶ 2번 줄: 리스트 a의 값의 순서를 거꾸로 바꿉니다. 따라서 [-1, 4, 2, 6, 3]이 [3, 6, 2, 4, -1]로 바뀝니다.

문제로 익히는 개념

Q1 다음 코드의 실행 결과로 알맞은 것을 고르세요.

코드

```
1  avengers = ['아이언맨', '슈퍼맨', '배트맨', '캡틴 아메리카', '토르', '헐크']
2  del avengers[1:3]
3  print(avengers)
```

① ['아이언맨', '캡틴 아메리카', '토르', '헐크']
② ['아이언맨', '슈퍼맨', '배트맨', '캡틴 아메리카', '토르', '헐크']
③ ['슈퍼맨', '배트맨']
④ ['아이언맨', '토르', '헐크']

▶ 인덱스 1번('슈퍼맨')부터 2번('배트맨')까지 삭제합니다. 따라서 ['아이언맨', '캡틴 아메리카', '토르', '헐크']가 출력됩니다.

Q2 다음 코드의 실행 결과를 적어 보세요.

코드

```
1  a = ['captain', 'iron', 'black', 'spider', 'ant']
2  a.sort()
3  print(a)
```

▶ sort() 함수는 기본적으로 리스트 안의 데이터를 오름차순으로 정렬합니다. 숫자뿐만 아니라 문자나 문자열도 정렬할 수 있습니다. 영어는 알파벳순으로 정렬되므로 리스트 a의 출력 결과는 ['ant', 'black', 'captain', 'iron', 'spider']입니다.

답 Q1 ① Q2 ['ant', 'black', 'captain', 'iron', 'spider']

10-5
2차원 리스트

파이썬에서는 다양한 자료형의 데이터를 리스트의 값으로 저장할 수 있습니다. 즉, 리스트 안에 또 다른 리스트를 값으로 저장할 수도 있습니다. 그리고 이렇게 리스트 안에 리스트가 저장된 형태를 <mark>2차원 리스트</mark>라고 부릅니다. 기존에 다룬 리스트는 1차원 리스트라고 부를 수 있고, 2차원 리스트에서 나아가 3차원, 4차원, 5차원 등 다차원 리스트를 만들 수도 있습니다.

2차원 리스트를 생성하고 출력하는 코드입니다. 직접 작성하고 실행해 보세요.

코드 10-5-1

```
1  array_2d = [["이", "차", "원"], ["리", "스", "트"]]
2  for array in array_2d:
3      print(array)
```

실행 결과
['이', '차', '원']
['리', '스', '트']

▶ **1번 줄**: 리스트 내부에 리스트를 저장해 2차원 리스트를 생성합니다. array_2d의 인덱스 0에는 ["이", "차", "원"], 인덱스 1에는 ["리", "스", "트"]를 저장했습니다.
▶ **2번 줄**: for 문으로 리스트 array_2d를 인덱스 0부터 반복합니다. 변수 array에 array_2d의 값이 저장됩니다.
▶ **3번 줄**: array 변수에 저장된 값이 출력됩니다. array_2d의 값은 모두 리스트이므로 리스트 형태 그대로 출력됩니다.

2차원 리스트는 일반적인 리스트와 마찬가지로 for 문과 궁합이 아주 좋습니다. 두 개의 for 반복문을 중첩하여 리스트 안에 있는 리스트의 값까지 가져올 수 있습니다.

for 반복문을 2개 중첩하여 2차원 리스트의 값을 출력하는 코드입니다. 직접 작성하고 실행해 보세요.

코드 10-5-2

```
1  array_2d = [["이", "차", "원"], ["리", "스", "트"]]
2  for array in array_2d:
3      for a in array:
4          print(a, end=' ')
5      print()
```

실행 결과
```
이 차 원
리 스 트
```

▶ 1번 줄: 리스트 내부에 리스트를 저장해 2차원 리스트를 생성합니다. array_2d의 인덱스 0에는 ["이", "차", "원"], 인덱스 1에는 ["리", "스", "트"]를 저장했습니다.
▶ 2번 줄: for 문으로 리스트 array_2d를 인덱스 0부터 반복합니다. 변수 array에 array_2d의 값이 저장됩니다. array_2d에 저장된 값이 모두 리스트이므로 변수 array에는 리스트가 저장됩니다.
▶ 3번 줄: 변수 array에 저장된 리스트를 사용해 한 번 더 for 문을 사용합니다. 여기서 변수 a에 리스트 array의 데이터가 하나씩 저장됩니다.
▶ 4번 줄: 변수 a에 저장된 데이터가 출력됩니다. end 옵션을 사용해 줄 바꿈을 공백으로 변경합니다.
▶ 5번 줄: 변수 a를 사용한 반복문이 종료된 뒤 줄 바꿈을 위해 print() 함수를 실행합니다.

1차원 리스트에서 사용했던 리스트 인덱싱이나 슬라이싱을 2차원 리스트에도 적용할 수 있습니다. 2차원 리스트 내부의 데이터에 접근하려면 인덱싱과 슬라이싱을 두 번 사용해야 합니다.

2차원 리스트에 인덱싱과 슬라이싱을 사용한 코드입니다. 직접 작성하고 실행해 보세요.

코드 10-5-3

```
1  array_2d = [["이", "차", "원"], ["리", "스", "트"]]
2  print(array_2d[0])
3  print(array_2d[0][0])
4  print(array_2d[1][0:2])
```

실행 결과
```
['이', '차', '원']
이
['리', '스']
```

▶ 2번 줄: 2차원 리스트의 인덱스 0에 저장된 리스트를 출력합니다.
▶ 3번 줄: 2차원 리스트의 인덱스 0에 저장된 리스트(["이", "차", "원"])를 가져와 해당 리스트의 인덱스 0에 저장된 값을 출력합니다.
▶ 4번 줄: 2차원 리스트의 인덱스 1에 저장된 리스트(["리", "스", "트"])를 가져와 해당 리스트의 인덱스 0부터 1까지 슬라이싱한 결과를 출력합니다.

문제로 익히는 개념

Q1 다음 코드의 실행 결과로 알맞은 것을 고르세요.

코드
1　array_2d = [[10, 20], [30, 40], [50, 60]] 2　print(array_2d[1][1])

① 10
② 20
③ 30
④ 40
⑤ 60

Q2 다음 코드의 실행 결과로 알맞은 것은 고르세요.

코드
1　array_2d = [[10, 20, 30], [40, 50, 60], [70, 80, 90]] 2　for i in range(3): 3　　　print(array_2d[i][0:2], end=', ')

① [10, 20], [50, 60], [80, 90],
② [10, 20, 30], [40, 50, 60], [70, 80, 90],
③ [10, 20] [40, 50] [70, 80]
④ [10, 20] [40, 50, 60] [70, 80, 90]
⑤ [10, 20], [40, 50], [70, 80],

답 Q1 ④ Q2 ⑤

CHAPTER 10 마무리

핵심 정리

- 리스트에는 여러 개의 데이터를 저장할 수 있습니다.
- 리스트도 문자열과 마찬가지로 인덱싱과 슬라이싱을 할 수 있습니다.
- 리스트를 for 문과 함께 사용하면 더욱 유용하게 활용할 수 있습니다.
- 파이썬에는 리스트를 위한 다양한 내장 함수가 있습니다.

개념 다지기

10-1. 실행 결과를 보고 빈칸에 들어갈 코드로 알맞은 것을 고르세요.

```
1  a = [1,2,3,4,5]
2
3  for x in range(len(a)):
4      if x % 2 == 0:
5          _____
6
7  print(a)
```

실행 결과
[0, 2, 0, 4, 0]

① x = 0
② x == 0
③ a[x] = 0
④ a[x] == 0
⑤ a[x] = 2

10-2. 실행 결과를 보고 빈칸에 알맞은 코드를 적어 보세요.

```
1  a = [3, 9, 2, 4, 53, 1]
2  a.①()
3  a.②()
4  print(a)
```

실행 결과
[53, 9, 4, 3, 2, 1]

10-3. 실행 결과를 보고 빈칸에 들어갈 코드를 순서대로 나열하세요.

코드	
1	a = ['iron', 'captain', 'doctor', 'thunder', 'spider', 'ant', 'black']
2	____ ____ ____ ____
3	print(a)

실행 결과
['iron', 'captain', 'doctor', 'spider', 'ant', 'black']

① .
② remove
③ a
④ ("thunder")

10-4. 실행 결과를 보고 빈칸에 알맞은 코드를 적어 보세요.

코드	
1	a = ["파", "썬", "재", "밌", "어"]
2	a.①(1, "이")
3	a.②("!")
4	print(a)

실행 결과
['파', '이', '썬', '재', '밌', '어', '!']

변수의 추천 과제 개념을 복습하며 포트폴리오를 만들고 싶다면, 변수의 추천 과제를 해결해 보세요!

난이도	과제	페이지
★	1-11. 입력받은 수의 평균 구하기	274
★★	2-6. 퀴즈 점수 계산하기	292
★★	2-10. 숫자 n의 k번째 약수	302
★★★	3-5. 끝말잇기	331
★★★	3-6. 뒤집은 소수	334
★★★	3-12. 회문 판단하기	353
★★★	3-16. 2022년 a월 b일은 무슨 요일	366

CHAPTER 11 튜플

11 - 1. 튜플
11 - 2. 튜플의 특징
11 - 3. 튜플 활용하기
▶ CHAPTER 11 마무리

"튜플은 리스트와 짝꿍"

11-1
튜플

튜플(tuple)은 리스트처럼 여러 데이터를 저장할 수 있는 자료형입니다. 리스트는 값을 대괄호로 감싸 사용했다면, 튜플은 값을 소괄호로 감싸 사용합니다.

튜플과 리스트는 어떤 차이가 있는지, 튜플은 어떨 때 사용하면 좋은지 등 튜플의 특징을 자세히 알아보기 전에 튜플의 형태부터 알아보겠습니다.

다음은 튜플과 리스트를 선언하고 출력하는 코드입니다.

코드 11-1-1

```
1  a = (1, 2)
2  b = [1, 2]
3  print(a)
4  print(b)
```

실행 결과
```
(1, 2)
[1, 2]
```

▶ a는 튜플, b는 리스트입니다.

튜플에서 특이한 점은 데이터가 하나일 때는 데이터 뒤에 쉼표를 붙여야 한다는 것입니다. 그렇지 않으면 튜플 자료형으로 인식되지 않습니다. 코드로 확인해 보겠습니다.

데이터가 하나만 있는 튜플을 선언하고 출력하는 코드입니다.

코드 11-1-2

```
1  a = (1)
2  print(a)
3  print(type(a))
4  b = (1, )
5  print(b)
6  print(type(b))
```

실행 결과
```
1
<class 'int'>
(1,)
<class 'tuple'>
```

◎ a와 b 둘 다 괄호로 데이터를 감쌌지만 a는 정수형, b는 튜플 자료형으로 출력됩니다. a와 다르게 b는 선언할 때 숫자 뒤에 쉼표를 붙였기 때문에 파이썬이 이를 튜플 자료형으로 인식한 것입니다.

리스트와 달리 튜플은 괄호를 생략할 수 있습니다. 괄호 없이 쉼표로 데이터를 나열하면 자동으로 튜플로 인식됩니다.

여러 데이터를 괄호 없이 쉼표로 나열한 코드입니다.

코드 11-1-3

```
1  a = 1, 2, 3
2  print(a)
3  print(type(a))
```

실행 결과
```
(1, 2, 3)
<class 'tuple'>
```

11-2
튜플의 특징

튜플은 리스트와 매우 유사한 자료형입니다. 튜플도 리스트에서처럼 인덱싱으로 데이터에 접근할 수 있고 슬라이싱할 수도 있습니다.

인덱싱으로 튜플의 값에 접근하고, 슬라이싱하는 코드입니다. 직접 작성하고 실행해 보세요.

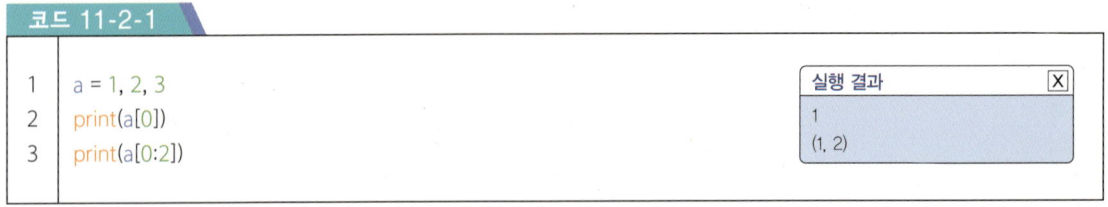

여러모로 유사한 자료형이지만, 리스트와 튜플 사이에는 큰 차이점이 하나 있습니다. 바로, 리스트는 가변적이고 튜플은 불변적이라는 점입니다. 리스트는 데이터를 추가, 수정, 삭제할 수 있지만 튜플은 그럴 수 없습니다.

리스트에서처럼 del을 이용해 튜플의 요소를 삭제하려 하면 다음과 같이 오류가 발생합니다.

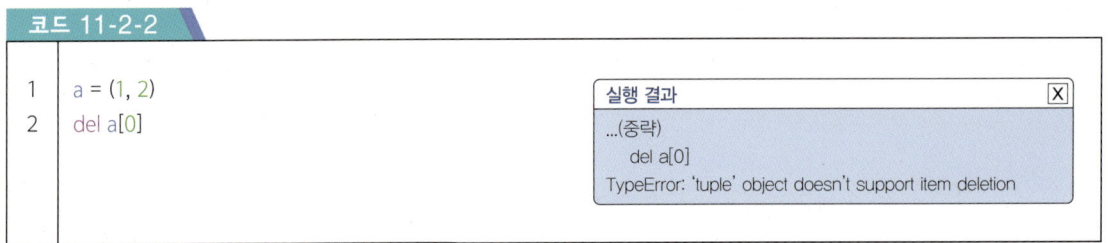

마찬가지로 튜플 인덱싱으로 데이터를 변경하려 해도 오류가 발생합니다.

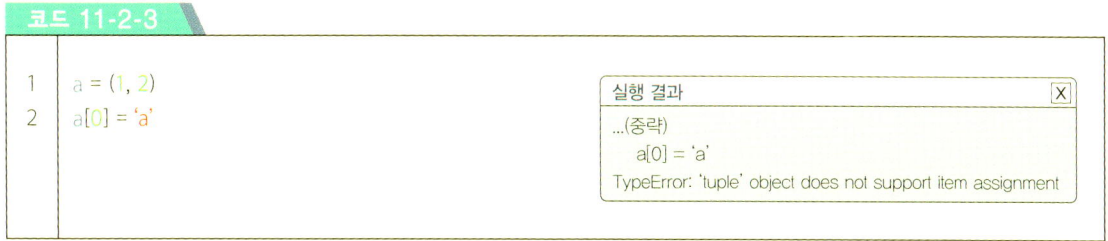

코드 11-2-3

```
1  a = (1, 2)
2  a[0] = 'a'
```

실행 결과
...(중략)
    a[0] = 'a'
TypeError: 'tuple' object does not support item assignment

불변적이라는 특징으로 인해 튜플은 주로 값이 변경될 여지가 없는 곳에 사용됩니다. 예를 들어, 색상의 RGB 값이나 특정 위치의 좌표를 튜플로 저장하면 좋습니다.

파란색 RGB 값을 튜플로 저장하는 코드입니다. 직접 작성하고 실행해 보세요.

코드 11-2-4

```
1  blue = (0, 0, 255)
2  print("파란색의 RGB 값은", blue, "입니다.")
```

실행 결과
파란색의 RGB 값은 (0, 0, 255) 입니다.

잠깐 튜플과 리스트가 헷갈려요!

튜플과 리스트의 차이점을 정리해 보았어요.

튜플	리스트
괄호 사용	대괄호 사용
한번 선언하면 값을 바꿀 수 없음	값의 생성, 삭제, 수정 가능
괄호 생략 가능	대괄호 생략 불가
변하지 않는 값일 경우 사용	변할 수 있는 값일 경우 사용

문제로 익히는 개념

Q1 실행 결과를 보고 빈칸에 들어갈 코드로 알맞은 것을 고르세요.

① a[1]
② a[2]
③ a[3]
④ a(2)
⑤ a(3)

▶ 튜플도 리스트와 마찬가지로 인덱싱을 이용해 데이터에 접근할 수 있습니다. 2는 튜플 a의 인덱스 2에 있는 값이므로 a[2]가 정답입니다.

Q2 실행 결과를 보고 빈칸에 들어갈 코드로 알맞은 것을 고르세요.

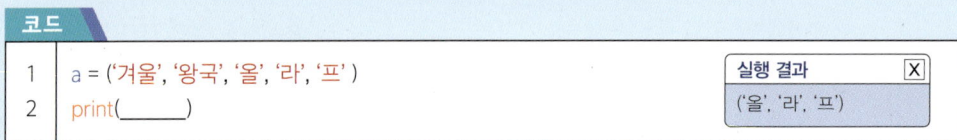

① a[-3:]
② a[-3:-1]
③ a[:-3]
④ a(:-3)
⑤ a(-3:)

▶ 튜플도 리스트와 마찬가지로 슬라이싱할 수 있습니다.
▶ a[-3:]는 인덱스 -3번부터 마지막까지 슬라이싱하므로 출력 결과로 ('올', '라', '프')가 나타납니다.

답 Q1 ② Q2 ①

11-3 튜플 활용하기

튜플 자료형의 형태를 이용해 여러 개의 변수에 값을 한 번에 저장할 수 있습니다.

튜플 형태로 여러 개의 변수에 값을 저장하는 코드입니다. 직접 작성하고 실행해 보세요.

코드 11-3-1

```
1  a = 10
2  b = 20
3  c, d = a, b
4
5  print(a, b, c, d)
```

c = a와 d = b 이렇게 두 줄의 코드로도 구현할 수 있지만, 튜플 형태를 활용하면 한 번에 2개 이상의 변수에 값을 저장할 수 있습니다.

실행 결과
```
10 20 10 20
```

▶ 3번 줄: 변수 a에 담긴 값인 10을 c에 저장하고, 변수 b에 담긴 값인 20을 d에 저장합니다.

또한 튜플은 함수가 반환하는 값의 자료형으로 사용될 수도 있습니다. 그렇게 반환된 튜플 자료형 그대로 각 변수에 저장할 수도 있습니다.

최솟값과 최댓값을 튜플 자료형으로 반환하는 함수를 작성한 코드입니다. 직접 작성하고 실행해 보세요.

코드 11-3-2

```
1  def minmax(ex_lst):
2      return min(ex_lst), max(ex_lst)
3
4  a = [1, 2, 3, 4, 5]
5  result = minmax(a)
6  print(result)
7  print(type(result))
```

실행 결과
```
(1, 5)
<class 'tuple'>
```

- **1~2번 줄**: minmax 함수를 정의하는 코드입니다. 2번 줄에서 min()과 max()는 각각 리스트나 튜플로부터 최솟값과 최댓값을 구하는 내장 함수입니다. 따라서 minmax 함수는 매개변수인 리스트 ex_list의 최솟값과 최댓값을 튜플 자료형으로 반환합니다. 2번 줄에서 괄호가 생략된 튜플의 형태로 작성하였습니다.
- **5번 줄**: 리스트 a를 전달인자로 넣어 minmax 함수를 호출하고 함수의 반환값을 변수 result에 저장합니다.

코드 11-3-1처럼 튜플의 값을 각각 변수에 저장할 수도, 코드 11-3-2처럼 튜플 자체를 변수에 저장할 수도 있습니다.

단, 튜플의 값을 각각 변수에 저장할 경우 튜플에 저장된 값의 개수와 변수의 개수가 일치해야 합니다. 일치하지 않을 경우 오류가 발생하니 유의하세요!

문제로 익히는 개념

Q1 다음 코드를 실행한 결과를 적어 보세요.

코드
```
1  a = 10
2  b = 20
3  a, b = b, a
4  print(a, b)
```

- 3번 줄에서 a에는 b의 값, b에는 a의 값을 저장합니다. 따라서 a는 20, b는 10이 됩니다.

답 Q1 20 10

CHAPTER 11 마무리

핵심 정리

- 튜플은 리스트와 비슷하지만 대괄호가 아닌 소괄호를 사용합니다.
- 튜플은 괄호를 생략할 수 있습니다.
- 튜플은 리스트처럼 인덱싱, 슬라이싱할 수 있습니다.
- 튜플은 리스트와 달리 데이터를 수정, 삭제, 추가할 수 없습니다.

개념 다지기

11-1. 빈칸에 삽입해도 오류가 발생하지 않는 코드를 고르세요.

코드
```
1  change = _____
2  change[4] = '!'
3  print(change)
```

① 44
② "느낌표를 중간에"
③ ['느', '낌', '표', '를', ' ', '중', '간', '에']
④ ('느', '낌', '표', '를', ' ', '중', '간', '에')
⑤ '느', '낌', '표', '를', ' ', '중', '간', '에'

11-2. 실행 결과를 보고 빈칸에 알맞은 코드를 적어 보세요.

코드
```
1  x = "챙겨"
2  y = "눈치"
3  x, y = ①, ②
4  print(x, y)
```

실행 결과
눈치 챙겨

11-3. 실행 결과를 보고 빈칸에 들어갈 코드로 알맞은 것을 고르세요.

코드

```
1  icecream = '민트초코칩'___
2  print(type(icecream))
```

실행 결과
<class 'tuple'>

① .
② ,
③ (,
④ ,)
⑤ ;

변수의 추천 과제	개념을 복습하며 포트폴리오를 만들고 싶다면, 변수의 추천 과제를 해결해 보세요!	
난이도	과제	페이지
★★★	3-15. 오름차순 정렬하기	362

CHAPTER 12 집합

12 – 1. 집합
12 – 2. 합집합, 교집합, 차집합
12 – 3. 집합 응용 함수
▶ CHAPTER 12 마무리

"집합은 파이썬에서만 쓸 수 있는 자료형이야!"

12-1 집합

파이썬은 다른 언어들보다 사용할 수 있는 자료형이 다양해서 데이터 분석이나 인공지능 개발에 주로 활용됩니다. 이번에 배울 집합은 파이썬에서만 사용되는 자료형입니다.

집합 자료형은 다른 자료형들과 달리 중복을 허용하지 않고, 순서가 없다는 특징이 있습니다. 따라서 리스트나 튜플처럼 인덱스를 이용해 접근하는 것이 불가능합니다.

집합 자료형은 파이썬 내장 함수인 set()을 이용하거나 중괄호를 이용해 만들 수 있습니다. 단, 중괄호를 이용할 경우에는 데이터를 1개 이상 넣어야 합니다. 그러지 않으면 딕셔너리 자료형으로 인식되기 때문입니다. 딕셔너리에 대한 자세한 내용은 Part 1의 〈Chapter 13. 딕셔너리〉에서 살펴볼 것입니다.

그럼 예시 코드를 통해 집합 자료형을 만들고 집합의 특징을 눈으로 확인해 보겠습니다.

다음은 3가지 방법으로 집합을 만드는 코드입니다. 직접 작성하고 실행해 보세요.

코드 12-1-1

```
1  a = set([5, 2, 3, 2, 1, 4])
2  b = set("apple")
3  c = {3, 6, 4, 7, 1, 7}
4  print(a, type(a))
5  print(b, type(b))
6  print(c, type(c))
```

실행 결과
```
{1, 2, 3, 4, 5} <class 'set'>
{'l', 'a', 'p', 'e'} <class 'set'>
{1, 3, 4, 6, 7} <class 'set'>
```

▶ set() 안에 리스트 또는 문자열을 넣거나 중괄호를 이용해 집합을 만들 수 있습니다.
▶ 집합은 중복을 허용하지 않고 순서가 없습니다. 따라서 변수에 넣은 데이터와 출력 결과가 동일하게 나타나지 않습니다.

집합 자료형의 중복을 허용하지 않는 특징 때문에 리스트나 튜플의 중복 값을 제거하려고 할 때 집합 자료형이 자주 사용됩니다.

리스트나 튜플 값을 집합으로 만들어 요소(값)의 개수를 비교하면 중복된 값이 있지 여부를 확인할 수 있습니다. 또한 집합으로 만들어 중복값을 제거한 후 다시 리스트나 튜플로 만들어 사용할 수 있습니다.

문제로 익히는 개념

Q1 다음 코드의 실행 결과로 알맞은 것을 고르세요.

```
1  fruits = {'오렌지', '사과', '망고', '망고', '애플망고', '체리', '포도'}
2  print(fruits)
```

① {'오렌지', '사과', '망고', '망고', '애플망고', '체리', '포도'}
② {'망고', '망고', '사과', '포도', '체리', '오렌지', '애플망고'}
③ {'망고', '사과', '포도', '체리', '오렌지', '애플'}
④ {'망고', '사과', '포도', '체리', '오렌지', '애플망고'}
⑤ {'오렌지', '사과', '망고', '체리', '포도'}

▶ 집합은 데이터의 중복을 자동으로 없앱니다.

정답 ④

12-2
합집합, 교집합, 차집합

수학의 집합처럼 파이썬의 집합도 합집합, 교집합, 차집합을 구할 수 있습니다. 다음 그림은 합집합, 교집합, 차집합을 표현한 것입니다. 이를 활용하면 집합을 유용하게 사용할 수 있습니다.

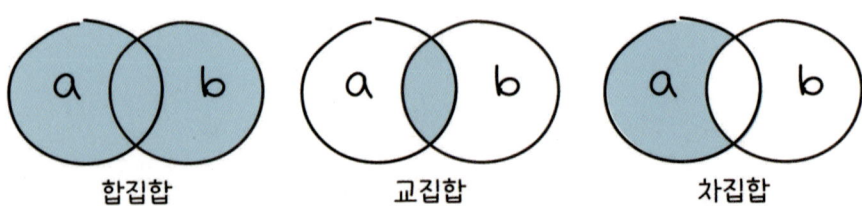

(1) 합집합: | 또는 union()

합집합은 집합의 모든 요소를 포함하되, 중복된 값은 단 한 번만 구합니다. 파이프(|) 기호를 사용하거나 union() 함수를 이용하여 구할 수 있습니다.

(2) 교집합: & 또는 intersection()

교집합은 두 집합에서 중복되는 요소만을 구합니다. 앰퍼샌드(&) 기호를 사용하거나 intersection() 함수를 이용하여 구할 수 있습니다.

코드 12-2-2

```
1  a = set([1, 2, 3])
2  b = set([2, 3, 4])
3  print(a & b)
4  print(a.intersection(b))
5  print(b.intersection(a))
```

실행 결과
{2, 3}
{2, 3}
{2, 3}

(3) 차집합: - 또는 difference()

차집합은 다른 집합과 중복되지 않은 요소만을 구합니다. 빼기(-) 기호를 사용하거나 difference() 함수를 이용하여 구할 수 있습니다.

코드 12-2-3

```
1  a = set([1, 2, 3])
2  b = set([2, 3, 4])
3  print(a - b)
4  print(b - a)
5  print(a.difference(b))
6  print(b.difference(a))
```

실행 결과
{1}
{4}
{1}
{4}

문제로 익히는 개념

Q1 실행 결과를 보고 빈칸에 들어갈 기호를 적어 보세요.

코드

```
1  g = {'개', '미', '는', '뚠', '뚠'}
2  o = {'오', '늘', '도', '뚠', '뚠', '열심히'}
3  print(g  ①  o)
4  print(g  ②  o)
5  print(g  ③  o)
```

실행 결과
{'도', '뚠', '개', '오', '열심히', '늘', '는', '미'}
{'뚠'}
{'는', '미', '개'}

- 3번 줄: 실행 결과가 g와 o의 합집합이므로 합집합 기호인 |가 들어가야 합니다.
- 4번 줄: 실행 결과가 g와 o의 교집합이므로 교집합 기호인 &가 들어가야 합니다.
- 5번 줄: 실행 결과가 g에서 o를 뺀 차집합이므로 차집합 기호인 -가 들어가야 합니다.

정답 ① | ② & ③ -

12-3
집합 응용 함수

집합은 값을 추가하거나 제거할 수 있습니다. 집합에 데이터를 추가하거나 제거하는 함수를 살펴보겠습니다.

(1) 데이터 1개 추가하기: add()

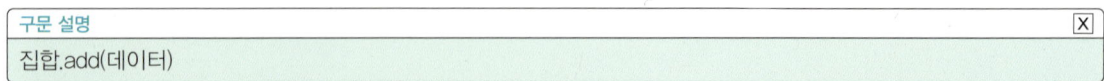

집합에 데이터를 1개 추가하는 함수입니다. add() 안에 데이터를 넣어 집합에 추가합니다. 만약 집합에 동일한 데이터가 이미 존재한다면 아무 변화가 생기지 않습니다. 집합은 자동으로 중복을 제거하기 때문이죠.

add() 함수로 집합에 데이터 1개를 추가하는 코드입니다. 직접 작성하고 실행해 보세요.

▶ -1은 추가되지만 2는 집합에 이미 있는 값이므로 추가되지 않습니다.

(2) 데이터 여러 개 추가하기 : update()

집합.update(데이터)

여러 개의 데이터를 한 번에 추가할 때는 update() 함수를 사용합니다. update() 안에 추가하려는 값을 리스트 형태로 넣습니다. 마찬가지로 집합의 기존 요소와 중복된 데이터는 추가되지 않습니다.

update() 함수로 집합에 데이터 여러 개를 추가하는 코드입니다. 직접 작성하고 실행해 보세요.

코드 12-3-2

```
1  a = set([3, 4, 5])
2  a.update([3, 5, 7, 8])
3  print(a)
```

실행 결과
{3, 4, 5, 7, 8}

▶ 3, 5는 집합 a에 이미 있는 값이므로 추가되지 않고 7, 8만 추가됩니다.

(3) 원하는 값을 찾아 삭제하기 : remove()

집합.remove(데이터)

리스트에서처럼 집합에 있는 특정한 값을 remove()로 삭제할 수 있습니다. remove() 안에 삭제하려는 데이터를 넣습니다.

remove() 함수로 집합에 있는 특정한 값을 삭제하는 코드입니다. 직접 작성하고 실행해 보세요.

코드 12-3-3

```
1  a = set([3, 4, 5, 7])
2  a.remove(3)
3  print(a)
```

실행 결과
{4, 5, 7}

그러나 집합에 없는 요소를 삭제하려고 하면 다음과 같이 오류가 발생하니 주의해야 합니다.

코드 12-3-4

```
1  a = set([3, 4, 5, 7])
2  a.remove(0)
3  print(a)
```

실행 결과
```
...(중략)
    a.remove(0)
KeyError: 0
```

문제로 익히는 개념

Q1 다음 코드의 실행 결과로 알맞은 것을 고르세요.

코드

```
1  a = {'home', 'hi', 'school', 'home'}
2  a.add('gift')
3  a.update(['home', 'hi'])
4  a.remove('hi')
5  print(a)
```

① {'home', 'hi', 'school', 'gift'}
② {'home', 'school', 'home', 'gift'}
③ {'school', 'home', 'gift', 'hi'}
④ {'school', 'gift', 'home'}
⑤ {'school', 'gift', 'home', 'home', 'home', 'hi'}

◐ 1번 줄: a는 집합이므로 중복된 데이터 없이 {'home', 'hi', 'school'}이 저장됩니다.
◐ 2번 줄: a에 'gift'를 추가해 {'home', 'hi', 'school', 'gift'}가 됩니다.
◐ 3번 줄: a에 'home'과 'hi'를 추가하지만 둘 다 이미 a에 있는 데이터이므로 변화가 없습니다.
◐ 4번 줄: a에서 'hi'를 제거하므로 {'home', 'shcool', 'gift'}가 됩니다.
◐ 집합은 순서와 상관없으므로 ④가 정답입니다.

정답 Q1 ④

CHAPTER 12 마무리

> **핵심 정리**
> - 집합은 중복을 허용하지 않고 순서가 없는 자료형입니다.
> - 집합 자료형 사이의 합집합, 교집합, 차집합을 구할 수 있습니다.
> - 집합은 데이터를 추가하거나 삭제할 수 있습니다.

> **개념 다지기**

12-1. 다음 코드의 실행 결과가 될 수 없는 것을 고르세요.

코드	
1	zz = ['짜', '라', '짜', '짜', '짜', '파', '게티']
2	print(set(zz))

① {'게티', '파', '짜', '라'}
② {'짜', '파', '라', '게티'}
③ {'라', '게티', '짜', '파'}
④ {'짜', '게티', '라', '짜', '파'}
⑤ {'라', '짜', '게티', '파'}

12-2. 실행 결과를 보고 알맞은 코드를 골라 빈칸에 순서대로 나열해 보세요.

코드	
1	a = set([1, 2, 3, 2, 5, 4])
2	b = set([3, 5, 7, 9])
3	
4	print(____ ____ ____)

실행 결과
{9, 7}

① a
② b
③ -
④ &
⑤ |

12-3. 다음 코드의 실행 결과로 알맞은 것을 고르세요.

코드
1   a = set([1, 2, 3, 2, 5, 4])
2   b = set([3, 5, 7, 9])
3
4   a.update(3, 9, -1)
5   b.remove(3)
6   print(b & a)

① {5, 9}
② {7}
③ {1, 2, 3, 4, -1}
④ {1, 2, 3, 4, 5, 7, 9, -1}
⑤ 오류 발생

변수의 추천 과제

 개념을 복습하며 포트폴리오를 만들고 싶다면, 변수의 추천 과제를 해결해 보세요!

난이도	과제	페이지
★★	2-2. 문장 내 단어 오름차순으로 출력하기	284
★★	2-8. 영어 단어에 사용된 알파벳 오름차순으로 정리하기	298

CHAPTER 13 딕셔너리

13 - 1. 내 딕셔너리에 불가능은 없다!
13 - 2. 딕셔너리 수정하기
13 - 3. for 문과 딕셔너리
▶ CHAPTER 13 마무리

"딕셔너리는 사전처럼 쓸 수 있는 유용한 자료형이야!"

13-1
내 딕셔너리에 불가능은 없다!

딕셔너리는 리스트만큼 많이 사용되는 자료형입니다. 지금까지 배운 리스트, 튜플, 집합과는 달리 딕셔너리는 key와 value라는 값을 가지고 있습니다.

딕셔너리는 우리말로 사전을 뜻합니다. 이름 그대로 사전을 떠올려 보면 이해하기 쉽습니다. 예를 들어 영한사전에서 'apple'을 검색하면 '사과', 'banana'를 검색하면 '바나나'가 뜹니다. 이처럼 검색어에 해당하는 key와 검색 결과에 해당하는 value로 이루어진 것이 바로 딕셔너리입니다.

리스트, 튜플에서는 숫자로 된 인덱스로 데이터를 찾았지만, 딕셔너리에서는 인덱스가 아니라 key를 이용해 데이터를 찾습니다. 딕셔너리에서 key와 value는 콜론을 사이에 두고 짝지어집니다. 코드로 살펴보겠습니다.

코드 13-1-1

```
1  dic = {'python' : '파이썬', 'c' : 'C언어', 'java' : '자바'}
```

▶ 이 코드에서 'python', 'c', 'java'는 key이며, '파이썬', 'C언어', '자바'는 value입니다.

딕셔너리에서는 key를 이용해 value를 가져올 수 있습니다. 어떻게 가져올 수 있을까요? 리스트, 튜플에서 인덱스로 불러오는 것처럼 대괄호를 사용하되, 대괄호 안에 인덱스 숫자 대신 key 값을 적으면 됩니다.

딕셔너리에서 key 값으로 value를 가져와 출력하는 코드입니다. 직접 작성하고 실행해 보세요.

코드 13-1-2

```
1  dic = {'python' : '파이썬', 'c' : 'C언어', 'java' : '자바'}
2  print(dic["python"])
3  print(dic["c"])
4  print(dic["java"])
```

실행 결과
```
파이썬
C언어
자바
```

▶ 2번 줄: key인 'python'을 이용해 값을 불러옵니다. 'python'과 짝인 value는 '파이썬'입니다.
▶ 3번 줄: key인 'c'를 이용해 값을 불러옵니다. 'c'와 짝인 value는 'C언어'입니다.
▶ 4번 줄: key인 'java'를 이용해 값을 불러옵니다. 'java'와 짝인 value는 '자바'입니다.

딕셔너리를 만들 때 주의해야 할 점은 key와 value에 넣을 수 있는 자료형이 다르다는 것입니다. value에는 리스트, 튜플, 딕셔너리 등 어떤 자료형이든 넣을 수 있지만, key에 넣을 수 있는 자료형은 그보다 제한적입니다. key에는 변하지 않는 값인 숫자(정수, 실수), 문자열, 튜플만 넣을 수 있으며, key로 가장 많이 사용되는 자료형은 숫자와 문자열입니다.

그럼 key와 value에 적절한 자료형의 데이터를 넣어 딕셔너리를 만들어 보겠습니다.

key에는 문자열 자료형을, value에는 여러 자료형을 사용한 딕셔너리입니다. 직접 작성하고 실행해 보세요.

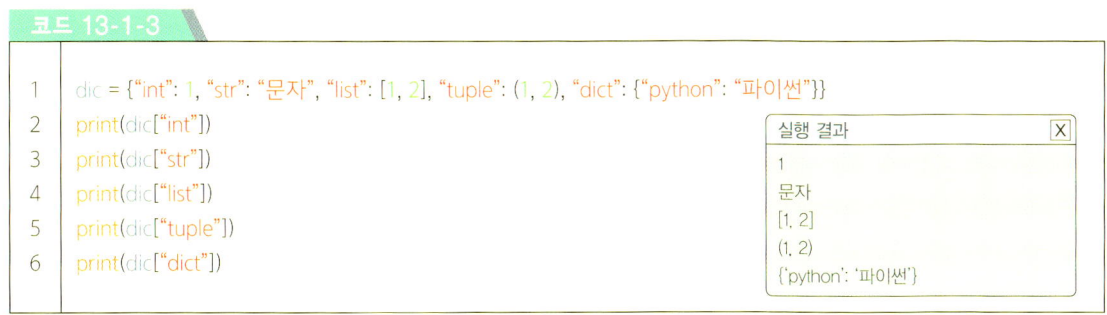

바로 앞에서 key에는 불변적인 값을 넣을 수 있다고 설명했습니다. 만약 key에 리스트처럼 가변적인 자료형의 데이터를 넣으면 다음과 같이 오류가 발생합니다.

key에 리스트 자료형을 사용해 딕셔너리를 만든 코드입니다. 오류가 발생합니다.

코드 13-1-4

```
1  dic = {["python", "c"] : "언어"}
```

실행 결과
```
- - - → 1 dic = {["python", "c"] : "언어"}

TypeError: unhashable type: 'list'
```

▶ 딕셔너리의 key로 사용할 수 없는 리스트 자료형을 사용했기 때문에 오류가 발생합니다.

문제로 익히는 개념

Q1 다음 코드의 실행 결과로 알맞은 것을 고르세요.

코드
```
1  coco = {'이름' : '코코', '나이' : 14, '특기' : '기타'}
2  print(coco['특기'])
```

① 코코
② 14
③ 기타
④ 특기: 기타
⑤ 오류 발생

▶ '특기' key와 연결된 value는 '기타'이므로 '기타'가 출력됩니다.

정답 ① ③

13-2 딕셔너리 수정하기

딕셔너리도 리스트처럼 값을 추가하거나 삭제, 수정할 수 있습니다. 다만 데이터를 추가하거나 삭제할 때는 key와 value를 함께 쌍으로 추가하거나 삭제해야 합니다. 그리고 딕셔너리에서 key는 수정할 수 없고 value만 수정할 수 있습니다.

(1) key, value 한 쌍 추가하기

> **구문 설명**
> 딕셔너리명[key 값] = value 값

하나의 key, value 쌍을 추가할 때는 새로운 key를 만들어 value를 할당하기만 하면 됩니다. 코드 13-1-2에서 key를 이용해 value를 가져왔던 것처럼 새로운 key로 딕셔너리에 접근해 새로운 value를 추가합니다.

하나의 key, value 쌍을 추가하는 코드입니다. 직접 작성하고 실행해 보세요.

코드 13-2-1
```
1  dic = { "a" : "apple", "b" : "banana", "c", "cool"}
2  dic["d"] = "dictionary"
3  print(dic)
```

실행 결과
```
{'a' : 'apple', 'b' : 'banana', 'c' : 'cool', 'd' : 'dictionary'}
```

(2) key, value 여러 쌍 추가하기 : update()

> **구문 설명**
> 딕셔너리명.update({key1 값 : value1 값, key2 값 : value2 값, ...})

여러 개의 key, value 쌍을 추가할 때는 update() 함수를 사용합니다. update() 함수 안에 추가하고 싶은 key, value 쌍들을 넣으면 됩니다.

update() 함수로 여러 개의 key, value 쌍을 추가하는 코드입니다. 직접 작성하고 실행해 보세요.

코드 13-2-2

```
1  dic = { "a" : "apple", "b" : "banana", "c" : "cool"}
2  dic.update({ "c" : "cold", "d" : "dictionary", "e" : "elevator"})
3  print(dic)
```

update() 함수에 넣은 딕셔너리에 기존 딕셔너리와 동일한 key가 존재하면, 해당 key와 쌍을 이루는 value 값은 update() 함수에 넣은 값으로 덮어쓰기 됩니다.

실행 결과
{'a' : 'apple', 'b' : 'banana', 'c' : 'cold', 'd' : 'dictionary', 'e' : 'elevator'}

(3) key, value 쌍 삭제하기 : del

구문 설명
del 딕셔너리명[key 값]

key, value 쌍을 삭제할 때는 del 예약어를 사용하면 됩니다. 리스트에서 인덱스로 값을 삭제할 때와 동일하죠. 다만, 리스트에서는 숫자 인덱스로 접근했다면 딕셔너리에서는 key 값으로 접근해서 삭제합니다.

예약어인 del로 key, value 쌍을 삭제하는 코드입니다. 직접 작성하고 실행해 보세요.

코드 13-2-3

```
1  dic = { "a" : "apple", "b" : "banana", "c" : "cool"}
2  del dic["a"]
3  print(dic)
```

실행 결과
{'b': 'banana', 'c': 'cool'}

(4) value 값 수정하기

구문 설명
딕셔너리명[key 값] = 새로운 value 값

딕셔너리에서는 key를 통해 value에 접근해 데이터를 수정합니다. 리스트에서 인덱스로 값을 수정할 때와 동일하며 다른 점은 인덱스가 아닌 key 값으로 접근한다는 점밖에 없습니다.

value 값을 수정하는 코드입니다. 직접 작성하고 실행해 보세요.

코드 13-2-4

```
1  dic = { "a" : "apple", "b" : "banana", "c" : "cool"}
2  dic["c"] = "coconut"
3  print(dic)
```

실행 결과
{'a' : 'apple', 'b' : 'banana', 'c' : 'coconut'}

문제로 익히는 개념

Q1 다음 코드의 실행 결과로 알맞은 것을 고르세요.

코드

```
1  color = {'빨강' : 'red', '파랑' : 'blue'}
2  num = {12 : 'twelve', 5 : 'five', 2 : 'two'}
3  color.update(num)
4  print(color)
```

① {'빨강': 'red', '파랑': 'blue', 12: 'twelve', 5: 'five', 2: 'two'}
② {12: 'twelve', 5: 'five', 2: 'two', '빨강': 'red', '파랑': 'blue'}
③ {'빨강': 'red', '파랑': 'blue'}
④ {12: 'twelve', 5: 'five', 2: 'two'}
⑤ 오류 발생

▶ update() 함수를 이용해 한 딕셔너리에 다른 딕셔너리의 key, value 값을 추가할 수 있습니다. 이 코드에서는 color 딕셔너리에 num 딕셔너리의 데이터가 추가됩니다.

Q2 실행 결과를 보고 빈칸에 알맞은 코드를 적어 보세요.

코드

```
1  movie = {'마블' : '어벤져스', 'DC' : '배트맨', '디즈니' : '겨울왕국'}
2  print( movie[____])
```

실행 결과
배트맨

▶ 실행 결과가 배트맨이므로, 배트맨이라는 value와 짝을 이루는 key인 'DC'로 접근해야 합니다.

답 Q1 ① Q2 'DC'

13-3 for 문과 딕셔너리

딕셔너리도 리스트처럼 for 문과 궁합이 좋습니다. 딕셔너리의 key 값이나 value 값, 또는 key, value 쌍으로 반복문을 사용할 수 있습니다.

(1) 딕셔너리의 key 값으로 반복하기

구문 설명
딕셔너리명.keys()

딕셔너리에서는 key 값을 반환하는 keys() 함수를 사용할 수 있습니다. 반복문에서 keys() 함수를 사용하기 전에 먼저 keys() 함수를 출력하면 어떤 형태로 반환되는지 확인해 보겠습니다.

keys() 함수로 딕셔너리의 key 값을 출력하는 코드입니다. 직접 작성하고 실행해 보세요.

코드 13-3-1

```
1  dic = {"a" : "apple", "b" : "banana", "c" : "cool"}
2  print(dic.keys())
```

실행 결과
```
dict_keys(['a', 'b', 'c'])
```

▶ 딕셔너리에 keys() 함수를 사용하면 key 값만 출력됩니다. 이때 <u>dict_keys()</u>라는 형태로 출력되는데, 이는 리스트와 비슷하다고 생각하면 됩니다.

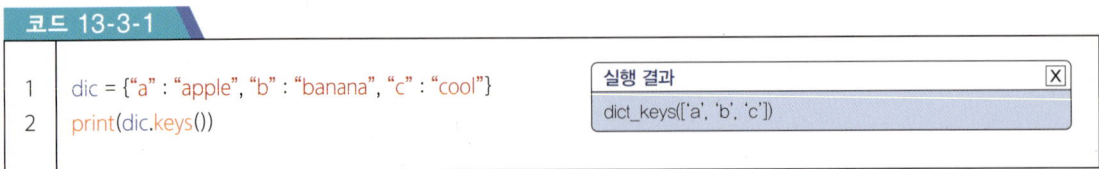
파이썬 2.7 버전까지는 리스트로, 그 이후로는 dict_keys로 변환됩니다. 엄밀히 말해 다른 자료형일 수 있지만, 아직까지는 dict_keys와 리스트가 같다고 생각해도 무방합니다.

위 코드의 실행 결과에서 알 수 있듯이 keys() 함수를 이용하면 리스트가 반환됩니다. 이 리스트를 활용해 for 반복문을 만들 수 있습니다.

keys() 함수로 for 반복문을 사용한 코드입니다. 직접 작성하고 실행해 보세요.

코드 13-3-2

```
1  dic = {"a" : "apple", "b" : "banana", "c" : "cool"}
2  for k in dic.keys():
3      print(k, end=" ")
4      print(dic[k], end=" ")
```

실행 결과
a apple b banana c cool

▶ 3번 줄: 여기서 k는 dic 딕셔너리의 key 값입니다. 따라서 dic 딕셔너리의 key 값을 출력합니다.
▶ 4번 줄: k로 dic 딕셔너리의 value에 접근하여 value 값을 출력합니다.

(2) 딕셔너리의 value 값으로 반복하기

구문 설명
딕셔너리명.values()

딕셔너리에서는 value 값을 반환하는 values() 함수를 사용할 수 있습니다. 반복문에서 values() 함수를 사용하기 전에 먼저 values() 함수를 출력하면 어떤 형태로 반환되는지 확인해 보겠습니다.

values() 함수로 딕셔너리의 value 값을 출력하는 코드입니다. 직접 작성하고 실행해 보세요.

코드 13-3-3

```
1  dic = {"a" : "apple", "b" : "banana", "c" : "cool"}
2  print(dic.values())
```

실행 결과
dict_values(['apple', 'banana', 'cool'])

▶ 딕셔너리에 values() 함수를 사용하면 value 값만 출력됩니다. 이때, 'dict_values'라는 자료형도 'dict_keys'와 마찬가지로 리스트처럼 사용될 수 있습니다.

values() 함수를 이용하면 value 값의 리스트가 반환되고, 이를 활용해 for 반복문을 만들 수 있습니다.

values() 함수로 for 반복문을 사용한 코드입니다. 직접 작성하고 실행해 보세요.

코드 13-3-4

```
1  dic = {"a" : "apple", "b" : "banana", "c" : "cool"}
2  for v in dic.values():
3      print(v, end=" ")
```

실행 결과
apple banana cool

▶ 3번 줄: dic.values()로 반복문을 사용합니다. 여기서 v는 dic 딕셔너리의 value 값입니다.

(3) 딕셔너리의 key, value 쌍으로 반복하기

> **구문 설명**
> 딕셔너리명.items()

딕셔너리에서는 key와 value 값을 한꺼번에 반환하는 items() 함수를 사용할 수 있습니다. items() 함수를 출력하면 어떤 형태로 반환되는지 확인해 보겠습니다.

items() 함수로 딕셔너리의 key, value 쌍을 출력하는 코드입니다. 직접 작성하고 실행해 보세요.

코드 13-3-5

```
1  dic = {"a" : "apple", "b" : "banana", "c" : "cool"}
2  print(dic.items())
```

실행 결과
```
dict_items([('a', 'apple'), ('b', 'banana'), ('c', 'cool')])
```

▶ 딕셔너리에 items() 함수를 사용하면 key, value 쌍을 튜플 형태의 데이터로 가지는 리스트가 반환됩니다. 'dict_items' 또한 'dict_keys', 'dict_values'와 마찬가지로 리스트처럼 사용할 수 있습니다.

이처럼 items() 함수를 사용하면 key, value 값을 동시에 받을 수 있습니다. 튜플 자료형에서 괄호는 생략 가능했으므로 items() 함수를 활용한 for 반복문은 다음과 같이 작성할 수 있습니다.

> **구문 설명**
> for key, value in dict.items():

items() 함수로 for 반복문을 사용한 코드입니다. 직접 작성하고 실행해 보세요.

코드 13-3-6

```
1  dic = {"a" : "apple", "b" : "banana", "c" : "cool"}
2
3  for k, v in dic.items():
4      print(k, v)
```

실행 결과
```
a apple
b banana
c cool
```

▶ 3번 줄: dic.items()로 반복문을 사용했습니다. 첫번째 변수 k가 key 값, 두번째 변수 v가 value 값입니다.

문제로 익히는 개념

Q1 다음 코드의 실행 결과를 적어 보세요.

```
1  score = {"a" : 90, "b" : 80, "c" : 70}
2
3  result = 0
4  for v in score.values():
5      result = result + v
6
7  print(result)
```

▶ 4번 줄: score.values()는 score 딕셔너리의 value 값만 불러옵니다. 즉, [90, 80, 70]과 같습니다.
▶ 5번 줄: 변수 result에 모든 value 값을 더합니다.
▶ 7번 줄: 따라서 모든 value 값 90, 80, 70을 더한 240이 출력됩니다.

Q2 실행 결과를 보고 빈칸에 들어갈 코드로 알맞은 것을 고르세요.

```
1  score = {"a" : 90, "b" : 80, "c" : 70}
2
3  result = 0
4  for v in score.keys():
5      result = result + _____
6
7  print(result)
```

실행 결과
240

① score
② v
③ value
④ score[v]
⑤ score[key]

▶ 4번 줄: score.keys()는 score 딕셔너리의 key 값만 불러옵니다. 즉, ['a', 'b', 'c']와 같습니다. 여기서 v는 score 딕셔너리의 key 값입니다.
▶ 5번 줄: result에 key와 쌍을 이루는 value 값을 더해야 합니다. value 값을 가지고 올 때는 딕셔너리명[key] 형태로 가져와야 하므로 빈칸에는 score[v]가 들어가야 합니다.

답 Q1 240 Q2 ④

CHAPTER 13 마무리

> **핵심 정리**
>
> - 딕셔너리는 key, value 값의 쌍으로 구성됩니다.
> - 딕셔너리의 value 값에 접근할 때는 숫자 인덱스가 아닌 key 값을 사용합니다.
> - 딕셔너리에서는 key, value 쌍을 추가, 삭제하거나 value 값을 수정할 수 있습니다.
> - 딕셔너리의 keys(), values(), items() 함수를 for 반복문에 활용할 수 있습니다.

> **개념 다지기**

13-1. 다음의 보기 중 올바른 딕셔너리가 아닌 것을 고르세요.

① {'마블': '어벤져스', 'DC': '배트맨', '디즈니': '겨울왕국'}
② {(1, 2): 'num', ('a', 'b'): 'eng', ('ㄱ', 'ㄴ'): 'kor'}
③ {12: 'num', 'happy': 'eng', '투게더': 'kor'}
④ {[1, 2]: 'num', ['a', 'b']: 'eng', ['ㄱ', 'ㄴ']: 'kor'}
⑤ {'num': [1, 2], 'eng': ['a', 'b'], 'kor': ['ㄱ', 'ㄴ']}

13-2. 다음 코드의 실행 결과로 알맞은 것을 고르세요.

코드	
1	a = {'생일' : '케이크', '축하' : '미역국', '잔치' : '잡채'}
2	b = {'제육' : '볶음', '잔치' : '국수'}
3	b.update(a)
4	print(b["잔치"])

① 오류 발생
② 볶음
③ 국수
④ 잡채
⑤ 미역국

13-3. 실행 결과를 보고 알맞은 코드를 골라 빈칸에 순서대로 나열하세요.

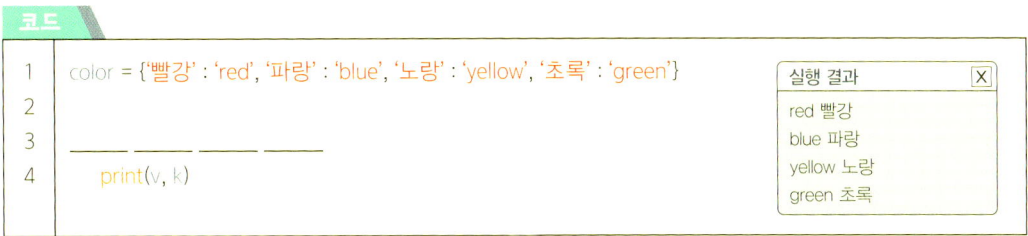

① for
② in
③ k, v
④ v, k
⑤ color.keys():
⑥ color.items():
⑦ color.values():

변수의 추천 과제

개념을 복습하며 포트폴리오를 만들고 싶다면, 변수의 추천 과제를 해결해 보세요!

난이도	과제	페이지
★	1-12. 튜플과 딕셔너리로 문자열 길이 출력하기	277
★★★	3-7. 음료수 자판기	337
★★★	3-11. 영화 예매 프로그램 만들기	349

MEMO

CHAPTER 14 클래스

14 – 1. 클래스와 객체
14 – 2. 클래스와 메소드
14 – 3. 클래스와 생성자

▶ CHAPTER 14 마무리

"파이썬 문법의 꽃은 클래스!"

14-1
클래스와 객체

클래스는 프로그래밍에서 아주 중요한 개념입니다. 클래스를 잘 사용하면 코드의 중복을 줄일 수 있고, 전역 변수를 무한정 만들 필요가 없어집니다. 클래스는 일종의 틀과 같으며, 클래스를 통해 우리에게 필요한 객체를 만들어 낼 수 있습니다. 예를 들어, 와플 메이커 틀과 와플을 생각해 보세요.

클래스   객체

와플 틀이 있으면 비슷하게 생긴 와플을 계속해서 만들 수 있습니다. 클래스는 와플 틀과 같은 기능을 합니다. 그리고 와플 틀에서 만들어진 와플을 객체라고 합니다. 이때, 와플은 각자의 특징을 가질 수 있습니다. 사과잼 와플, 딸기 누텔라 와플, 초코 바나나 와플은 모두 와플이지만 다른 맛을 가지고 있습니다.

이처럼 우리는 클래스의 기본 틀을 만들어 놓고, 원할 때마다 객체를 생성할 수 있습니다. 또한 객체마다 고유한 속성을 주고 활용할 수 있습니다.

클래스를 만들 때는 다음과 같이 클래스 이름을 설정하고 원하는 틀을 클래스 안에 작성합니다.

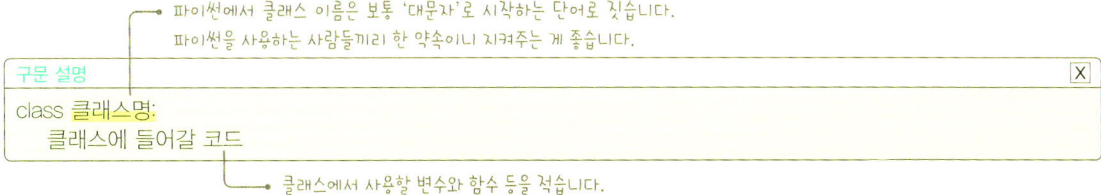

그리고 클래스로 객체를 만들 때는 다음과 같이 클래스 이름을 사용합니다.

```
객체명 = 클래스명()
```

클래스 안에는 클래스에서만 쓰이는 변수를 선언할 수 있습니다. 객체로 클래스 안에 있는 변수나 함수에 접근할 때는 객체명.변수명이나 객체명.함수명()이라고 적습니다. 코드를 통해 확인해 보겠습니다.

클래스를 생성하고 객체를 만들어 사용하는 코드입니다. 직접 작성하고 실행해 보세요.

코드 14-1-1

- 1, 2번 줄: Waffle이라는 클래스를 생성하고, 클래스 안에서 변수 name에 'waffle'이라는 문자열을 저장했습니다.
- 4, 5번 줄: choco는 Waffle의 객체입니다. 따라서 choco.name을 출력하면 name에 들어 있는 'waffle'이 출력됩니다.
- 7, 8번 줄: banana도 Waffle의 객체이기 때문에 banana.name을 출력하면 'waffle'이 출력됩니다.

위 코드 14-1-1에서는 Waffle 클래스 안에 name이라는 변수를 직접 선언해 사용했습니다. 하지만 이렇게 클래스 안에 변수를 직접 선언하면 변수가 모든 객체에 동일하게 적용되기 때문에 보통은 추천하지 않는 방식입니다. 왜 그런지는 다음 코드를 보면 바로 이해가 될 거예요.

클래스의 변수를 변경할 때 모든 객체의 변수가 바뀌는 코드입니다. 직접 작성하고 실행해 보세요.

코드 14-1-2

```
1  class Waffle:
2      name = "waffle"
3
4  choco = Waffle()
5  Waffle.name = "choco waffle"
6  print(choco.name)
7
8  banana = Waffle()
9  print(banana.name)
```

실행 결과
choco waffle
choco waffle

▶ 5번 줄: Waffle.name = "choco waffle"로 Waffle 클래스 내 변수 name의 값을 변경합니다. 따라서 Waffle 클래스의 객체인 banana의 변수 name에도 동일하게 "choco waffle"이 적용됩니다.

14-2
클래스와 메소드

클래스는 기본적으로 객체를 동일한 틀로 만들되, 객체별로 각각의 특징을 가지게 할 목적으로 사용합니다. 그런데 앞서 살펴봤듯이 클래스에 변수를 직접 선언하면 모든 객체가 같은 속성을 가지게 됩니다. 그렇다면 틀은 같지만 서로 다른 속성을 가진 객체를 만들려면 어떻게 해야 할까요?

클래스 안에서 직접 변수를 사용하는 대신 함수를 사용하면 객체들이 서로 다른 속성을 가지게 만들 수 있습니다. 이러한 클래스 내부의 함수를 메소드라고 부릅니다.

메소드를 사용하여 객체별로 다른 속성을 부여하는 코드입니다. 직접 작성하고 실행해 보세요.

코드 14-2-1

```
1  class Waffle:
2      def setName(self, n):
3          self.name = n
4
5  choco = Waffle()
6  choco.setName("choco waffle")
7  print(choco.name)
8
9  banana = Waffle()
10 banana.setName("banana waffle")
11 print(banana.name)
```

실행 결과
```
choco waffle
banana waffle
```

- 1~3번 줄: Waffle 클래스 안에 setName() 메소드를 생성합니다. setName() 메소드는 self와 n을 인풋으로 받습니다. self.name = n을 보고 self가 객체를 나타냄을 알 수 있습니다. 객체의 변수 name에 인풋 n을 저장하는 구조입니다.
- 6, 10번 줄: 객체에서 setName() 메소드를 호출할 때 인풋을 하나만 추가합니다. 객체로 메소드를 호출할 때는 해당 객체가 자동으로 self라는 인풋으로 포함되므로 여기서는 인풋 n에 해당하는 값만 넣어 주면 됩니다.

코드 14-2-1의 객체 choco와 banana를 그림으로 표현하면 다음과 같습니다. choco의 변수 name에는 'choco waffle'이 저장되고, banana의 변수 name에는 'banana waffle'이 저장된 상태입니다.

이처럼 클래스 안에 변수를 직접 선언하는 게 아니라 메소드를 이용해 각 객체에 변수를 선언하면 객체별로 독립적인 속성을 나타낼 수 있습니다. 이제는 와플 대신 게임에서 자신을 나타내는 캐릭터(아바타)를 코드로 나타낸 예시를 통해 클래스와 객체에 대해 조금 더 살펴보겠습니다.

Avatar 클래스로 생성된 객체 byunsoo에 속성을 부여하는 코드입니다. 직접 작성하고 실행해 보세요.

코드 14-2-2

```
1   class Avatar:
2       def setAvatar(self, height, skill):
3           self.height = height
4           self.skill = skill
5
6   byunsoo = Avatar()
7   byunsoo.setAvatar(120, '점프')
8
9   print(byunsoo.height)
10  print(byunsoo.skill)
```

실행 결과
```
120
점프
```

▶ 1~4번 줄: Avatar 클래스 안에 setAvatar() 메소드를 생성합니다. setAvatar() 메소드는 height와 skill을 인풋으로 받아 해당 객체의 변수로 저장합니다.
▶ 6번 줄: Avatar 클래스를 이용해 byunsoo라는 객체를 생성합니다.
▶ 7번 줄: byunsoo 객체에서 setAvatar() 메소드를 호출합니다. height는 120, skill은 '점프'로 설정합니다.
▶ 9~10번 줄: byunsoo 객체의 height와 skill 값을 출력합니다.

클래스 안에는 메소드를 자유롭게 선언할 수 있습니다. 코드 14-2-2의 Avatar 클래스에 메소드를 하나 더 추가해 보겠습니다.

Avatar 클래스에 출력용 메소드를 추가한 코드입니다. 직접 작성하고 실행해 보세요.

코드 14-2-3

```python
class Avatar:
    def setAvatar(self, height, skill):
        self.height = height
        self.skill = skill

    def printAvatar(self):
        print("키는", self.height, "cm,", "스킬은", self.skill, "입니다.")

byunsoo = Avatar()
byunsoo.setAvatar(120, '점프')
byunsoo.printAvatar()
```

실행 결과
키는 120 cm, 스킬은 점프 입니다.

◉ 6~7번 줄: printAvatar() 메소드는 self 외의 다른 인풋은 받지 않습니다. self는 객체로 클래스의 메소드를 호출할 때 자동으로 포함됩니다.
◉ 11번 줄: printAvatar() 메소드를 호출합니다.

문제로 익히는 개념

Q1 실행 결과를 보고 빈칸에 들어갈 코드로 알맞은 것을 고르세요.

코드

```
1   class Person:
2       def setInfo(self, name, email):
3           self.name = name
4           self.email = email
5       def printInfo(self):
6           print("Name:", self.name)
7           print("Email:", self.email)
8
9   member1 = Person()
10  member1.setInfo("Lee", "lee@python.com")
11  _____
```

실행 결과
Name: Lee
Email: lee@python.com

① member1.printInfo(self)
② member1.printInfo()
③ Person().printInfo()
④ Person.printInfo()
⑤ Person.printInfo(self)

▶ 9번 줄: member1은 Person 클래스로 생성된 객체입니다.
▶ 10번 줄: member1 객체로 setInfo() 메소드를 호출하여 member1의 변수 name과 email의 값을 저장합니다.
▶ 11번 줄: 여기서 member1 객체로 printInfo() 메소드를 호출하면 member1의 변수 name과 email에 저장된 값이 출력됩니다. 따라서 빈칸에 들어갈 코드는 member1.printInfo()입니다.

정답 ②

14-3 클래스와 생성자

이번에는 조금 더 본격적으로 아바타의 이름과 HP를 속성으로 가지고 있는 Avatar 클래스를 만들어 보겠습니다. HP는 게임에서 아바타의 체력을 나타낸 수치입니다.

아바타의 이름과 HP를 속성으로 가지고 있는 Avatar 클래스입니다. 직접 작성하고 실행해 보세요.

코드 14-3-1

```python
class Avatar:
    def setAvatar(self, name, hp):
        self.name = name
        self.hp = hp

    def increaseHp(self):
        self.hp = self.hp + 10

    def decreaseHp(self):
        self.hp = self.hp - 10

    def printHp(self):
        print("현재", self.name, "의 hp는", self.hp, "입니다.")

byunsoo = Avatar()
byunsoo.setAvatar("byunsoo", 0)
byunsoo.printHp()

pythony = Avatar()
pythony.setAvatar("pythony", 0)
pythony.printHp()
```

실행 결과
```
현재 byunsoo 의 hp는 0 입니다.
현재 pythony 의 hp는 0 입니다.
```

여기서 Avatar 클래스로 생성된 객체는 name과 hp에 해당하는 값을 가져야 합니다. 만약 setAvatar() 메소드로 객체의 name과 hp를 설정하지 않은 상태에서 increaseHp(), decreaseHp(), printHp() 같은 메소드를 호출하면 다음과 같이 오류가 발생합니다.

코드 14-3-2

```
1   class Avatar:
2       def setAvatar(self, name, hp):
3           self.name = name
4           self.hp = hp
5
6       def increaseHp(self):
7           self.hp = self.hp + 10
8
9       def decreaseHp(self):
10          self.hp = self.hp - 10
11
12      def printHp(self):
13          print("현재", self.name, "의 hp는", self.hp, "입니다.")
14
15  byunsoo = Avatar()
16  byunsoo.printHp()
```

실행 결과
```
...(중략)
    print("현재", self.name, "의 hp는", self.hp, "입니다.")
AttributeError: 'Avatar' object has no attribute 'name'
```

▶ setAvatar() 메소드로 객체의 name과 hp를 설정하기 전에 다른 메소드를 호출하여 오류가 발생합니다.

Avatar 클래스로 생성된 객체가 name과 hp 값을 가지고 있어야 한다면 애초에 객체를 생성할 때 미리 설정해 두면 좋을 것입니다. 이렇게 한 클래스의 객체들을 생성할 때 일정한 속성을 적용하기 위해 존재하는 것이 있습니다. 바로 <mark>생성자</mark>입니다.

생성자는 객체가 생성될 때 자동으로 호출되는 메소드입니다. 메소드 이름으로 <u>__init__</u>을 입력하면 파이썬은 그것이 생성자임을 자동으로 인식합니다. 코드를 통해 확인해 보겠습니다.

Avatar 클래스 안에 생성자 __init__을 사용하는 코드입니다. 직접 작성하고 실행해 보세요.

코드 14-3-3

```
1   class Avatar:
2       def __init__(self, name, hp):
3           self.name = name
4           self.hp = hp
5
6       def increaseHp(self):
7           self.hp = self.hp + 10
8
9       def decreaseHp(self):
10          self.hp = self.hp - 10
11
12      def printHp(self):
13          print("현재", self.name, "의 hp는", self.hp, "입니다.")
14
15  byunsoo = Avatar("byunsoo", 0)
16  byunsoo.printHp()
17
18  pythony = Avatar("pythony", 0)
19  pythony.printHp()
```

실행 결과
현재 byunsoo 의 hp는 0 입니다.
현재 pythony 의 hp는 0 입니다.

▶ 2~4번 줄: Avatar 클래스 안에서 메소드 이름을 __init__이라고 입력하면 파이썬은 이 메소드를 생성자라고 인식합니다.
▶ 15, 18번 줄: Avatar 클래스의 객체를 생성할 때 Avatar() 괄호 안에 name 값과 hp 값을 함께 적으면 해당 객체의 name과 hp가 설정됩니다.

코드 14-3-3과 같이 생성자로 self 외의 인풋들까지 받는 경우에는 객체를 생성할 때마다 반드시 그 인풋들에 해당하는 데이터를 함께 넣어 주어야 합니다. 만약 Avatar 클래스의 객체를 생성할 때 name과 hp 값을 넣지 않으면 다음과 같이 오류가 발생합니다.

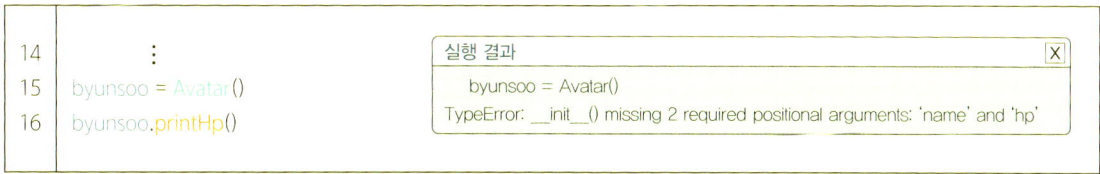

```
14      :
15  byunsoo = Avatar()
16  byunsoo.printHp()
```

실행 결과
byunsoo = Avatar()
TypeError: __init__() missing 2 required positional arguments: 'name' and 'hp'

문제로 익히는 개념

Q1 실행 결과를 보고 빈칸에 들어갈 코드로 알맞은 것을 고르세요.

코드

```
1   class Person:
2       def ____(self, name, email):
3           self.name = name
4           self.email = email
5       def printInfo(self):
6           print("Name:", self.name)
7           print("Email:", self.email)
8
9   member1 = Person("Lee", "lee@python.com")
10  member1.printInfo()
```

실행 결과
```
Name: Lee
Email: lee@python.com
```

① __init__

② _init_

③ init

④ setPerson

⑤ member1

▶ 9번 줄: Person 클래스로 객체를 생성할 때 name과 email을 설정해 주었으므로 빈칸에 해당하는 메소드가 생성자임을 알 수 있습니다.

▶ 파이썬에서는 __init__ 이라는 이름으로 메소드를 선언한 경우 자동으로 생성자로 인식합니다.

답 ①

CHAPTER 14 마무리

> **핵심 정리**

- 클래스는 객체를 만드는 기본 틀입니다.
- 클래스 안에는 객체에 부여할 속성들을 정의할 수 있습니다.
- 클래스 안에서 선언된 함수는 메소드라고 부릅니다.
- 생성자는 객체가 생성될 때 자동으로 호출되는 메소드입니다.

> **개념 다지기**

14-1. 클래스 안에 메소드를 선언하는 코드입니다. 빈칸에 알맞은 코드를 적어 보세요.

코드
1 class Student:
2   ___ set(self, name, email, addr):
3   self.name = name
4   self.email = email
5   self.addr = addr

14-2. 클래스 안에 메소드를 선언하는 코드입니다. 빈칸에 알맞은 코드를 적어 보세요.

코드
1 class Student:
2   def ___(self, name, email):
3   self.name= name
4   self.email= email
5 byunsoo = Student("변수", "byunsoo@gmail.com")

변수의 추천 과제	개념을 복습하며 포트폴리오를 만들고 싶다면, 변수의 추천 과제를 해결해 보세요!	
난이도	과제	페이지
★	1-13. 할인된 가격을 알려주는 계산기 클래스 만들기	279
★★	2-9. 직사각형 넓이와 둘레	300
★★★	3-14. 좌표 설정하기	358

MEMO

CHAPTER 15 파이썬 응용하기

15 – 1. 모듈, 패키지, 라이브러리와 프레임워크
15 – 2. 유용한 라이브러리
15 – 3. 오류의 종류
15 – 4. 예외 처리
15 – 5. 파이썬 내장 함수
▶ CHAPTER 15 마무리

"파이썬을 다양하게 응용할 수 있는 방법을 알아보자!"

15-1
모듈, 패키지, 라이브러리와 프레임워크

프로그래밍을 공부하다 보면 모듈, 패키지, 라이브러리, 프레임워크라는 단어를 종종 마주치게 됩니다. 처음 프로그래밍을 접한다면 4가지 개념이 모두 비슷하게 느껴질 것입니다. 정확하게 구분하고 이해하기는 어렵지만, 간단히 이들의 정의와 차이점을 알아보고 15-2에서 유용한 라이브러리와 사용 방법에 대해 살펴보겠습니다.

단어	설명
모듈	함수, 변수, 클래스 등을 모아 놓은 파이썬 파일 1개
패키지	모듈 여러 개를 모아 관리하는 하나의 폴더
라이브러리	다른 사람들이 사용할 수 있도록 유용한 기능을 모듈이나 패키지로 만들어 놓은 것
프레임워크	목적(예: 웹 개발)에 따라 코드를 쉽게 작성할 수 있도록 미리 만들어 놓은 뼈대

자주 사용하는 코드를 모듈이나 패키지, 라이브러리, 프레임워크로 구현해 놓으면 코드를 여러 번 작성하는 수고를 덜 수 있습니다. 지금까지는 여러분이 직접 모든 코드를 작성했지만 그러는 대신 다른 사람이 구현해 놓은 것들을 가져와 사용할 수도 있습니다.

모듈을 사용하기 위해선 파일 최상단에 모듈을 가져온다는 의미로 import라는 코드를 적어야 합니다. 다음과 같이 import로 모듈을 가져오면 거기에 들어 있는 함수나 클래스를 사용할 수 있습니다.

구문 설명	X
import 모듈 파일명	

모듈의 정의와 모듈을 가져오는 방법을 배웠으니 이제 직접 생성하고 사용해 볼 차례입니다. 구구단 2단을 출력하는 gugu2 함수를 정의한 gugudan 모듈을 직접 생성한 후 다른 파일에 불러와 사용해 보세요.

먼저 gugudan.py 파일을 새로 생성한 후 다음 코드를 입력합니다.

gugu2 함수를 정의한 gugudan 모듈을 생성하는 코드입니다.

코드 15-1-1

```
1  # gugudan.py 파일
2  def gugu2():
3      for i in range(1, 10):
4          print("{} * {} = {}".format(2, i, 2 * i))
```

모듈을 불러오는 파일은 그 모듈과 같은 폴더 안에 있는 파일이어야 합니다. gugudan.py 파일이 있는 폴더 안에 practice.py라는 새로운 파일을 만들고 다음 코드를 입력해 보세요.

gugudan 모듈을 불러와 사용하는 코드입니다.

코드 15-1-2

```
1  # practice.py 파일
2  import gugudan
3
4  gugudan.gugu2()
```

실행 결과
```
2 * 1 = 2
2 * 2 = 4
2 * 3 = 6
2 * 4 = 8
2 * 5 = 10
2 * 6 = 12
2 * 7 = 14
2 * 8 = 16
2 * 9 = 18
```

▶ practice.py 파일에서 import로 gugudan.py 모듈을 불러와 gugu2 함수를 사용합니다.

여러 개의 모듈을 만들었다고 가정했을 때, 서로 연관된 모듈들을 모아 하나의 폴더에 넣어서 관리하게 됩니다. 이러한 폴더를 패키지라고 부르고, 여러 개의 패키지와 모듈의 집합을 라이브러리라고 부릅니다.

15-2
유용한 라이브러리

15-1에서 모듈을 직접 생성해 사용해 봤습니다. 이번에는 이미 만들어진 모듈인 라이브러리를 불러와 사용해 보겠습니다. 파이썬에서 라이브러리를 사용하려면 직접 만든 모듈을 사용할 때와 같이 파일의 최상단에 import로 불러와야 합니다.

> **구문 설명**
> import 라이브러리명

라이브러리를 사용할 때 거기에 어떤 함수가 들어 있는지 일일이 외워둘 필요는 없습니다. 해당 라이브러리를 설명해 놓은 문서나 웹사이트 등을 확인한 후 활용할 수 있으면 충분합니다. 여기에서는 파이썬에 기본적으로 포함된 라이브러리, 그중에서도 자주 사용되는 random과 time 라이브러리를 예로 들어 라이브러리 사용법을 알아보겠습니다.

(1) random 라이브러리 - 임의의 수 생성

random은 실행할 때마다 새로운 난수가 생성되도록 합니다. 그 임의의 수를 원하는 범위, 원하는 형식으로 생성할 수 있습니다. random 라이브러리에는 random(), randint() 등의 함수가 포함되어 있습니다.

import로 random 라이브러리를 가져온 뒤에는 random.함수명()이라는 코드로 random 라이브러리에 속한 함수를 자유롭게 사용할 수 있습니다.

random 라이브러리로 임의의 수를 출력하는 코드입니다.

코드 15-2-1

```
1  import random
2  print(random.random())
```

실행 결과
0.9822294597043066

- random.random()은 0.0에서 1.0 사이의 실수 중 임의의 수를 가져옵니다.
- random의 실행 결과는 매번 다르게 나옵니다. 그러니 여러분의 실행 결과가 책에 있는 실행 결과와 달라도 놀라지 마세요.

random 라이브러리의 randint() 함수는 두 숫자를 입력받아 그 사이에 있는 임의의 수를 반환하는 함수입니다. 예시 코드로 확인해 보겠습니다.

randint() 함수를 사용해 1에서 100 사이의 임의의 정수를 출력하는 코드입니다.

코드 15-2-2

```
1  import random
2  print(random.randint(1, 100))
```

실행 결과
30

- random 라이브러리의 randint() 함수는 입력받은 첫 번째 숫자 1과 두 번째 숫자 100 사이의 임의의 수를 반환합니다. 코드 15-1-1처럼 실행할 때마다 다른 결과가 출력됩니다.

(2) 시간과 관련된 time 라이브러리

UTC는 Universal Time Coordinated(협정 세계 표준시)의 약자로, 1970년 1월 1일 0시 0분 0초로부터 지난 시간을 초 단위 숫자 형태로 표시합니다.

time 라이브러리는 시간과 관련된 함수들을 가지고 있습니다. time 라이브러리에는 time(), ctime() 등의 함수가 포함되어 있습니다. time()은 UTC를 기준으로 한 시간을 실수 형태로 반환하는 함수이며, ctime()은 현재 시각을 문자열로 반환하는 함수입니다.

time() 함수를 사용하는 코드입니다. 직접 작성하고 실행해 보세요.

코드 15-2-3

```
1  import time
2  print(time.time())
```

실행 결과
1632380983.2330687

- 실행 결과는 여러분이 코드를 실행한 시간에 따라 달라집니다.

ctime() 함수를 사용하는 코드입니다. 직접 작성하고 실행해 보세요.

코드 15-2-4

```
1  import time
2  print(time.ctime())
```

실행 결과
Thu Sep 23 16:11:41 2000

▶ 실행 결과는 여러분이 코드를 실행한 시간에 따라 달라집니다.

그 외에 time 라이브러리에서 사용 빈도가 높은 함수 중 하나는 sleep() 함수입니다. sleep() 함수를 사용하면 코드가 실행되는 중간에 일정한 시간 간격을 줄 수 있습니다.

sleep() 함수로 실행 중에 일정 간격의 딜레이를 주는 코드입니다. 직접 작성하고 실행해 보세요.

코드 15-2-5

```
1  import time
2  print("3초 뒤에 시작됩니다.")
3  time.sleep(3)
4  print("hello world")
```

실행 결과
3초 뒤에 시작됩니다.
hello world

▶ 1번 줄: sleep 함수를 사용하기 위해 time 라이브러리를 불러옵니다.
▶ 3번 줄: '3초 뒤에 시작됩니다.'가 출력됩니다.
▶ 4번 줄: 3초 대기합니다.
▶ 5번 줄: 'hello world'가 출력됩니다.

위 코드처럼 time.sleep() 괄호 안에 숫자를 적으면 해당 숫자(초)만큼 기다리게 됩니다. 코드 내에서 시간 간격을 두고 싶을 때, 특히 반복문 내에서 일정 시간 간격을 두고 싶을 때 sleep() 함수를 사용합니다.

15-3 오류의 종류

프로그래밍을 하다 보면 수많은 오류와 만나게 됩니다. 오류가 없는 코드를 짜는 것이 가장 좋겠지만, 그러기 힘든 경우가 많습니다. 파이썬으로 프로그래밍을 할 때 발생할 수 있는 오류의 종류를 미리 알면 오류가 발생했을 때 해결하기 쉽습니다.

오류의 종류	설명
구문 오류	문법이 맞지 않아 발생하는 오류
런타임 오류	문법은 맞으나 명령어를 잘못 사용하여 발생하는 오류
논리 오류	실행은 되지만 프로그램의 논리가 맞지 않아 원하는 대로 결과가 나오지 않는 오류

(1) 구문 오류(Syntax Error)

구문 오류(Syntax Error)는 문법에 맞지 않는 경우, 쉽게 말해 오타가 있는 경우를 말합니다. 파이썬이 코드를 읽다가 문법이 잘못되면 이를 해석하지 못해 오류가 발생합니다. 이런 경우에는 'SyntaxError' 라는 오류 문구가 출력됩니다.

다음은 구문 오류가 발생하는 코드입니다. 직접 작성하고 실행해 보세요.

코드 15-3-1

● 2번 줄: if 문장의 마지막에 콜론(:)이 빠져 구문 오류가 발생합니다.

(2) 런타임 오류(Runtime Error)

런타임 오류(Runtime Error)는 코드를 실행하는 중에 발생하는 오류를 말합니다. 'SyntaxError'가 아닌 다른 오류 문구가 출력된다면 런타임 오류에 해당합니다.

숫자를 0으로 나누거나, 정의하지 않은 변수 이름을 사용하거나, 모듈을 찾지 못하거나, 인덱싱이 잘못된 경우 등 다양한 종류의 런타임 오류가 있습니다.

다음은 런타임 오류가 발생하는 코드입니다. 직접 작성하고 실행해 보세요.

코드 15-3-2

```
1  3/0
```

실행 결과
```
3/0
ZeroDivisionError: division by zero
```

▶ 숫자를 0으로 나누어 'ZeroDivisionError'라는 런타임 오류가 발생합니다.

오류 상황은 굉장히 다양하기 때문에 모든 종류의 오류를 외우기는 어렵습니다. 그러나 오류 발생 상황에 조금 더 쉽게 대처하기 위해서 자주 발생하는 오류 정도는 알아두는 편이 좋습니다. 평소에 여러분이 자주 보게 될 런타임 오류의 종류는 다음과 같습니다.

런타임 오류의 종류	설명
NameError	정의하지 않은 변수를 사용했을 때 발생하는 오류
ZeroDivisionError	숫자를 0으로 나누었을 때 발생하는 오류
IndexError	주로 리스트나 튜플에서 존재하지 않는 인덱스 위치로 인덱싱했을 때 발생하는 오류
KeyError	주로 딕셔너리에서 존재하지 않는 key 값으로 값을 가져오려 할 경우 발생하는 오류
AttributeError	클래스와 라이브러리에서 존재하지 않는 속성이나 함수를 사용할 때 발생하는 오류
TypeError	잘못된 타입이나 연산을 사용한 경우에 발생하는 오류. 특히 숫자 변수와 문자 변수를 연산하면서 가장 흔하게 발생.

(3) 논리 오류(Logic Error)

알고리즘은 문제를 해결하기 위한 일련의 절차 또는 방법을 의미합니다.

논리 오류(Logic Error)는 구문 오류나 런타임 오류 없이 잘 실행되지만 원하는 대로 동작하지 않는 오류를 말합니다. 이것은 코드의 알고리즘을 잘못 구성하여 발생하는 버그로, 구문 오류나 런타임 오류 같이 별도의 오류 문구가 출력되지는 않습니다. 따라서 직접 버그를 찾아야 합니다.

예를 들어, 변수 a와 b에 각각 10, 20을 저장하고 두 값의 평균을 계산한다고 가정해 보겠습니다. 평균을 계산하기 위해서는 두 값을 더하고 2로 나누어 주어야 합니다. 우리가 예상하는 결과는 15이지만, 코드를 실행해 보니 결과가 20으로 표시됩니다. 여기에는 어떤 오류가 발생한 걸까요? 코드를 통해 확인해 보겠습니다.

논리 오류가 발생하는 코드입니다. 직접 작성하고 실행해 보세요.

코드 15-3-3

```
1  a = 10
2  b = 20
3  average = a + b / 2
4  print(average)
```

실행 결과
```
20.0
```

▶ 3번 줄: 연산자 우선순위에 따라 덧셈보다 나눗셈이 먼저 실행됩니다. 따라서 b / 2가 먼저 실행된 후 거기에 a를 더한 값이 average 변수에 저장됩니다.

▶ 이러한 논리 오류를 해결하려면 'a + b / 2'를 '(a + b) / 2'로 바꿔 주어야 합니다.

15-4 예외 처리

15-3에서 살펴봤듯이 프로그램을 실행할 때 구문 오류나 런타임 오류가 발생하면 프로그램이 비정상적으로 종료됩니다. 구문 오류의 경우에는 아예 코드를 읽을 수 없어 직접 오타를 찾아야 하지만, 런타임 오류는 예외 처리라는 방법으로 오류 발생 상황을 대비할 수 있습니다.

예외 처리를 사용하면 런타임 오류가 생겼을 때 프로그램이 갑자기 꺼지거나 멈추는 것을 방지할 수 있습니다. 그렇기 때문에 적절한 예외 처리는 프로그램 성능 향상에 영향을 미치는 중요한 요소입니다.

예외 처리문의 기본 구조는 다음과 같습니다. try에 속한 코드를 실행하는 도중 오류가 발생하면 except의 코드가 실행됩니다.

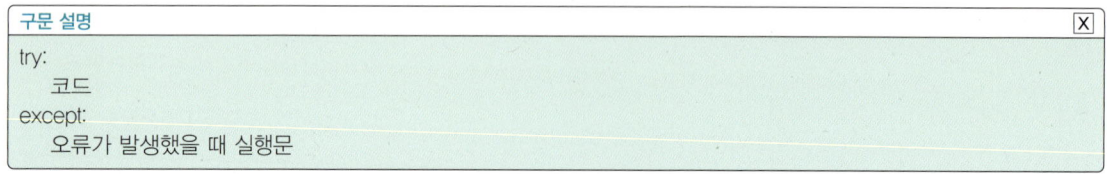

```
구문 설명                                                          X
try:
    코드
except:
    오류가 발생했을 때 실행문
```

예외 처리문을 적용한 코드를 확인하기 전에 먼저 오류를 유발하는 상황을 살펴보겠습니다. 예를 들어, 두 수를 입력받아 나눗셈 결과를 출력하는 간단한 코드로 오류 상황을 유도해 보겠습니다.

두 수를 입력받아 나눗셈 결과를 출력하는 코드입니다. 직접 작성하고 실행해 보세요.

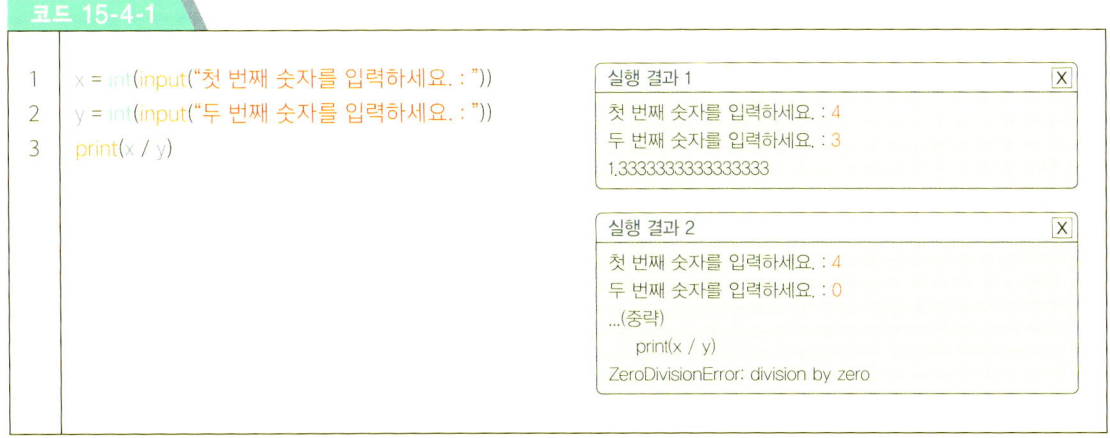

● 실행 결과 1에서는 4와 3을 입력해 오류 없이 실행됩니다.
● 실행 결과 2에서는 4와 0을 입력해 오류가 발생합니다. 프로그램에서는 0으로 나누면 오류가 발생합니다.

0으로 나눠서 발생하는 오류를 방지하기 위해 조건문을 이용할 수도 있겠지만, 예외 처리를 사용하면 조금 더 쉽게 오류를 처리할 수 있습니다.

예외 처리를 추가한 코드입니다. 직접 작성하고 실행해 보세요.

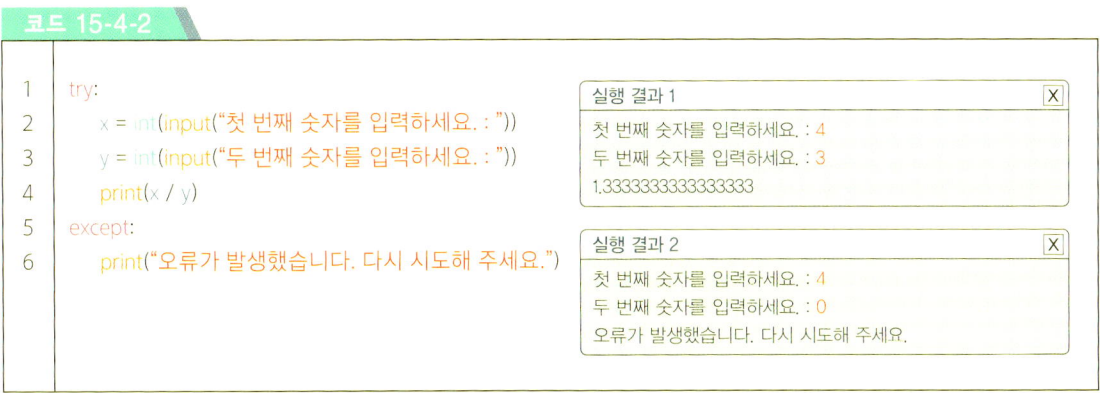

● 2~4번 줄: try에 속한 코드는 기본으로 실행되는 코드입니다.
● 6번 줄: except에 속한 코드는 오류가 발생한 경우에만 실행됩니다.

코드 15-4-2에서는 어떤 오류가 발생하든 '오류가 발생했습니다. 다시 시도해 주세요.'라는 문장이 출력됩니다. 하지만 오류의 종류는 다양합니다. 만약 각각의 오류마다 다른 처리를 하고 싶다면 다음과 같이 except 옆에 오류의 종류를 적어 주면 됩니다.

> **구문 설명**
> ```
> try:
>     코드
> except 오류1:
>     오류1이 발생했을 때 실행문
> except 오류2:
>     오류2가 발생했을 때 실행문
> ```

예외 처리문을 사용하기 전에 먼저 인덱스 오류와 나눗셈 오류가 발생하는 상황을 유도해 보겠습니다. 각각의 오류가 어떻게 출력되는지 확인해 보세요.

코드 15-4-3

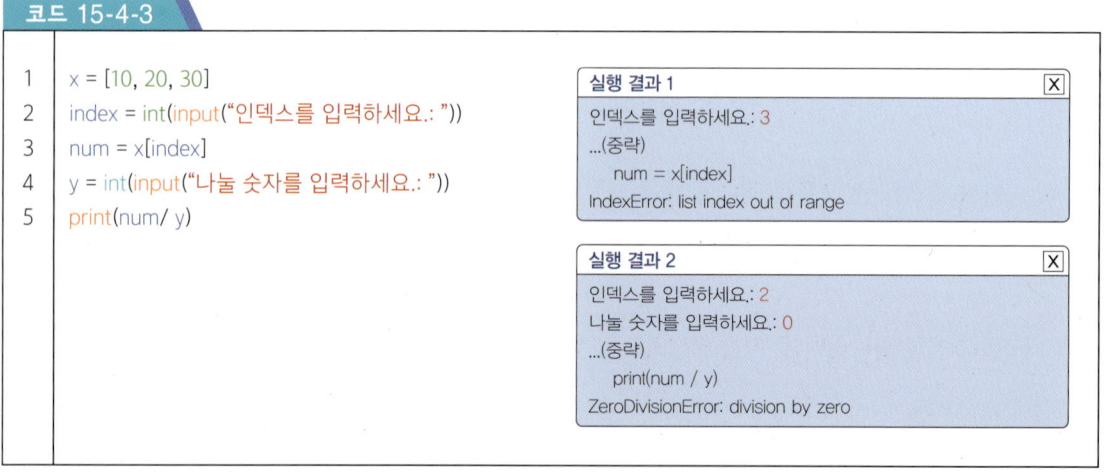

- 실행 결과 1은 인덱스 오류가 발생한 경우입니다. 'IndexError: list index out of range'에서 IndexError가 오류의 이름입니다.
- 실행 결과 2는 나눗셈 오류가 발생한 경우입니다. 'ZeroDivisionError: division by zero'에서 ZeroDivisionError가 오류의 이름입니다.

예외 처리문을 사용해 이러한 오류들을 각각 다르게 처리할 수 있습니다. 이번에는 except 옆에 오류의 이름을 적어서 오류별로 다른 메시지가 출력되도록 하겠습니다.

오류별로 다른 메시지를 출력하는 코드입니다. 직접 작성하고 실행해 보세요.

코드 15-4-4

```
1  x = [10, 20, 30]
2  try:
3      index = int(input("인덱스를 입력하세요. : "))
4      num = x[index]
5      y = int(input("나눌 숫자를 입력하세요. : "))
6      print(num / y)
7  except IndexError:
8      print("인덱스는 0부터 2까지 가능합니다.")
9  except ZeroDivisionError:
10     print("숫자를 0으로 나눌 수 없습니다.")
```

실행 결과 1
인덱스를 입력하세요. : 3
인덱스는 0부터 2까지 가능합니다.

실행 결과 2
인덱스를 입력하세요. : 2
나눌 숫자를 입력하세요. : 0
숫자를 0으로 나눌 수 없습니다.

▶ 7, 8번 줄: 인덱스 오류(IndexError)일 경우에만 실행됩니다.
▶ 9, 10번 줄: 나눗셈 오류(ZeroDivisionError)일 경우에만 실행됩니다.

문제로 익히는 개념

Q1 실행 결과를 보고 빈칸에 들어갈 코드를 적어 보세요.

코드

```
1  ① :
2      x = int(input('나눌 숫자 입력:'))
3      y = 10 / x
4      print(y)
5  ② :
6      print('예외가 발생했습니다.')
```

실행 결과
나눌 숫자 입력: 0
예외가 발생했습니다.

▶ 오류가 발생했을 때 프로그램이 종료되지 않고 출력문이 출력되도록 예외 처리한 프로그램입니다. 예외 처리를 할 때는 try 안에 기본 실행문을 적고, except 안에 오류 발생 시 출력될 실행문을 적어야 합니다.

답 Q1 ① try ② except

15-5
파이썬 내장 함수

앞서 Part 1의 〈Chapter 8. 함수〉에서 살펴봤듯이 파이썬에는 사용자의 편의를 위해 미리 구현해 놓은 다양한 내장 함수가 있습니다. 이번에는 파이썬 내장 함수 중에서 자주 사용되는 내장 함수를 몇 가지 더 알아보겠습니다.

(1) enumerate()

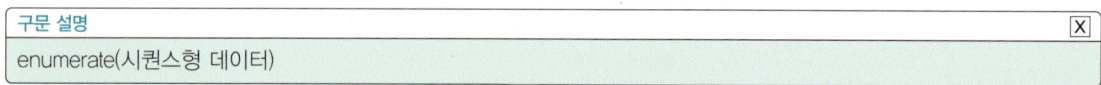

enumerate()는 리스트로 for 반복문을 작성할 때 유용한 함수입니다. 리스트, 튜플, 문자열 자료형처럼 순서가 있는 시퀀스형 데이터를 enumerate 함수에 넣고, 그 모든 요소를 인덱스와 쌍으로 추출하는 데 활용됩니다.

enumerate() 함수를 사용하는 코드입니다. 직접 작성하고 실행해 보세요.

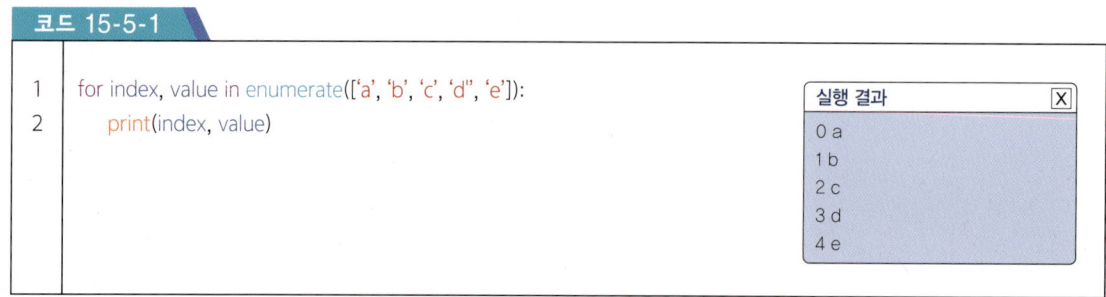

(2) round()

round()는 숫자를 반올림하는 함수입니다. 만약 round() 함수에 실수 하나만 넣으면 정수로 반올림된 값이 반환됩니다.

round() 함수로 반올림하는 코드입니다. 직접 작성하고 실행해 보세요.

코드 15-5-2

```
1  print(round(3.52))
2  print(round(3.52, 1))
```

실행 결과
```
4
3.5
```

- 1번 줄: round()에 실수 하나만 넣으면 해당 숫자를 정수로 반올림합니다.
- 2번 줄: 숫자를 두 개 넣을 때 첫 번째 숫자는 반올림할 숫자이고, 두 번째 숫자는 반올림할 자릿수(소수점 아래 자릿수)를 나타내는 숫자입니다. 따라서 round(3.52, 1)은 소수점 아래 일의 자리까지 반올림해서 표시하므로 결과는 3.5가 됩니다.

(3) filter()

filter()는 리스트, 튜플 등의 시퀀스형 데이터나 딕셔너리형 데이터에서 필터링한 결과를 반환하는 함수입니다. filter() 함수에 전달인자로 어떤 함수와 데이터를 함께 넣습니다. filter() 함수 내에서 자동으로 데이터를 순서대로 반복하며 함수를 실행하고, 함수의 반환값이 참인 데이터만 반환합니다. 사용 방법이 다른 함수와 달리 조금 복잡하니 다음 코드를 잘 살펴보세요.

filter() 함수를 사용하는 코드입니다. 직접 작성하고 실행해 보세요.

코드 15-5-3

```
1  def isEven(num):
2      return num % 2 == 0
3  filtered = list(filter(isEven, [1, 3, 4, 2, 5, 3]))
4  print(filtered)
```

실행 결과
```
[4, 2]
```

- 1, 2번 줄: 숫자가 짝수인지 아닌지를 반환하는 isEven() 함수를 정의합니다.
- 3번 줄: filter() 함수에 isEven() 함수와 [1, 3, 4, 2, 5, 3]을 인풋으로 넣습니다. filter() 함수는 데이터를 순서대로 반복하며 isEven() 함수를 실행하고 그 반환값이 참인 데이터만 반환합니다. 그것을 리스트 형태로 만들기 위해 filter() 함수 전체를 list()로 감쌉니다.

(4) map()

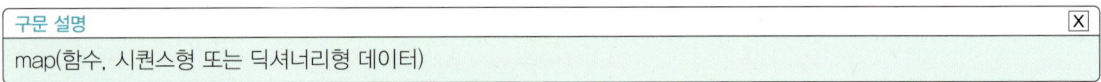

map(함수, 시퀀스형 또는 딕셔너리형 데이터)

map()은 리스트, 튜플 등의 시퀀스형 데이터나 딕셔너리형 데이터의 값을 자동으로 반복하며 함수에 전달인자로 넣고, 그 함수의 결과를 묶어 반환하는 함수입니다. 사용 방법은 filter 함수와 비슷합니다. 함수와 데이터를 함께 넣으면 map() 함수 내에서 자동으로 데이터를 순서대로 반복하며 함수를 실행합니다. 코드를 통해 확인해 보겠습니다.

map() 함수를 사용하는 코드입니다. 직접 작성하고 실행해 보세요.

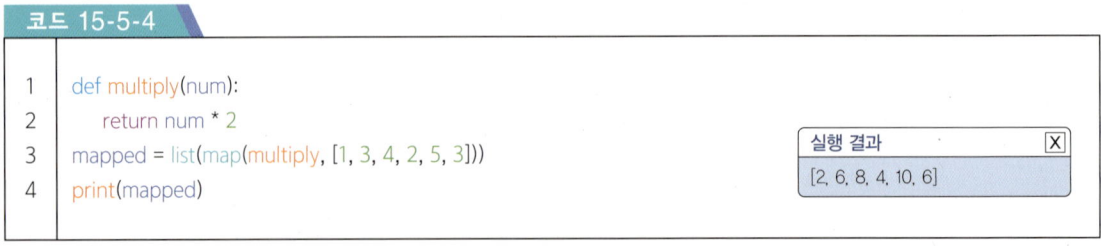

- 1, 2번 줄: 숫자에 2를 곱해 반환하는 multiply() 함수를 정의합니다.
- 3번 줄: map() 함수에 multiply() 함수와 [1, 3, 4, 2, 5, 3]을 인풋으로 넣습니다. map() 함수는 데이터를 순서대로 반복하며 multiply() 함수를 실행하고 그 반환값을 모두 묶어 반환합니다. 그것을 리스트 형태로 만들기 위해 map() 함수 전체를 list()로 감쌉니다.

CHAPTER 15 마무리

핵심 정리

- 모듈, 패키지, 라이브러리, 프레임워크를 사용할 수 있습니다.
- 모듈과 라이브러리를 사용하려면 import로 해당 모듈이나 라이브러리를 가져와야 합니다.
- 오류의 종류에는 구문 오류, 런타임 오류, 논리 오류가 있습니다.
- 예외 처리를 통해 여러 가지 런타임 오류를 미리 처리할 수 있습니다.
- 자주 사용되는 내장 함수로 enumerate(), round(), filter(), map() 등이 있습니다.

개념 다지기

15-1. random 라이브러리를 가져오는 코드입니다. 빈칸에 알맞은 코드를 적으세요.

코드
1　_____ random # random 라이브러리를 가져온다.

15-2. 다음 코드의 실행 결과를 적어 보세요.

```
1  try:
2      a = [1, 3, 4]
3      print(a[3])
4  except:
5      print("오류 발생")
```

변수의 추천 과제

 개념을 복습하며 포트폴리오를 만들고 싶다면, 변수의 추천 과제를 해결해 보세요!

난이도	과제	페이지
★★★	3-10. 가위바위보 게임	346

MEMO

PART 2

김변수와 시작하는 코딩생활 with 파이썬

변수와 함께 만드는
나의 첫 포트폴리오

프로그래밍 공부를 똑똑하게 하는 법! 바로 포트폴리오를 만드는 것입니다. 배운 내용을 여러분만의 글로 정리하면 나중에 좋은 자료로 활용할 수 있어요. 개념을 충분히 익혔으니 이제 나만의 포트폴리오를 작성하며 코딩 실력을 길러 볼 시간입니다. 어디서부터 어떻게 포트폴리오를 만들어야 할지 모르는 여러분을 위해 PART 2에서는 과제와 함께 간단한 가이드를 준비했습니다. 변수와 함께 여러분의 첫 코딩 포트폴리오를 만들어 보세요!

 김변수와 시작하는 코딩생활 with 파이썬

Chapter 1. 난이도 하(★) 프로젝트

Chapter 2. 난이도 중(★★) 프로젝트

Chapter 3. 난이도 상(★★★) 프로젝트

CHAPTER

난이도 하(★) 프로젝트

1-1. 파이썬과 Visual Studio Code 설치하기
1-2. 출력 프로그램 만들기
1-3. 자료형 마스터!
1-4. 어떻게 돈을 내야 할까?
1-5. 생년월일로 연도, 월, 일 출력하기
1-6. 합격과 불합격 통보하기
1-7. BMI 결과보기
1-8. 짝수이면서 7의 배수는 아닌 수 찾기
1-9. 정수 n까지의 합을 구하는 함수 만들기
1-10. 이름 출력하기
1-11. 입력받은 수의 평균 구하기
1-12. 튜플과 딕셔너리로 문자열 길이 출력하기
1-13. 할인된 가격을 알려주는 계산기 클래스 만들기

1-1
파이썬과 Visual Studio Code 설치하기

시작이 반이다! 첫 번째 포트폴리오 과제는 '파이썬과 Visual Studio Code 설치하기'입니다. 파이썬과 Visual Studio Code를 설치하고 실행한 과정을 여러분만의 글로 기록해 보세요. 중간에 겪은 시행착오가 있다면 함께 적고 다른 사람들과 공유하면 더 좋습니다.

 무엇을 적어야 할지 막막해요!

◆ 변수의 힌트
253 페이지의 포트폴리오 리뷰를 참고해서 여러분만의 글로 적어 보세요! 정답은 없어요.

복습이 필요하다면?

▶ Part 1 - Chapter 1. 파이썬, 너는 누구냐!

변수와 함께하는 포트폴리오 리뷰

◆ 포트폴리오 예시

- 파이썬 설치 완료했습니다.

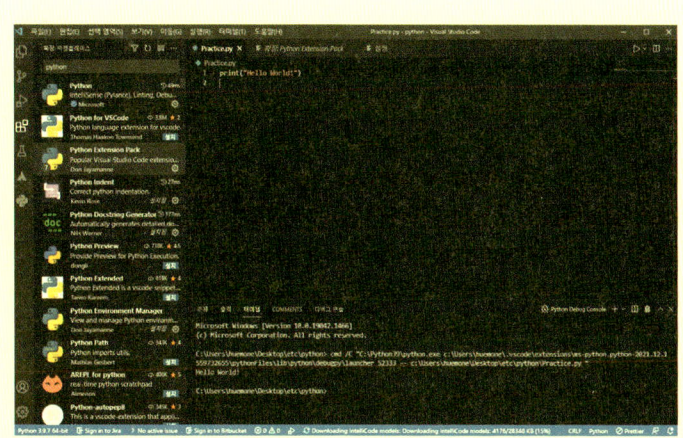

Python을 설치하고 예시 문장까지 실행해 보았습니다. 앞으로 어떤 것을 배우게 될지 기대되네요.

- 공부하면서 해결한 부분을 공유합니다.

처음에 Extensions > Python을 찾아 깔았을 때는 초록 화살표(실행 버튼)가 안 나와서 당황했는데, Python Extension Pack을 설치하니까 정상적으로 보였습니다.

변수의 코멘트

▶ Extensions에서 python, python for vscode, python extsension pack 세 개 모두 깔아도 괜찮아요.

1-2
출력 프로그램 만들기

배운 내용을 최대한 활용해 3줄 이상 출력하는 프로그램을 만들어 보세요. 양식은 자유입니다. 예를 들어, 자기를 소개하는 내용을 작성하거나 뉴스 기사를 가져와 출력해 보세요. 아니면 특수 문자를 이용해 그림처럼 출력하는 것도 좋습니다.

포트폴리오에는 코드와 실행 결과만 정리해도 됩니다. 물론 중간에 겪은 시행착오를 함께 정리하면 더욱 좋겠죠! 나만의 코드를 짜고 다른 사람들과 코드를 공유해 보세요.

 무엇을 출력해야 할지 막막해요!

◆ **변수의 힌트**

너무 막막하다면 다음 출력 예시를 참고해 작성하세요. 인터넷에 검색해 아이디어를 얻어보는 것도 좋아요.

```
실행 결과                                              X
<오늘 해야 할 일>
---------------------------------------
파이썬 공부하기 [v]
팔굽혀펴기 10회 이상 [v]
물 2L 마시기 [ ]
```

복습이 필요하다면?

▶ Part 1 - Chapter 2. 출력과 문자열

변수와 함께하는 포트폴리오 리뷰

1

코드

```
1  print("<오늘 해야 할 일>")
2  print("--------------------------------")
3  PRINT("파이썬 공부하기 [v]")
4  print("팔굽혀펴기 10회 이상 [v]")
5  print("물 2L 마시기 [ ]")
```

실행 결과

```
<오늘 해야 할 일>
--------------------------------
...중략...
    PRINT("파이썬 공부하기 [v]")
NameError: name 'PRINT' is not defined
```

 **변수의 코멘트**

> 파이썬 코드를 작성할 때는 대소문자를 구분해야 해요. 대문자와 소문자가 각각 다른 글자로 인식된다고 생각하면 쉬워요. PRINT를 print로 바꾸면 오류가 사라질 거예요.

2

코드

```
1  print("<오늘 해야 할 일>")
2  print("--------------------------------")
3  print("파이썬 공부하기 [v]")
4  print("팔굽혀펴기 10회 이상 [v]")
5  print("물 2L 마시기 [ ]")
```

실행 결과

```
<오늘 해야 할 일>
--------------------------------
파이썬 공부하기 [v]
팔굽혀펴기 10회 이상 [v]
물 2L 마시기 [ ]
```

 **변수의 코멘트**

> 간단하게 기본 print 문을 이용해 출력했네요. print를 여러 번 작성하는 것도 좋지만, 반복되는 코드를 줄이기 위해 여러 줄을 한 번에 출력하는 방법을 시도해 보는 것도 좋을 것 같아요.

3

코드

```
1  print("<오늘 해야 할 일>", end="")
2  print("""
3  --------------------------------
4  파이썬 공부하기 [v]
5  팔굽혀펴기 10회 이상 [v]
6  물 2L 마시기 []
7  """)
```

실행 결과

```
<오늘 해야 할 일>
--------------------------------
파이썬 공부하기 [v]
팔굽혀펴기 10회 이상 [v]
물 2L 마시기 [ ]
```

변수의 코멘트

▶ end 옵션과 여러 줄 출력을 이용했네요. 여러 줄 출력의 첫 번째 줄(코드 2번 줄)에서 줄 바꿈을 넣으려고 코드 1번 줄에서 end=""를 이용해 자동 줄 바꿈을 없앤 거군요.

4 ★추천★

코드

```
1  print("<오늘 해야 할 일>")
2  print("--------------------------------")
3  print("파이썬 공부하기 [", "]", sep="v")
4  print("팔굽혀펴기 10회 이상 [", "]", sep="v")
5  print("물 2L 마시기", end="[]")
```

실행 결과

```
<오늘 해야 할 일>
--------------------------------
파이썬 공부하기 [v]
팔굽혀펴기 10회 이상 [v]
물 2L 마시기 [ ]
```

변수의 코멘트

▶ end 옵션과 sep 옵션을 최대한 많이 사용하려고 노력한 흔적이 보이네요.

1-3 자료형 마스터!

문자열, 정수, 실수, 불 자료형 변수를 하나씩 만들고 type() 함수를 이용해 자료형을 출력해 보세요.

◆ **출력 예시**

```
실행 결과
<class 'str'>
<class 'int'>
<class 'float'>
<class 'bool'>
```

복습이 필요하다면?

▶ Part 1 - Chapter 3. 변수와 자료형

변수와 함께하는 포트폴리오 리뷰

1

코드

```
1  a = "문자열"
2  b = 10
3  c = 2.3
4  d = False
5  print(type(a))
6  print(type(b))
7  print(type(c))
8  print(type(d))
```

실행 결과
```
<class 'str'>
<class 'int'>
<class 'float'>
<class 'bool'>
```

변수의 코멘트

● 변수도 잘 만들고 type() 함수를 이용해 자료형도 출력해 주었네요. 여기서 변수의 이름을 의미를 알 수 있는 이름으로 지어주면 완벽할 것 같아요!

예제에서는 설명을 돕기 위해 a, b, x, y 같은 의미 없는 문자들을 자주 사용하지만, 실제 코드에는 이런 이름이 아니라 명확한 의미를 담고 있는 이름을 사용하는 것이 좋아요. 예를 들어, 변수 이름을 my_int, my_float, my_bool, my_str이라는 식으로 적으면 여기에 어떤 데이터가 담겼는지 바로 이해할 수 있겠죠? 변수에 담기는 데이터와 관련 있게 변수 이름을 짓는 연습을 해보세요!

2 ★추천★

코드

```
1  name = "김변수"
2  age = 10
3  height = 180.5
4  is_hungry = True
5  print(type(name))
6  print(type(age))
7  print(type(height))
8  print(type(is_hungry))
```

실행 결과
```
<class 'str'>
<class 'int'>
<class 'float'>
<class 'bool'>
```

변수의 코멘트

● type() 함수를 사용해 자료형을 출력하고, 각 변수의 의미도 분명해요. 다른 사람이 코드를 봐도 변수의 의미를 한눈에 알 수 있겠네요!

1-4
어떻게 돈을 내야 할까?

변수가 컵라면을 사러 편의점에 갑니다. 결제할 금액이 3,420원이라서 10원짜리 342개를 내니 점원이 변수를 이상한 눈빛으로 바라봅니다. 점원의 따가운 눈총을 피하려면 지폐와 동전을 가능한 한 적게 사용하는 편이 좋겠습니다.

언제나 딱 맞아떨어지는 금액으로 물건값을 치르고 싶은 변수를 위해 1,000원 지폐, 100원 동전, 10원 동전이 최소한 몇 개씩 필요한지 계산해서 알려주는 프로그램을 만들어 보세요! (단, 10,000원 미만의 가격만 계산합니다.)

◆ **출력 예시**

```
실행 결과                                                    X
3420 원을 계산하려면
1000원 지폐 3 장
100원 동전 4 개
10원 동전 2 개가 필요합니다.
```

 어떻게 해야 할지 막막해요!

◆ **변수의 힌트**

버림 나눗셈 연산자(//)와 모듈로 연산자(%)를 이용할 수 있어요. 우선 3,420원의 천의 자리는 3,420을 1,000으로 나눴을 때의 몫과 같죠? 마찬가지로 백의 자리는 420을 100으로 나눴을 때의 몫이고, 십의 자리는 20을 10으로 나눴을 때의 몫과 같아요.

복습이 필요하다면?

▶ Part 1 - Chapter 4. 산술 연산자

변수와 함께하는 포트폴리오 리뷰

1 ★추천★

코드

```
1  total = 3420
2  a = total // 1000
3  b = (total % 1000) // 100
4  c = (total % 100) // 10
5  print(total, "원을 계산하려면")
6  print("1000원 지폐", a, "장")
7  print("100원 동전", b, "개")
8  print("10원 동전", c, "개가 필요합니다.")
```

실행 결과

```
3420 원을 계산하려면
1000원 지폐 3 장
100원 동전 4 개
10원 동전 2 개가 필요합니다.
```

변수의 코멘트

▶ 가독성이 좋고 깔끔한 코드로 잘 짰네요. 여기서 변수 a, b, c 대신 의미를 나타내는 변수 이름을 적으면 더 좋을 것 같아요.

2

코드

```
1   money=3420
2   print("1000원 :",money//1000)
3   cnt1=money//1000
4   money=money%1000
5   print("100원 : ",money//100)
6   cnt2=money//100
7   money=money%100
8   print("10원 : ",money//10)
9   cnt3=money//10
10  print("필요한 동전의 개수 :", cnt2+cnt3)
```

실행 결과

```
1000원 : 3
100원 :  4
10원 :  2
필요한 동전의 개수 : 6
```

변수의 코멘트

▶ money라는 변수에 나머지 값을 저장해 가며 계산하다 보니 코드가 길어졌네요. 코드가 길고 코드 내 띄어쓰기가 되어 있지 않아 가독성이 떨어지는 것 같아요.

3

코드

```
1   a = 3420
2   print(a)
3
4   b = a // 1000
5   c = a // 100 - (b * 10)
6   d = a // 10 - (c * 10) - (b * 100)
7   print("1000원 :", b)
8   print("100원 : ", c)
9   print("10원 : ", d)
10  print("필요한 동전의 개수 : ", c + d)
```

실행 결과

```
3420
1000원 : 3
100원 : 4
10원 : 2
필요한 동전의 개수 : 6
```

변수의 코멘트

● 모듈로 연산자를 사용하지 않고 직접 나머지를 계산하는 방식으로 코드를 짰네요. 계산 과정에 대해 충분히 이해하고 있는 건 정말 좋지만, 여기서 모듈로 연산자를 이용하면 조금 더 쉽고 가독성 좋은 코드가 될 것 같아요.

1-5
생년월일로 연도, 월, 일 출력하기

생년월일을 YYYYMMDD 형식의 숫자로 입력받은 뒤 연도, 월, 일을 계산해서 출력하는 프로그램을 만들어 보세요. (YYYY는 연도 4자리, MM은 월 2자리, DD는 일 2자리를 의미합니다.)

◆ 출력 예시

```
실행 결과                                                                    X
생년월일을 입력해 주세요. : 20210101
2021 년 1 월 1 일 생이네요!
```

① 생년월일을 어떻게 입력받아야 하는지 모르겠어요!
② 생년월일은 입력받았는데, 어떻게 계산해야 할지 모르겠어요!
③ 연산자로 계산하는 방법 말고 더 간단한 방법은 없을까요?

◆ 변수의 힌트

① input()으로 생년월일을 8자리 숫자로 입력받아요. input()으로 입력받은 문자열을 숫자로 변환한 다음 버림 나눗셈과 모듈로 연산자를 사용해 생년월일을 구해 보세요.

② 생년월일을 20210101라고 했을 때 연도는 만의 자리를 기준으로 보면 돼요. 즉, 20210101을 10000으로 나누면 연도를 구할 수 있어요. 비슷한 방법으로 월과 일도 구해 보세요.

③ 사실 이 문제는 Part 1의 <Chapter 9. 문자열 파헤치기>에서 소개되는 '문자열 슬라이싱'을 알고 있으면 아주 쉽게 풀 수 있는 문제예요. 해당 챕터를 학습한 후에 코드를 다시 한번 작성해 보세요.

복습이 필요하다면?

▶ Part 1 - Chapter 5. 입력과 자료형 변환

변수와 함께하는 포트폴리오 리뷰

1 ★추천★

코드

```
1  birth = int(input("생일을 입력해 주세요. : "))
2  year = birth // 10000
3  month = (birth % 10000) // 100
4  day = birth % 100
5  print(year, "년", month, "월", day, "일 생이네요!")
```

실행 결과
```
생일을 입력해 주세요. : 20210302
2021 년 3 월 2 일 생이네요!
```

변수의 코멘트

▶ input()으로 입력받은 문자열을 int()를 사용해 정수 자료형으로 형 변환한 후, 버림 나눗셈과 모듈로 연산자를 이용해 생년월일을 구했네요.

2

코드

```
1  birth = int(input("생일을 입력해 주세요. : "))
2  year = birth // 10000
3  month = (birth % 10000) // 100
4  day = birth % 100
5  print(str(year) + "년")
6  print(str(month) + "월")
7  print(str(day) + "일")
```

실행 결과
```
생일을 입력해 주세요. : 19300507
1930년
5월
7일
```

변수의 코멘트

▶ 입력받은 문자열을 int()를 사용해 정수로 바꿔서 계산하고, 출력할 때는 다시 str()을 사용해 문자열로 변환해 주었네요. str()로 형 변환을 하면 문자열 덧셈(+)도 가능해져요.

1-6
합격과 불합격 통보하기

세 과목의 점수를 입력받아 평균 점수가 50점 이상이면 '합격', 50점 미만이면 '불합격'을 출력하는 프로그램을 만들어 보세요.

◆ 출력 예시

 평균을 어떻게 계산하나요?

◆ 변수의 힌트

우선 세 과목의 점수를 사용자에게 입력받은 뒤 숫자로 변환해야 해요. 그런 다음 모든 과목의 점수를 더하고 3으로 나누면 평균값을 구할 수 있어요.

복습이 필요하다면?

▶ Part 1 - Chapter 6. 조건문

변수와 함께하는 포트폴리오 리뷰

1 ★추천★

코드

```
1  num1 = int(input("첫 번째 과목의 점수를 입력하세요. : "))
2  num2 = int(input("두 번째 과목의 점수를 입력하세요. : "))
3  num3 = int(input("세 번째 과목의 점수를 입력하세요. : "))
4  average = (num1 + num2 + num3) / 3
5  if average >= 50:
6      print("평균 점수는 " + str(average) + "점으로 합격입니다.")
7  else:
8      print("평균 점수는 " + str(average) + "점으로 불합격입니다.")
```

실행 결과
```
첫 번째 과목의 점수를 입력하세요. : 48
두 번째 과목의 점수를 입력하세요. : 75
세 번째 과목의 점수를 입력하세요. : 65
평균 점수는 62.666666666666664점으로 합격입니다.
```

변수의 코멘트

▶ 사용자에게 입력받은 점수를 int()를 통해 정수형으로 변환하고 평균 점수를 계산해서 출력했네요. 조건문도 if와 else를 적절하게 잘 사용한 것 같아요.

2

코드

```
1  a = int(input("첫 번째 과목의 점수를 입력하세요. : "))
2  b = int(input("두 번째 과목의 점수를 입력하세요. : "))
3  c = int(input("세 번째 과목의 점수를 입력하세요. : "))
4  average = (a + b + c) / 3
5  if average >= 50:
6      print("평균 점수는", average, "점으로 합격입니다.")
7  elif average < 50:
8      print("평균 점수는", average, "점으로 불합격입니다.")
```

실행 결과
```
첫 번째 과목의 점수를 입력하세요. : 75
두 번째 과목의 점수를 입력하세요. : 18
세 번째 과목의 점수를 입력하세요. : 65
평균 점수는 52.666666666666664 점으로 합격입니다.
```

변수의 코멘트

▶ if와 elif를 사용했네요. elif를 사용해도 틀린 건 아니지만 이번 문제에서는 조건이 하나만 있어도 되니 elif 대신 else를 사용하는 게 더 좋을 것 같아요.

1-7
BMI 결과보기

키와 몸무게를 입력받아 체질량지수(BMI) 지수가 25 이상일 경우 '비만', 23 이상 25 미만일 경우 '과체중', 18.5 이상 23 미만일 경우 '정상 체중', 18.5 미만일 경우에는 '저체중'이라는 메시지를 BMI 지수와 함께 출력하는 프로그램을 만들어 보세요.

BMI 지수는 몸무게(kg) / (키(m) * 키(m))로 계산할 수 있습니다.

◆ 출력 예시

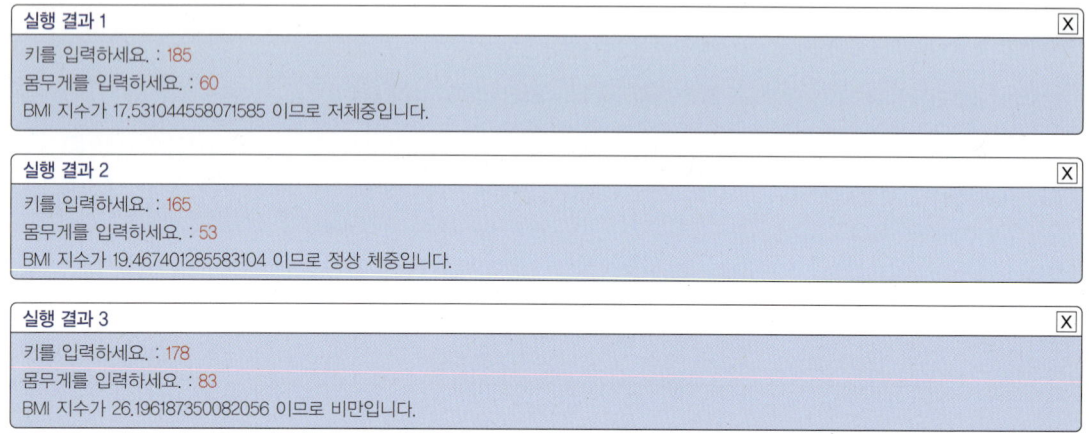

복습이 필요하다면?

▶ Part 1 - Chapter 6. 조건문

변수와 함께하는 포트폴리오 리뷰

1 ★추천★

코드

```
1   height = int(input("키를 입력하세요. : "))
2   weight = int(input("몸무게를 입력하세요. : "))
3   bmi = weight / (height * 0.01 * height * 0.01)
4   if bmi >= 25:
5       print("BMI 지수가", bmi, "이므로 비만입니다.")
6   elif bmi >= 23:
7       print("BMI 지수가", bmi, "이므로 과체중입니다.")
8   elif bmi >= 18.5:
9       print("BMI 지수가", bmi, "이므로 정상 체중입니다.")
10  else:
11      print("BMI 지수가", bmi, "이므로 저체중입니다.")
```

실행 결과
```
키를 입력하세요. : 185
몸무게를 입력하세요. : 75
BMI 지수가 21.91380569758948 이므로 정상 체중입니다.
```

변수의 코멘트

▶ 키는 cm 단위로 입력받기 때문에 0.01을 곱해야 한다는 포인트를 잘 찾고, 조건문에 if, elif, else를 적절히 잘 사용했네요. BMI를 계산할 때 제곱은 ** 연산자로 계산할 수도 있어요.

2

코드

```
1   height = int(input("키를 입력하세요. : "))
2   weight = int(input("몸무게를 입력하세요. : "))
3   BMI = weight / (height * 0.01 * height * 0.01)
4   if BMI >= 25:
5       print("BMI 지수가", BMI, "이므로 비만입니다.")
6   if 23 <= BMI < 25:
7       print("BMI 지수가", BMI, "이므로 과체중입니다.")
8   if 18.5 <= BMI < 23:
9       print("BMI 지수가", BMI, "이므로 정상 체중입니다.")
10  if BMI < 18.5:
11      print("BMI 지수가", BMI, "이므로 저체중입니다.")
```

실행 결과
```
키를 입력하세요. : 185
몸무게를 입력하세요. : 60
BMI 지수가 17.531044558071585 이므로 저체중입니다.
```

변수의 코멘트

▶ if만 이용해 조건문을 완성했네요. 틀린 방법은 아니지만 elif를 사용해 보면 어떨까요? elif를 사용하면 같은 조건을 여러 번 적지 않아도 돼서 코드가 더 깔끔해져요.

1-8
짝수이면서 7의 배수는 아닌 수 찾기

1부터 100 사이의 짝수들 중 7의 배수가 아닌 수가 몇 개인지 출력하는 프로그램을 만들어 보세요.

◆ **출력 예시**

실행 결과	X
출력 예시는 없습니다. 직접 출력해서 개수를 확인해 보세요!	

① 짝수이면서 7의 배수가 아닌 수를 어떻게 계산하나요?
② 개수를 어떻게 구하나요?

◆ **변수의 힌트**

① 짝수는 2로 나누었을 때 나머지가 0인 수이고, 7의 배수는 7로 나누었을 때 나머지가 0인 수예요. 나머지를 구하는 모듈로 연산자(%)를 사용해 조건에 맞게 식을 만들어 보세요. 이 조건식에 어떤 비교 연산자와 논리 연산자가 필요한지는 여러분이 직접 생각해 보세요.

② 1부터 100까지의 숫자를 하나하나 살펴보며 조건에 맞는 숫자인지 확인해야 해요. 그러려면 일단 개수를 저장할 변수를 만들어 놓고 반복문을 써야겠죠? 1부터 100까지 반복되는 반복문 안에 조건문을 넣어 짝수이면서 7의 배수가 아닌 수가 나타날 때 개수를 1씩 더해 보세요.

복습이 필요하다면?

▶ Part 1 - Chapter 7. 반복문

변수와 함께하는 포트폴리오 리뷰

1 ★추천★

코드

```
1  count = 0
2  for i in range(1, 101):
3      if i % 2 == 0 and i % 7 != 0:
4          count = count + 1
5  print(count)
```

실행 결과
43

변수의 코멘트

▷ for 반복문을 이용했네요. 1부터 100까지 반복하고 그 안에 조건문을 적어 주어진 조건을 잘 확인했어요.

2

코드

```
1   count = 0
2   for i in range(1, 101) :
3       if (i % 2 == 0) :
4           if (i % 7 != 0) :
5               count = count + 1
6           else:
7               count = count
8       else:
9           count = count
10  print("the number of divided by 2, but not divided by 7 is", count)
```

실행 결과
the number of divided by 2, but not divided by 7 is 43

변수의 코멘트

▷ if 문을 중첩해서 코드를 작성했네요. if 문을 중첩하는 것도 틀린 건 아니지만 논리 연산자를 사용하면 코드가 더 간단해질 수 있어요. 그리고 count = count처럼 아무런 변화가 없는 건 굳이 적을 필요가 없어요. 이런 불필요한 코드를 제거하면 가독성이 더욱 좋아질 거예요.

1-9 정수 n까지의 합을 구하는 함수 만들기

사용자로부터 정수를 하나 입력받아 0부터 정수 n까지의 합계를 구하는 프로그램을 만들어 보세요. 단, 합계를 구하는 부분은 함수로 작성해야 합니다.

◆ 출력 예시

```
실행 결과                                                              X
정수를 입력하세요. : 10
0부터 10 까지의 합계는 55 입니다.
```

  ① 함수에는 어떤 기능이 들어가야 하나요?
② 합계를 어떻게 구하나요?

◆ 변수의 힌트

① 함수는 특정 기능을 하는 코드를 모아 놓은 덩어리입니다. 그러니 전체 코드 내에서 여러 번 사용할 코드를 함수에 적어 두면 좋습니다. 어디부터 어디까지를 함수에서 구현할지 고민해 보세요.
② 반복문을 다시 한번 생각해 보세요. 1부터 n까지의 합계를 구하려면 1부터 n까지 반복해야 하죠.

복습이 필요하다면?

▶ Part 1 - Chapter 8. 함수

변수와 함께하는 포트폴리오 리뷰

1 ★추천★

코드

```python
1  def getSum(num):
2      result = 0
3      for i in range(num + 1):
4          result += i
5      return result
6  n = int(input("정수를 입력하세요. : "))
7  sum = getSum(n)
8  print("0부터", n, "까지의 합계는", sum, "입니다.")
```

실행 결과
```
정수를 입력하세요. : 24
0부터 24 까지의 합계는 300 입니다.
```

변수의 코멘트

▶ 매개변수로 정수를 받아 합계를 구하고 결과를 반환하는 식으로 함수를 구현했네요. 재사용이 가능하도록 잘 짜인 코드예요.

2

코드

```python
1  def getSum(num):
2      return num * (num + 1) // 2
3  n = int(input('정수를 입력하세요. : '))
4  result = getSum(n)
5  print(result)
```

실행 결과
```
정수를 입력하세요. : 10
55
```

변수의 코멘트

▶ 1부터 n까지의 합을 구하는 수학 공식을 이용해 계산했네요. 이해하기도 쉽고 간단하게 잘 작성한 코드예요.

1-10
이름 출력하기

'제 이름은 ○○○입니다.'라는 문자열 변수를 만들고 문자열 슬라이싱으로 ○○○만 출력해 보세요. ○○○에는 본인의 이름이나 별명을 적어 보세요.

◆ 출력 예시

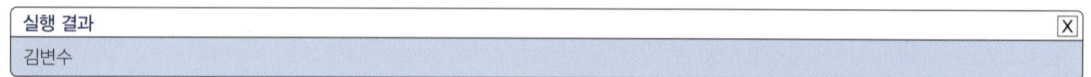

실행 결과
김변수

 문자열 슬라이싱을 어떻게 사용하나요?

◆ 변수의 힌트

문자열을 저장한 변수명[시작 번호:끝 번호+1]이라고 적으면 됩니다. 각 문자의 위치를 나타내는 인덱스는 0부터 시작한다는 점을 기억하세요!

복습이 필요하다면?

▶ Part 1 - Chapter 9. 문자열 파헤치기

변수와 함께하는 포트폴리오 리뷰

1 ★추천★

코드

```
1  a = "제 이름은 김변수입니다."
2  print(a[6:-4])
```

실행 결과
김변수

변수의 코멘트

▸ 시작 인덱스는 왼쪽부터 구하고, 끝 인덱스는 오른쪽부터 음수로 구했네요. 이렇게 인덱스를 사용하면 이름이 한 글자든 네 글자든 상관없이 이름을 출력할 수 있어요.

2

코드

```
1  a = "제 이름은 김변수입니다."
2  print(a[6:9])
3  print(a[6:-4])
4  print(a[-7:-4])
5  print(a[-7:9])
```

실행 결과
김변수
김변수
김변수
김변수

변수의 코멘트

▸ 가능한 모든 방법으로 슬라이싱을 구현했네요. 연습이라고 생각하고 이렇게 시도해 보는 것도 좋아요!

1-11
입력받은 수의 평균 구하기

숫자 7개를 입력받아 리스트에 저장하고 그 수들의 평균을 구해서 출력하는 프로그램을 만들어 보세요.

◆ 출력 예시

 입력한 숫자를 어떻게 리스트에 저장하나요?

◆ 변수의 힌트

우선 숫자들을 저장할 리스트 하나를 만드세요. 그런 다음 반복문 안에서 사용자에게 숫자를 입력받고 리스트에 저장하세요. append() 함수를 이용하면 리스트에 새로운 데이터를 추가할 수 있어요.

복습이 필요하다면?

▶ Part 1 - Chapter 10. 리스트

변수와 함께하는 포트폴리오 리뷰

1

코드

```
1  numbers = []
2  for i in range(7):
3      x = int(input("정수를 입력하세요. : "))
4      numbers.append(x)
5  result = 0
6  for num in numbers:
7      result += num
8  print("평균 :", result / 7)
```

실행 결과
```
정수를 입력하세요. : 10
정수를 입력하세요. : 4
정수를 입력하세요. : 8
정수를 입력하세요. : 9
정수를 입력하세요. : 1
정수를 입력하세요. : 6
정수를 입력하세요. : 4
평균 : 6.0
```

 변수의 코멘트

- 첫 번째 for 반복문으로 정수를 입력받고, 두 번째 for 반복문으로 모든 수를 더했네요.
- for 반복문은 리스트의 모든 데이터를 하나씩 가져오다 보니 출력이나 덧셈과 같은 코드보다 실행 속도에 더 큰 영향을 끼쳐요. 즉, for 반복문을 여러 번 쓸수록 코드 실행 속도가 느려지니 가능하다면 for 반복문 한 번에 평균을 계산해 주는 것이 좋아요.

2

코드

```
1   given_lst = []
2   count = 1
3   sum = 0
4   while count <= 7:
5       given_lst.append(int(input("정수를 입력하세요. : ")))
6       sum += given_lst[count - 1]
7       count += 1
8
9   average = sum / 7
10  print("평균: ", average)
```

실행 결과
```
정수를 입력하세요. : 10
정수를 입력하세요. : 4
정수를 입력하세요. : 8
정수를 입력하세요. : 9
정수를 입력하세요. : 1
정수를 입력하세요. : 6
정수를 입력하세요. : 4
평균 : 6.0
```

 **변수의 코멘트**

- while 반복문 안에서 사용자 입력과 덧셈을 한번에 해결했네요! while 반복문도 좋지만, 원하는 횟수만큼 반복하는 것이니 for 반복문을 사용하면 조금 더 깔끔해질 것 같아요.

3 ★추천★

코드

```
1  num_list = []
2  sum = 0
3  for i in range(0, 7):
4      num_list.append(int(input("정수를 입력하세요. : ")))
5      sum = sum + num_list[i]
6  print("평균 :", sum / 7)
```

실행 결과
```
정수를 입력하세요. : 10
정수를 입력하세요. : 4
정수를 입력하세요. : 8
정수를 입력하세요. : 9
정수를 입력하세요. : 1
정수를 입력하세요. : 6
정수를 입력하세요. : 4
평균 : 6.0
```

변수의 코멘트

▶ 사용자에게 값을 입력받는 동시에 리스트에 넣으니 코드가 확 줄어드네요. 지금처럼 간단한 문제에서는 코드를 한 줄에 모아 쓰는 것도 좋아요. 하지만 문제와 코드가 복잡할 때 코드를 한 줄로 쓰면 오히려 가독성이 떨어질 수 있다는 점을 주의하세요!

튜플과 딕셔너리로 문자열 길이 출력하기

3개 이상의 문자열이 담긴 튜플을 선언하고, 딕셔너리에 각 문자열의 길이를 저장한 뒤 출력해 보세요.

◆ 출력 예시

```
실행 결과
{'hello': 5, 'this is python': 14, 'ok, bye~': 8}
```

 ① 튜플을 어떻게 딕셔너리로 저장하나요?
② 문자열 길이를 어떻게 구하나요?

◆ 변수의 힌트
① 튜플 값을 딕셔너리의 key 값으로, 튜플 값의 문자열 길이를 딕셔너리의 value 값으로 설정하세요.
② 파이썬에는 문자열과 관련된 여러 내장 함수가 있어요. 그중 len() 함수는 문자열의 길이를 반환하죠.

복습이 필요하다면?

▶ Part 1 - Chapter 7. 반복문
▶ Part 1 - Chapter 9. 문자열 파헤치기
▶ Part 1 - Chapter 11. 튜플
▶ Part 1 - Chapter 13. 딕셔너리

변수와 함께하는 포트폴리오 리뷰

1 ★추천★

코드

```
1  myTuple = ("hello", "this is python", "ok, bye~")
2  myDictionary = {}
3  for i in myTuple:
4      myDictionary[i] = len(i)
5  print(myDictionary)
```

실행 결과
```
{'hello': 5, 'this is python': 14, 'ok, bye~': 8}
```

변수의 코멘트

▶ 문제에서 반복문을 언급하지 않았는데도 for 문을 떠올렸다니, 대단하네요! 반복문을 작성한 덕분에 튜플에 아무리 많은 값이 있어도 딕셔너리에 넣을 때 별로 힘들지 않을 것 같아요.

2

코드

```
1  tuple = ("어렵지만", "꾸준히", "파이썬", "파이팅")
2  dic = {"어렵지만": len(tuple[0]), "꾸준히": len(tuple[1]), "파이썬": len(tuple[2]), "파이팅": len(tuple[3])}
3  print(dic)
```

실행 결과
```
{'어렵지만': 4, '꾸준히': 3, '파이썬': 3, '파이팅': 3}
```

변수의 코멘트

▶ 튜플 값에 하나하나 접근해 len() 함수로 문자열의 길이를 구했네요. 틀린 방법은 아니지만 이렇게 작성하면 튜플에 속한 값이 많은 경우에 코드가 매우 길어지게 돼요.

▶ 변수의 이름을 지을 땐 tuple, list처럼 파이썬에서 고유한 단어로 사용되는 예약어는 피해서 짓는 편이 좋아요. tuple이라는 이름 대신 다른 이름으로 지어 보는 건 어떨까요?

1-13
할인된 가격을 알려주는 계산기 클래스 만들기

원가와 할인율(%)을 입력하면 할인이 적용된 최종 금액을 알려주는 계산기 클래스를 만들어 보세요.

◆ **출력 예시**

```
실행 결과                                                          X
원가를 입력하세요. : 5400
몇 퍼센트(%) 할인하나요? : 20
최종 금액은 4320.0 입니다.
```

① 클래스를 어떻게 만들어야 하죠?
② 할인된 최종 금액을 어떻게 구하나요?

◆ **변수의 힌트**

① 클래스를 선언하고 필요한 속성과 기능을 클래스 안에 메소드로 구현해야 해요. 객체가 무조건 가지고 있어야 할 변수가 있다면 생성자를 통해 지정해 주세요. 이 문제에서는 원가와 할인율을 생성자로, 최종 금액을 계산하는 기능을 메소드로 구현해야겠네요.

② 원가 - (원가 * 퍼센트 / 100)이라는 계산식을 이용해 구할 수 있어요.

복습이 필요하다면?

▶ Part 1 - Chapter 14. 클래스

변수와 함께하는 포트폴리오 리뷰

1 ★추천★

코드

```python
1  class Calculator:
2      def __init__(self, price, discount):
3          self.price = price
4          self.discount = discount
5      def getResult(self):
6          return self.price - (self.price * self.discount / 100)
7  price = int(input("원가를 입력하세요. : "))
8  discount = int(input("몇 퍼센트(%) 할인하나요?: "))
9  calculator = Calculator(price, discount)
10 print("최종 금액은", calculator.getResult(), "입니다.")
```

실행 결과
원가를 입력하세요. : 5400
몇 퍼센트(%) 할인하나요? : 20
최종 금액은 4320.0 입니다.

변수의 코멘트

◉ 생성자를 이용해 클래스를 잘 만들었어요.

2

코드

```python
1  class Calculator:
2      def setdata(self, first, second):
3          self.first = first
4          self.second = second
5      def result(self):
6          result = self.second / 100
7          pay = self.first * (1 - result)
8          return pay
9  one = int(input("원가를 입력하세요. : "))
10 two = int(input("몇 퍼센트(%) 할인하나요? : "))
11 c = Calculator()
12 c.setdata(one, two)
13 print("최종 금액은", c.result(), "입니다.")
```

실행 결과
원가를 입력하세요. : 5400
몇 퍼센트(%) 할인하나요? : 20
최종 금액은 4320.0 입니다.

변수의 코멘트

◉ 원가와 퍼센트를 입력하는 setdata() 메소드를 만들었네요. 틀린 건 아니지만, 원가와 퍼센트를 무조건 입력해야 한다면 생성자로 저장해야 오류를 줄일 수 있어요. 그리고 변수 이름은 누가봐도 이해하기 쉽게 명확한 뜻을 담아 지어 주세요.

CHAPTER 2 난이도 중(★★) 프로젝트

2 – 1. 윤년 판단하기
2 – 2. 문장 내 단어 오름차순으로 출력하기
2 – 3. 반올림 계산기 만들기
2 – 4. 높이가 n인 직각이등변삼각형 만들기
2 – 5. 팩토리얼 계산하기
2 – 6. 퀴즈 점수 계산하기
2 – 7. 도형별 넓이 계산기
2 – 8. 영어 단어에 사용된 알파벳 오름차순으로 정리하기
2 – 9. 직사각형 넓이와 둘레
2 – 10. 숫자 n의 k번째 약수
2 – 11. 함수를 활용한 구구단
2 – 12. 소인수분해
2 – 13. 최댓값의 위치 구하기
2 – 14. 시간 변환 계산기

"파이썬 개념들의 활용 방법을 곰곰이 생각해 봐야 해"

2-1
윤년 판단하기

사용자가 입력한 연도가 윤년인지 아닌지 판단하는 프로그램을 만들어 보세요. 단, 연도는 4자리 숫자 (예: 2023)로 입력합니다.

◆ 출력 예시

실행 결과 1
연도를 입력하세요. : 2020
2020년은 윤년입니다.

실행 결과 2
연도를 입력하세요. : 2023
2023년은 윤년이 아닙니다.

 윤년을 어떻게 계산하나요?

◆ 변수의 힌트

그레고리력에서 윤년은 다음 2가지 규칙으로 결정돼요.
① 연도가 4의 배수이면서 100으로 나누어떨어지지 않으면 윤년이다. (1988, 1992, 1996 …)
② 단, 연도가 400으로 나누어떨어지는 해는 윤년이다. (2000, 2400, 2800 …)

복습이 필요하다면?

▶ Part 1 – Chapter 4. 산술 연산자
▶ Part 1 – Chapter 6. 조건문

변수와 함께하는 포트폴리오 리뷰

1 ★추천★

코드

```
1  year = int(input("연도를 입력하세요. : "))
2  if (year % 4 == 0 and year % 100 != 0 or year % 400 == 0):
3      print(f"{year}년은 윤년입니다.")
4  else:
5      print(f"{year}년은 윤년이 아닙니다.")
```

변수의 코멘트

▶ 논리 연산자를 적절하게 사용하여 모든 조건을 한 줄로 간단하게 표현했네요!

2

코드

```
1   year = int(input('연도를 입력하세요. : '))
2   if year % 400 == 0:
3       print(year, '년은 윤년입니다.')
4   elif year % 4 == 0:
5       if year % 100 != 0:
6           print(year, '년은 윤년입니다.')
7       else:
8           print(year, '년은 윤년이 아닙니다.')
9   else:
10      print(year, '년은 윤년이 아닙니다.')
```

변수의 코멘트

▶ 조건을 하나씩 만족하는 걸 if와 elif로 잘 표현했어요. and나 or 같은 논리 연산자를 이용하면 훨씬 간단하게 코드를 만들 수 있을 거예요.

문장 내 단어 오름차순으로 출력하기

입력받은 문자열에서 공백(띄어쓰기)을 기준으로 단어를 구분하고 중복 단어를 삭제한 다음, 결과를 오름차순으로 출력하는 프로그램을 만들어 보세요.

◆ 출력 예시

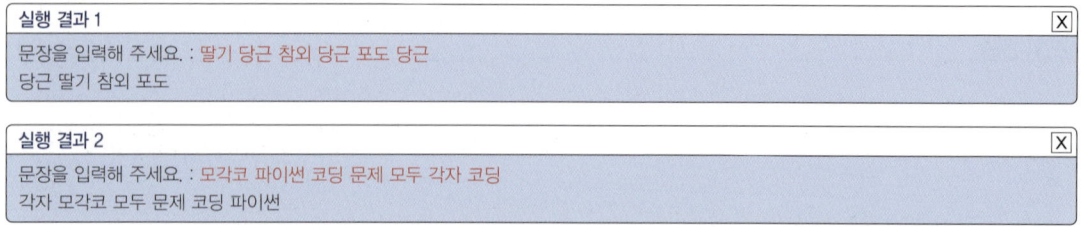

① 입력받은 문자열에서 단어를 어떻게 구분하나요?
② 중복 단어를 어떻게 삭제하나요?

◆ 변수의 힌트

① split() 함수를 이용하면 문자열 내 단어를 구분할 수 있어요. 구분 기호를 지정하지 않으면 공백을 기준으로 단어가 구분되며, 그 결과는 리스트 자료형으로 저장돼요.

② 집합 자료형을 이용하면 중복된 단어를 쉽게 삭제할 수 있어요.

복습이 필요하다면?

▶ Part 1 - Chapter 2. 출력과 문자열
▶ Part 1 - Chapter 9. 문자열 파헤치기
▶ Part 1 - Chapter 10. 리스트
▶ Part 1 - Chapter 12. 집합

변수와 함께하는 포트폴리오 리뷰

1 ★추천★

코드

```
1  a = input("문장을 입력해 주세요. : ")
2  b = a.split(' ')
3  b = set(b)
4  b = list(b)
5  b.sort()
6  for i in b:
7      print(i, end=' ')
```

- 2번 줄: split() 함수를 사용해 공백을 기준으로 a의 문자열을 분리합니다.
- 3번 줄: 리스트를 집합으로 변환해 중복 단어를 제거합니다.
- 5번 줄: sort() 함수를 사용해 리스트를 오름차순으로 정렬합니다.

변수의 코멘트

- 집합 자료형과 리스트 자료형의 내장 함수를 이용해 잘 구현한 코드네요.

2

코드

```
1   sentence = input("문장을 입력해 주세요.: ")
2   List = sentence.split(' ')
3   newList = []
4
5   for i in List:
6       if i not in newList:
7           newList.append(i)
8
9   newList.sort()
10
11  result = " ".join(newList)
12  print(result)
```

- 5~7번 줄: for 반복문과 if 조건문을 사용해 중복 단어를 제거한 newList 리스트를 생성합니다.
- 11번 줄: join() 메소드를 이용해 리스트의 값들을 띄어쓰기로 구분한 하나의 문자열로 구성합니다.

변수의 코멘트

- 리스트 자료형 그대로 사용하면서 for 반복문 안에서 중복을 없앴네요.

2-3
반올림 계산기 만들기

파이썬에 내장된 round() 함수를 이용하지 않고, 반올림 계산을 하는 프로그램을 만들어 보세요. 단, 다음 2가지 조건을 만족해야 합니다.

- 조건 1 : 소수점 첫째 자리에서 반올림합니다.
- 조건 2 : 사용자에게 실수를 입력받지만 결과는 정수를 반환해야 합니다. (예: 3.14 → 3)

◆ 출력 예시

```
실행 결과                                                    X
숫자를 입력해 주세요. : 10.5
10.50를 반올림하면 11입니다.
```

 반올림 계산을 어떻게 하나요?

◆ 변수의 힌트
실수형을 정수형으로 변환할 때 자동으로 버림을 하게 됩니다.

복습이 필요하다면?

▶ Part 1 - Chapter 3. 변수와 자료형
▶ Part 1 - Chapter 5. 입력과 자료형 변환

변수와 함께하는 포트폴리오 리뷰

1 ★추천★

코드

```
1  a = float(input("숫자를 입력해 주세요. : "))
2  numb_a = int(a + 0.5)
3  print("%.2f를 반올림하면 %d입니다." % (a, numb_a))
```

- 2번 줄: 입력받은 숫자에 0.5를 더하고, 정수형으로 변환해 소수점을 버립니다. 0.0~0.4는 0.5를 더했을 때 1을 넘지 않으므로 버림을 하게 되고, 0.5~0.9는 0.5를 더했을 때 1을 넘으므로 올림을 하게 됩니다.

변수의 코멘트

- 0.5를 더한 숫자를 정수형으로 변환했을 때 자동으로 올림과 버림이 된다는 아이디어를 잘 구현했네요.

2

코드

```
1   num = input("숫자를 입력해 주세요. : ")
2   List = num.split('.')
3   under = list(List[1])
4   if (float(under[0]) < 5):
5       x = List[0]
6   else:
7       x = int(List[0])
8       x += 1
9
10  print(x)
```

- 2번 줄: 입력받은 실수를 '.'을 기준으로 분리해 리스트를 생성합니다.
- 3번 줄: 분리한 리스트의 1번 인덱스, 즉 소수점 아래의 숫자를 under 변수에 저장합니다.
- 4~8번 줄: under의 첫 번째 숫자가 5보다 작으면 버림을, 5보다 크거나 같으면 올림을 수행합니다.

변수의 코멘트

- split() 함수를 이용하는 아이디어를 냈네요. 이 코드에서는 사용자가 실수가 아니라 정수를 입력하면 오류가 발생하니 유의하세요.

2-4
높이가 n인 직각이등변삼각형 만들기

사용자에게 삼각형의 높이를 입력받아 출력 예시와 같이 * 문자로 직각이등변삼각형 모양을 만드는 프로그램을 작성해 보세요.

◆ **출력 예시**

```
실행 결과                                                                    X
삼각형의 높이를 입력해 주세요. : 5
    *
   **
  ***
 ****
*****
```

오른쪽으로 별을 정렬하려면 어떻게 하나요?

◆ **변수의 힌트**
개수에 맞게 빈칸(띄어쓰기)을 출력한 후에 * 문자를 출력하면 됩니다.

복습이 필요하다면?

▶ Part 1 - Chapter 7. 반복문

변수와 함께하는 포트폴리오 리뷰

1

```
1   num = int(input("삼각형의 높이를 입력해 주세요. : "))
2   for i in range(0, num):
3       for j in range(0, num - 1 - i):
4           print(' ', end='')
5
6       for k in range(0, i + 1):
7           print('*', end='')
8       print("")
```

- 2번 줄: 입력받은 삼각형의 높이만큼 반복문을 실행합니다.
- 3~4번 줄: 삼각형의 오른쪽부터 별이 찍혀야 하므로, 필요한 만큼 공백을 출력합니다.
- 6~7번 줄: 3~4번 줄에서 공백을 출력했으므로, 필요한 만큼 별을 출력합니다.

 변수의 코멘트

- for 문 여러 개를 사용해 구현했네요. for 문을 여러 번 반복할 경우 숫자가 커졌을 때 속도가 느려질 수 있으니 유의하세요.

2 ★추천★

```
1   height = int(input("삼각형의 높이를 입력해 주세요. : "))
2   for i in range(1, height + 1):
3       print(' ' * (height - i) + '*' * i)
```

 변수의 코멘트

- for 문 1개로 잘 구현했네요.

2-5
팩토리얼 계산하기

팩토리얼을 계산하는 코드를 작성해 보세요. n!(n 팩토리얼)은 1부터 n까지의 모든 정수를 곱한 것입니다.

◆ 출력 예시

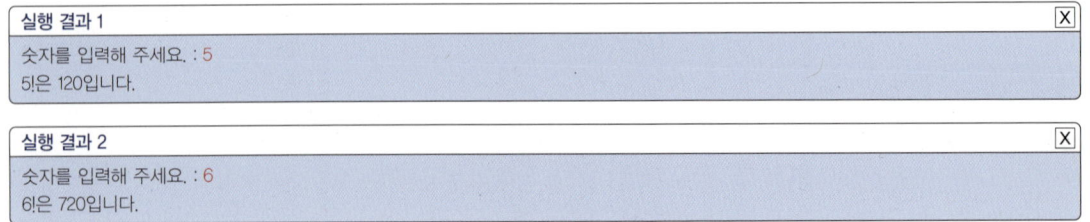

```
실행 결과 1
숫자를 입력해 주세요. : 5
5!은 120입니다.
```

```
실행 결과 2
숫자를 입력해 주세요. : 6
6!은 720입니다.
```

 팩토리얼을 어떻게 계산하나요?

◆ 변수의 힌트

팩토리얼의 의미를 떠올려 보세요. 1부터 해당 숫자까지 곱할 때 반복문을 사용하면 답을 쉽게 구할 수 있어요.

복습이 필요하다면?

▶ Part 1 - Chapter 7. 반복문

변수와 함께하는 포트폴리오 리뷰

1 ★추천★

코드

```
1  num = int(input("숫자를 입력해 주세요. : "))
2  fac = 1
3  for i in range(1, num + 1):
4      fac *= i
5  print("%d!은 %d입니다." % (num, fac))
```

> 3~4번 줄: fac에 1부터 num까지의 숫자를 차례대로 곱합니다.

> for 반복문을 사용해 잘 계산했네요.

2

코드

```
1  num = int(input("숫자를 입력해 주세요. : "))
2  sum = 1
3  a = 1
4  while a <= num:
5      sum = sum * a
6      a += 1
7
8  print("%d!은 %d입니다." % (num, sum))
```

> while 반복문을 사용했네요. 틀린 건 아니지만, 반복할 횟수가 정해져 있을 때는 range 함수와 for 반복문을 사용하면 while 문에서 사용한 a 변수를 따로 생성하지 않아도 되기 때문에 좀 더 읽기 쉬운 코드를 만들 수 있어요.

2-6
퀴즈 점수 계산하기

퀴즈 결과에 따라 점수를 계산하는 프로그램을 만들어 보세요.

- 조건 1 : ○는 퀴즈를 맞힌 경우입니다. ○의 점수는 1점부터 시작되며, 연속해서 맞힐수록 배당된 점수가 하나씩 더 커집니다. (예: ○ → 1점, ○○○ → 1 + 2 + 3 = 6점)
- 조건 2 : X는 퀴즈를 틀린 경우입니다. X의 점수는 0점입니다.

◆ 출력 예시

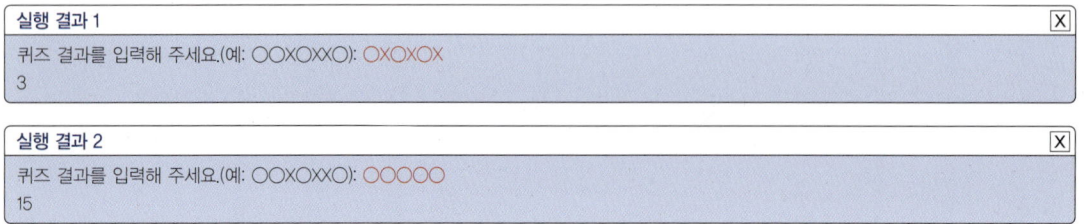

 점수를 어떻게 계산하나요?

◆ 변수의 힌트

사용자에게 임의의 OX를 입력받은 후 반복문을 사용해 점수를 계산합니다. X가 0점이라는 것을 이용하면 간단하게 계산할 수 있어요.

복습이 필요하다면?

▶ Part 1 - Chapter 7. 반복문
▶ Part 1 - Chapter 10. 리스트

변수와 함께하는 포트폴리오 리뷰

1

코드

```
1   answer= list(input("퀴즈 결과를 입력해 주세요.(예: ○○X○XX○): "))
2   total = 0
3   current = 1
4   for i in answer:
5       if i == '○':
6           total += current
7           current += 1
8       elif i == 'X':
9           if current > 1:
10              current = 1
11
12  print(total)
```

- 1번 줄: 입력받은 퀴즈 결과를 한 글자씩 분리해 answer 리스트에 저장합니다.
- 4번 줄: answer 리스트의 요소를 하나씩 받아와 i 변수에 저장합니다.
- 5~7번 줄: i 변수가 ○라면 연속 정답 개수를 총점에 더하고, 연속 정답 개수를 1 증가시킵니다.
- 8~10번 줄: i 변수가 X라면 연속 정답 개수를 1로 초기화시킵니다.

변수의 코멘트

- for 반복문 안에 if 조건문을 사용해 구현했네요. 결과가 ○와 X밖에 없으니 elif 대신 else를 사용해도 좋아요.

2 ★추천★

코드

```
1   answers = input("퀴즈 결과를 입력해 주세요.(예: ○○X○XX○): ").split("X")
2   score = 0
3   for n in answers:
4       for j in range(0, len(n) + 1):
5           score = score + j
6   print(score)
```

변수의 코멘트

- split 함수를 이용해 입력값을 X를 기준으로 분리해서 새로운 리스트를 만들었네요. 따라서 answers 변수에 X가 없는 ○로만 이루어진 리스트가 저장되었어요. X 문자가 사라진 만큼 for 반복문의 코드가 실행되는 횟수가 줄어들어 효율도 높아진 코드가 된 것 같아요.

2-7
도형별 넓이 계산기

선택한 도형별로 길이를 입력받아 넓이를 출력하는 프로그램을 만들어 보세요.

- 조건 1 : 도형 목록에는 원, 삼각형, 직사각형, 정사각형이 존재합니다.
- 조건 2 : 도형의 넓이 계산은 함수로 정의되어야 합니다.
- 조건 3 : 도형별로 필요한 길이를 입력받아야 합니다.
    - ✓ 원 → 반지름
    - ✓ 삼각형 → 밑변, 높이
    - ✓ 직사각형 → 가로, 세로
    - ✓ 정사각형 → 한 변의 길이

◆ 출력 예시

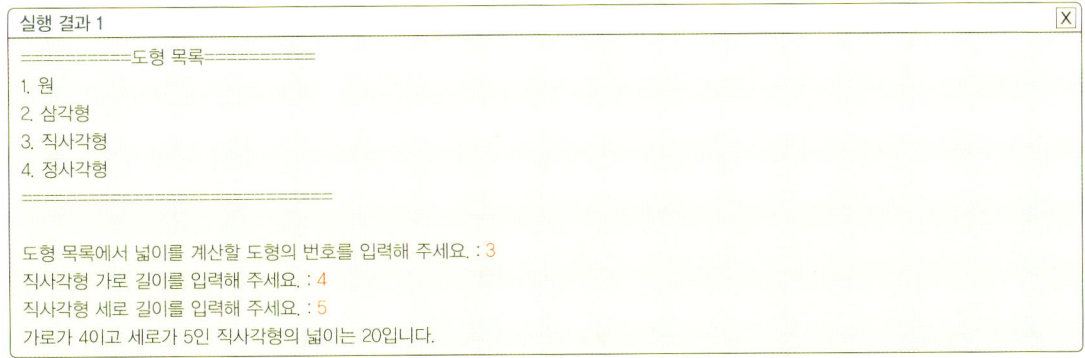

 도형 넓이를 어떻게 구하나요?

◆ 변수의 힌트

다음 수학 공식을 참고하세요.

- 원 넓이 = 반지름 * 반지름 * 원주율(3.1415)
- 삼각형 넓이 = 밑변 * 높이 / 2
- 직사각형 넓이 = 가로 * 세로
- 정사각형 넓이 = (한 변 길이) * (한 변 길이)

복습이 필요하다면?

▶ Part 1 - Chapter 6. 조건문
▶ Part 1 - Chapter 8. 함수

변수와 함께하는 포트폴리오 리뷰

1 ★추천★

코드

```python
def circle_a(x): # 원의 넓이를 구하는 함수 정의
    area = x * x * 3.1415
    return area
def tri_a(x, y): # 삼각형의 넓이를 구하는 함수 정의
    area = x * y / 2
    return area
def rct_a(x, y): # 직사각형의 넓이를 구하는 함수 정의
    area = x * y
    return area
def squ_a(x): # 정사각형의 넓이를 구하는 함수 정의
    area = x * x
    return area

print("==========도형 목록==========")
print("1. 원")
print("2. 삼각형")
print("3. 직사각형")
print("4. 정사각형")
print("============================")

menu = int(input("\n도형 목록에서 넓이를 계산할 도형의 번호를 입력해 주세요. : "))
if menu == 1: # 조건문으로 도형 선택에 따라 함수 사용
    a = int(input("원의 반지름 길이를 입력해 주세요. : "))
    print("반지름이 %d인 원의 넓이는 약 %.2f입니다." % (a, circle_a(a)))
elif menu == 2:
    a = int(input("삼각형 밑변의 길이를 입력해 주세요. : "))
    b = int(input("삼각형 높이의 길이를 입력해 주세요. : "))
    print(f"밑변이 {a}이고 높이가 {b}인 삼각형의 넓이는 {tri_a(a, b)}입니다.")
elif menu == 3:
    a = int(input("직사각형 가로 길이를 입력해 주세요. : "))
    b = int(input("직사각형 세로 길이를 입력해 주세요. : "))
    print(f"가로가 {a}이고 세로가 {b}인 직사각형의 넓이는 {rct_a(a)}입니다.")
elif menu == 4:
    a = int(input("정사각형 한 변의 길이를 입력해 주세요. : "))
    print(f"한 변이 {a}인 정사각형의 넓이는 {squ_a(a, b)}입니다.")
else:
    print("잘못된 입력입니다.")
```

▶ 24번 줄: 실수형 출력 포맷에서 %.2f를 사용해 소수점 두 자리까지 표기합니다.

변수의 코멘트

▶ 상황에 따라 인풋을 다르게 받으려면, 이 코드처럼 도형 목록에서 선택한 번호에 따라 조건문을 실행하고 그 안에서 사용자 입력을 받아요.

2

코드

```python
print(
"""==========도형 목록==========
1. 원
2. 삼각형
3. 직사각형
4. 정사각형
===========================""")
def circle() :
    r = int(input("원의 반지름 길이를 입력해 주세요. : "))
    print("반지름 길이가 %d인 원의 넓이는 약 %.2f입니다." % (r, round(3.1415 * r * r, 2)))
def triangle() :
    h = int(input("삼각형 밑변의 길이를 입력해 주세요. : "))
    v = int(input("삼각형 높이의 길이를 입력해 주세요. : "))
    print("밑변이 %d이고 높이가 %d인 삼각형의 넓이는 %d입니다." % (h, v, h * v * 0.5))
def rectangle() :
    h = int(input("직사각형 가로 길이를 입력해 주세요. : "))
    v = int(input("직사각형 세로 길이를 입력해 주세요. : "))
    print("가로가 %d이고 세로가 %d인 직사각형의 넓이는 %d입니다." % (h, v, h * v))
def square() :
    n = int(input("정사각형 한 변의 길이를 입력해 주세요. : "))
    print("한 변이 %d인 정사각형의 넓이는 %d입니다." % (n, n * n))
num = int(input("도형 목록에서 넓이를 계산할 도형의 번호를 입력해 주세요. : "))
if num == 1:
    circle()
elif num == 2:
    triangle()
elif num == 3:
    rectangle()
elif num == 4:
    square()
```

변수의 코멘트

▶ 함수에 인풋을 받는 코드까지 추가했네요. 단, 함수는 코드의 가장 위쪽에 적어 주는 게 좋아요.

2-8
영어 단어에 사용된 알파벳 오름차순으로 정리하기

영어 단어를 입력받고, 단어에 사용된 알파벳을 중복 없이 오름차순으로 정렬하여 출력하는 프로그램을 만들어 보세요.

- **조건** : 집합 자료형을 사용하고, 리스트 형태로 출력합니다.

◆ 출력 예시

 문자열을 어떻게 리스트로 변환하나요?

◆ 변수의 힌트

list() 함수를 이용해 문자열을 리스트로 변환할 수 있어요.

복습이 필요하다면?

▶ Part 1 - Chapter 10. 리스트
▶ Part 1 - Chapter 12. 집합

변수와 함께하는 포트폴리오 리뷰

1 ★추천★

코드

```
1  word = input()
2  word = list(set(word))
3  word.sort()
4  print(word)
```

◐ 2번 줄: 집합 자료형을 통해 중복된 알파벳을 제거합니다.
◐ 3번 줄: sort() 메소드를 통해 리스트를 오름차순으로 정렬합니다.

 **변수의 코멘트**

◐ set()으로 중복을 삭제하는 동시에 list()로 리스트 자료형으로 변환했네요.

2

코드

```
1  word = input()
2  alphabets = set(word)
3  print(str(sorted(alphabets)))
```

 변수의 코멘트

◐ sorted() 함수를 이용해 정렬했네요. 리스트를 정렬하는 데 sort() 함수 또는 sorted() 함수를 사용할 수 있어요.

2-9 직사각형 넓이와 둘레

직사각형 클래스를 만들고 직사각형의 가로와 세로 길이를 입력받아 넓이와 둘레를 출력해 보세요.

- 조건 1 : 클래스에서 생성자를 통해 가로, 세로 길이를 초기화합니다.
- 조건 2 : 클래스 내에 직사각형의 둘레와 넓이를 구하는 메소드를 포함합니다.

◆ 출력 예시

```
실행 결과
가로: 5
세로: 6
직사각형의 둘레는 22이고, 넓이는 30입니다.
```

복습이 필요하다면?

▶ Part 1 - Chapter 14. 클래스

변수와 함께하는 포트폴리오 리뷰

1 ★추천★

코드

```
1   class Rectangle:
2       def __init__(self, width, height):
3           self.width = width
4           self.height = height
5       def area(self):
6           return self.width * self.height
7       def round(self):
8           return(self.width + self.height) * 2
9   w = int(input("가로: "))
10  h = int(input("세로: "))
11  a = Rectangle(w, h) # 클래스의 객체 a 생성
12  print("직사각형의 둘레는 %d이고, 넓이는 %d입니다." % (a.round(), a.area()))
```

- 2~4번 줄: 생성자를 통해 직사각형의 가로, 세로 길이 초깃값을 설정합니다.
- 5~6번 줄: 직사각형의 넓이를 반환하는 area() 메소드를 정의합니다.
- 7~8번 줄: 직사각형의 둘레를 반환하는 round() 메소드를 정의합니다.

변수의 코멘트

- 클래스를 주어진 조건대로 잘 구현했네요. 한 가지 아쉬운 점은 round()를 직사각형의 둘레를 구하는 메소드 이름으로 사용한 점이에요. round()는 반올림을 하는 파이썬 내장 함수와 같은 이름이에요. 누누이 말했듯이 파이썬 내장 함수나 예약어는 코드 내에서 변수, 함수, 메소드 이름으로 사용하지 않는 게 좋아요.

2-10
숫자 n의 k번째 약수

숫자 n과 k를 입력받아, n의 k번째 약수를 구하는 프로그램을 만들어 보세요.

- **조건** : 숫자 k는 n이 가진 약수의 총 개수보다 작거나 같아야 합니다. 만일 k가 n이 가진 약수의 개수보다 크다면 입력한 숫자만큼의 약수가 존재하지 않는다는 메시지를 출력합니다.

◆ **출력 예시**

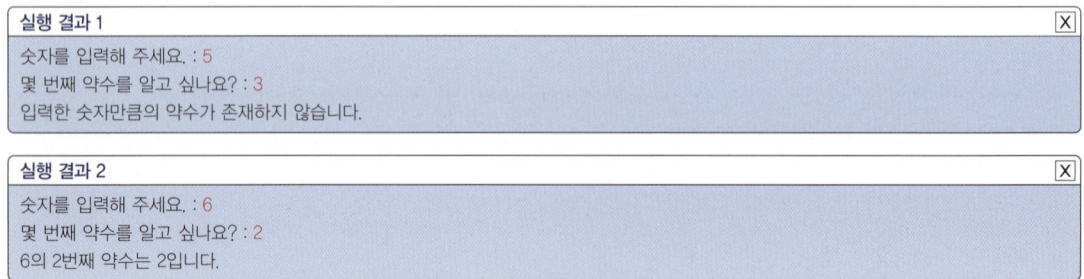

 약수 개수를 어떻게 구하나요?

◆ **변수의 힌트**

약수는 어떤 정수를 나누어떨어지게 하는 0이 아닌 정수예요. 반복문에서 1부터 n까지의 약수를 구한 후 리스트에 저장하면 리스트의 데이터 개수가 곧 약수의 개수가 되죠.

복습이 필요하다면?

▶ Part 1 - Chapter 6. 조건문
▶ Part 1 - Chapter 7. 반복문
▶ Part 1 - Chapter 10. 리스트

변수와 함께하는 포트폴리오 리뷰

1 ★추천★

코드

```
1   n = int(input("숫자를 입력해 주세요. : "))
2   k = int(input("몇 번째 약수를 알고 싶나요? : "))
3   lst = []
4   for i in range(1, n + 1):
5       if (n % i == 0):
6           lst.append(i)
7   if (k > len(lst)):
8       print("입력한 숫자 만큼의 약수가 존재하지 않습니다.")
9   else:
10      print(f"{n}의 {k}번째 약수는 {lst[k-1]}입니다.")
```

- **3번 줄**: n의 약수를 저장할 lst 리스트를 생성합니다.
- **4번 줄**: 1부터 n까지 범위를 설정해 for 반복문을 수행합니다.
- **5~6번 줄**: n을 i로 나눴을 때 나머지가 0이면 i는 n의 약수이므로, lst 리스트에 i 값을 추가합니다.
- **7번 줄**: 입력받은 k가 약수의 개수보다 클 경우를 확인합니다.

변수의 코멘트

- for 반복문과 if 조건문을 함께 사용하면 n까지의 약수를 모두 리스트에 저장할 수 있어요. 이 코드처럼 리스트에 약수를 모두 저장하면 리스트의 개수가 곧 약수의 개수가 돼요.

2-11 함수를 활용한 구구단

숫자를 입력받아 해당 숫자의 구구단을 출력하는 프로그램을 만들어 보세요.

- 조건 1 : 함수를 하나 이상 만들어 사용해야 합니다.
- 조건 2 : 입력받는 숫자의 범위는 2에서 9까지이며, 범위 이외의 숫자를 입력하면 오류 메시지가 출력됩니다.
- 조건 3 : 사용자가 프로그램을 종료하기 전까지 계속 반복되어야 합니다.

◆ 출력 예시

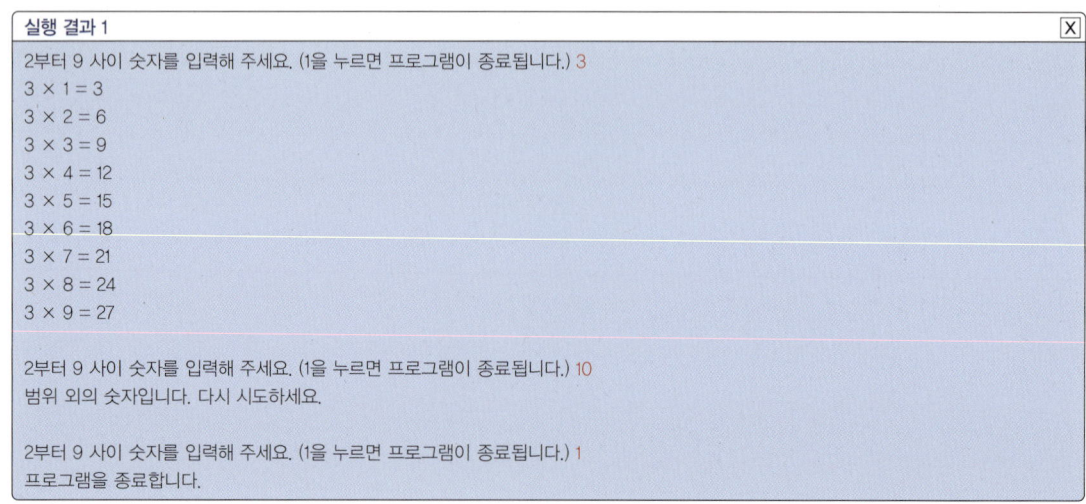

```
실행 결과 2                                                              X
2부터 9 사이 숫자를 입력해 주세요. (1을 누르면 프로그램이 종료됩니다.) 4
4 × 1 = 4
4 × 2 = 8
4 × 3 = 12
4 × 4 = 16
4 × 5 = 20
4 × 6 = 24
4 × 7 = 28
4 × 8 = 32
4 × 9 = 36

2부터 9 사이 숫자를 입력해 주세요. (1을 누르면 프로그램이 종료됩니다.) 0
범위 외의 숫자입니다. 다시 시도하세요.

2부터 9 사이 숫자를 입력해 주세요. (1을 누르면 프로그램이 종료됩니다.) 1
프로그램을 종료합니다.
```

① 계속 반복되게 하려면 어떻게 해야 할까요?
② while 반복문을 종료시키려면 어떻게 해야 하죠?

◆ 변수의 힌트

① while 반복문에서 조건이 참일 경우 계속 반복된다는 점을 참고하세요.

② 중간에 break를 만나거나, 조건문이 거짓이 되면 반복문이 종료돼요.

복습이 필요하다면?

- Part 1 - Chapter 6. 조건문
- Part 1 - Chapter 7. 반복문
- Part 1 - Chapter 8. 함수

변수와 함께하는 포트폴리오 리뷰

1

코드

```
1   while True:
2       num = int(input("\n2부터 9 사이 숫자를 입력해 주세요. (1을 누르면 프로그램이 종료됩니다.) "))
3       if num == 1:
4           print("프로그램을 종료합니다.")
5           break
6
7       if 2 <= num <= 9:
8           for i in range(1, 10):
9               print("%d * %d = %d"% (num, i, i * num))
10      else:
11          print("범위 외의 숫자입니다. 다시 시도하세요.")
```

 변수의 코멘트

▶ 1번 줄에서 while True:라고 적어 코드가 무한 반복되도록 하고, 사용자가 입력한 값이 1인 경우에 break를 사용해 반복이 종료되게 했네요. 다만, 함수를 만들어야 한다는 조건1에 부합하진 않아요.

2 ★추천★

코드

```
1   def mul_table(x):
2       for i in range(1, 10):
3           print("%d × %d = %d" % (x, i, i * x))
4   while True:
5       num = int(input("\n2부터 9 사이 숫자를 입력해 주세요. (1을 누르면 프로그램이 종료됩니다.) "))
6       if num == 1:
7           print("프로그램을 종료합니다.")
8           break
9       elif num > 9 or num < 1:
10          print("범위 외의 숫자입니다. 다시 시도하세요.")
11      else:
12          mul_table(num)
```

 **변수의 코멘트**

▶ 무한 반복문을 사용하고, 사용자의 입력이 정상인 경우 구구단의 곱을 출력하는 mul_table 함수를 호출하고 있네요. 주어진 조건을 모두 만족하는 코드예요.

2-12 소인수분해

어떤 자연수를 소인수의 곱만으로 표현하는 것을 소인수분해라고 합니다. 소인수분해 프로그램을 작성해 보세요.

> 소인수는 소수인 인수(약수)를 의미합니다.

◆ 출력 예시

```
실행 결과 1                                                                    X
숫자를 입력해 주세요. : 36
2 2 3 3
```

```
실행 결과 2                                                                    X
숫자를 입력해 주세요. : 2132
2 2 13 41
```

 소인수분해를 어떻게 하나요?

◆ 변수의 힌트

소인수분해 과정은 다음과 같아요.
① 소인수분해할 숫자 n을 입력합니다. (12)
② 1부터 n 사이에서 n의 소인수를 찾습니다. (12 % 2 = 0이므로 2는 12의 소인수입니다.)
③ 인수가 다시 나뉠 수 있는지 살펴봅니다. (6 % 2 = 0이므로 2는 6의 소인수입니다.)
④ 소수를 만나면 소인수분해를 멈춥니다. (3은 소수입니다. 소수는 더 나눌 수 없기 때문에 여기서 계산을 종료합니다.)
⑤ 계산 과정에 나온 소수를 모두 출력합니다. (2 2 3)

복습이 필요하다면?

▶ Part 1 - Chapter 6. 조건문
▶ Part 1 - Chapter 7. 반복문

변수와 함께하는 포트폴리오 리뷰

1

코드

```
1   def is_prime(number):
2       if number == 1:
3           return False
4       for i in range(2, number):
5           if number % i == 0:
6               return False
7       return True
8   
9   def get_prime_list(number):
10      prime_numbers = []
11      for num in range(2, number + 1):
12          if is_prime(num):
13              prime_numbers.append(num)
14      return prime_numbers
15  
16  num = int(input("숫자를 입력해 주세요. : "))
17  prime_numbers = get_prime_list(num)
18  for prime in prime_numbers:
19      while True:
20          if num % prime == 0:
21              print(prime, end=" ")
22              num /= prime
23          else:
24              break
```

- 1~7번 줄: 매개변수로 받은 숫자가 소수라면 True, 소수가 아니라면 False를 반환하는 함수입니다.
- 9~14번 줄: 2부터 매개변수로 받은 숫자 범위의 모든 소수를 리스트로 반환하는 함수입니다.
- 20~22번 줄: 입력값이 소수로 나누어떨어진다면 그 소수를 출력하고, 그 몫을 다시 저장합니다.
- 23~24번 줄: 입력값이 소수로 나누어떨어지지 않는다면 무한 반복문을 탈출합니다.

변수의 코멘트

- 소수 리스트를 구하고 입력값을 소수로만 나눴네요. 반복문을 중첩해서 사용하면 그만큼 내부 코드를 여러 번 실행하게 되어 실행 시간이 오래 걸릴 수 있다는 점을 기억하세요.

2 ★추천★

코드

```
1  num = int(input("숫자를 입력해 주세요. : "))
2  d = 2
3  while d <= num:
4      if num % d == 0:
5          print(d, end=" ")
6          num /= d
7      else:
8          d = d + 1
```

- 1번 줄: 소인수분해를 위해 입력받은 숫자에 가장 작은 소수인 2부터 나눕니다.
- 3번 줄: 나누어지는 숫자가 나누는 숫자보다 작아지기 전까지 4~8번 줄의 과정을 반복합니다.
- 4~6번 줄: 2로 나누어떨어진다면 2를 출력하고, 입력값에서 2로 나눈 몫을 num 변수에 저장합니다.
- 7~8번 줄: 2로 나누어떨어지지 않는다면 나누는 값을 1씩 증가시킵니다.

변수의 코멘트

- while 반복문과 조건문을 사용해서 코드를 잘 짰네요. 이 문제에서는 for 반복문보다는 while 반복문을 사용하는 게 더 간단해요.

2-13 최댓값의 위치 구하기

길이가 6 이상인 리스트를 숫자 값과 함께 선언한 후, 리스트 안에 있는 값들 중 최댓값이 있는 위치를 출력하는 프로그램을 만들어 보세요. 단, 매개변수가 있는 함수를 사용해야 합니다.

◆ 출력 예시

```
실행 결과
3
```

 최댓값이 있는 위치를 어떻게 구하나요?

◆ 변수의 힌트

주어진 리스트만큼 반복해 어떤 값이 가장 큰지 비교할 수 있어요. 그때 인덱스를 사용해 보세요.

복습이 필요하다면?

▶ Part 1 - Chapter 6. 조건문
▶ Part 1 - Chapter 7. 반복문
▶ Part 1 - Chapter 8. 함수

변수와 함께하는 포트폴리오 리뷰

1 ★추천★

코드

```
1   def where_max(num):
2       temp_max = 0
3
4       for i in range(1, len(num)):
5           if num[i] > num[temp_max]:
6               temp_max = i
7       return temp_max
8
9   lst = [10, 55, 66, 81, 10, 50, 78]
10  print(where_max(lst))
```

- 2번 줄: 최댓값의 위치를 비교할 수 있는 변수 temp_max를 0으로 선언해서 사용했습니다.
- 4~7번 줄: 인덱스 0부터 값을 비교해 가며 최댓값을 알아낸 후 최댓값의 인덱스를 반환합니다.
- 10번 줄: lst 리스트를 전달인자로 where_max()를 호출한 후 반환값을 출력했습니다.

변수의 코멘트

- 함수를 잘 사용했네요. 함수의 전달인자로 리스트를 넣어줄 수 있어요.

2

코드

```
1   def is_bigger_than_max(max, target):
2       if max < target:
3           return True
4       else:
5           return False
6
7   lst = [10, 55, 66, 81, 10, 50, 78]
8   max_index = 0
9   for i in range(1, len(lst)):
10      if is_bigger_than_max(lst[max_index], lst[i]):
11          max_index = i
12  print(max_index)
```

- 1~5번 줄: 최댓값과 목푯값을 매개변수로 받아 목푯값이 기존 최댓값보다 크면 True를 반환하고, 목푯값이 최댓값보다 작거나 같으면 False를 반환하는 함수를 정의했습니다.

- **8번 줄**: 0번부터 마지막 인덱스까지 순서대로 비교하기 위해 최댓값을 가리키는 인덱스를 0으로 정의합니다.
- **9번 줄**: lst의 데이터에 인덱스로 접근하기 위해 1부터 차례로 i 변수에 대입합니다.
- **10번 줄**: is_bigger_than_max() 함수를 사용해 기존 최댓값과 새로운 데이터의 값을 비교한 후, 새로운 데이터가 더 큰 경우에 새로운 데이터의 인덱스를 최댓값 인덱스로 지정합니다.

변수의 코멘트

- 최댓값과 목푯값을 비교하는 함수를 잘 사용했네요. 다만, 함수의 이름은 조금 더 직관적으로 알아볼 수 있게 짓는 것이 좋아요.

2-14
시간 변환 계산기

초 단위로 입력받은 시간을 일, 시, 분, 초로 변환하여 출력하는 코드를 작성해 보세요. 단, 사용하지 않는 단위는 출력하지 않습니다. (예: 3601초를 입력하면 분을 제외하고 1시간 1초로 출력되어야 합니다.)

◆ 출력 예시

```
실행 결과 1                                                          X
시간(초)을 입력해 주세요. : 2500
2500초 = 41분 40초
```

```
실행 결과 2                                                          X
시간(초)을 입력해 주세요. : 80000
80000초 = 22시간 13분 20초
```

 어떻게 구해야 하나요?

◆ 변수의 힌트

입력받은 초 단위의 시간을 일, 시, 분, 초로 변환합니다. 1일은 86400초, 1시간은 3600초, 1분은 60초입니다. 일, 시간, 분, 초 단위순으로 계산하여 출력하면 됩니다. 예를 들어, 80000초를 입력해 보겠습니다.

① 일: 80000를 1일(86400)로 나눈 몫을 구한다. ⇒ 0일
② 시: 남은 초(80000)를 1시간(3600)으로 나눈 몫을 구한다. ⇒ 22시간
③ 분: 22시간(79200)을 뺀 남은 초(800)를 1분(60)으로 나눈 몫을 구한다. ⇒ 13분
④ 초: 13분(780)을 뺀 남은 초를 구한다. ⇒ 20초
⑤ '80000초 = 22시간 13분 20초'가 출력됩니다.

복습이 필요하다면?

▶ Part 1 - Chapter 4. 산술 연산자

변수와 함께하는 포트폴리오 리뷰

1 ★추천★

코드

```
1   sec = int(input("시간(초)을 입력해 주세요. : "))  # 초 단위 시간 입력
2   print(str(sec) + "초 ", end='= ')
3   if sec >= 86400:
4       temp = sec // 86400
5       sec -= temp * 86400
6       print(str(temp) + '일', end=' ')
7   if sec >= 3600:
8       temp = sec // 3600
9       sec -= temp * 3600
10      print(str(temp) + '시간', end=' ')
11  if sec >= 60:
12      temp = sec // 60
13      sec -= temp * 60
14      print(str(temp) + '분', end=' ')
15  if sec != 0:
16      print(str(sec) + '초')
```

▶ 3번 줄: 입력값이 1일인 86400초를 넘어가는지 검사합니다.
▶ 7번 줄: 3~5번 줄의 연산이 끝난 입력값이 1시간인 3600초를 넘어가는지 검사합니다.
▶ 11번 줄: 3~9번 줄의 연산이 끝난 입력값이 1분인 60초를 넘어가는지 검사합니다.
▶ 15번 줄: 3~13번 줄의 연산이 끝난 입력값이 0초인지 검사합니다.

변수의 코멘트

▶ if 조건문과 연산자를 활용하고, sec이라는 변수 하나에 숫자 데이터를 계속 바꿔가며 계산했네요.

2

코드

```
1   time = int(input("시간(초)을 입력해 주세요. : "))
2   converted = []
3   day = time // 86400
4   converted.append(day)
5   hour = (time % 86400) // 3600
6   converted.append(hour)
7   minute = (time % 3600) // 60
8   converted.append(minute)
9   second = time % 60
10  converted.append(second)
11  dhms = ["일", "시간", "분", "초"]
12  result = []
13  for i in range(len(converted)):
14      if converted[i] != 0:
15          result.append(str(converted[i]) + dhms[i])
16  print(f"{time} 초 = ", end = "")
17  for item in result:
18      print(item, end = ' ')
```

변수의 코멘트

▶ 리스트 자료형에 결과를 저장해 놓고 마지막에 for 문으로 출력하는 방식으로 구현했네요.

MEMO

CHAPTER 3 난이도 상(★★★) 프로젝트

3 - 1. 영어 문장 대소문자 올바르게 사용하기
3 - 2. 자릿수의 합이 가장 큰 수 찾기
3 - 3. 8월 달력 출력하기
3 - 4. 두 숫자 사이의 n의 배수 찾기
3 - 5. 끝말잇기
3 - 6. 뒤집은 소수
3 - 7. 음료수 자판기
3 - 8. 전자레인지 시간 설정하기
3 - 9. 가운데 글자 찾기
3 - 10. 가위바위보 게임
3 - 11. 영화 예매 프로그램 만들기
3 - 12. 회문 판단하기
3 - 13. 24시간제에서 12시간제로 변환
3 - 14. 좌표 설정하기
3 - 15. 오름차순 정렬하기
3 - 16. 2022년 a월 b일은 무슨 요일

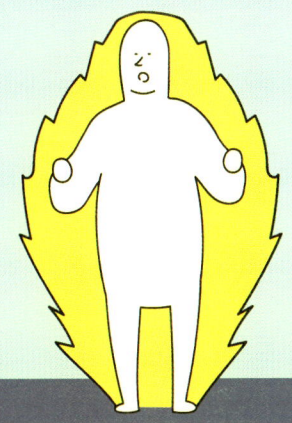

"파이썬 마스터를 향한 도전 문제!"

3-1
영어 문장 대소문자 올바르게 사용하기

영어 문장을 여러 개 입력받은 후 문장 내 대소문자를 올바르게 고치는 프로그램을 만들어 보세요.

- 조건 1 : 문장은 마침표(.)를 기준으로 구분됩니다.
- 조건 2 : 각 문장의 첫 번째 글자와 '나'를 뜻하는 'I'는 무조건 대문자여야 합니다.
- 조건 3 : 그 외의 글자는 소문자여야 합니다.

◆ 출력 예시

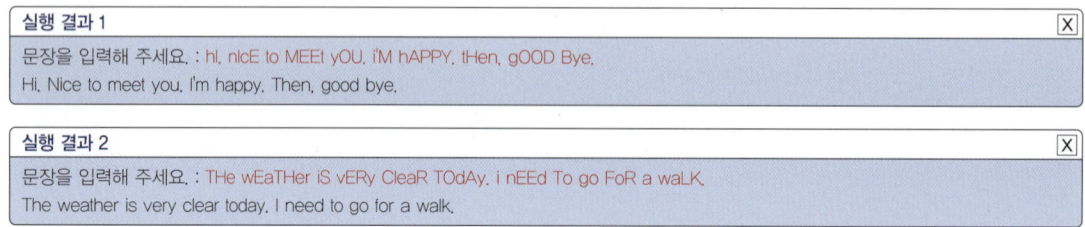

 어떻게 구현하나요?

◆ 변수의 힌트
제시된 문자열 관련 내장 함수들을 보고 문제 풀이에 필요한 함수를 골라 활용해 보세요.

- 문자열.count('word')
  문자열 내에 존재하는 전달인자 word 개수를 반환.
- 문자열.find('word')
  문자열에서 전달인자 word와 같은 문자를 찾아 처음 발견된 위치를 반환.
- 문자열.index('word')
  문자열에서 전달인자 word와 같은 문자를 찾아 처음 발견된 위치를 반환. word와 같은 문자를 발견하지 못하면 오류가 발생함.
- 문자열.upper()
  문자열의 문자를 모두 대문자로 변환하여 반환.
- 문자열.lower()
  문자열의 문자를 모두 소문자로 변환하여 반환.
- 문자열.capitalize()
  문자열의 첫 글자를 대문자로 변환하고, 나머지 글자들은 소문자로 변환하여 반환.
- 문자열.strip()
  문자열 양쪽의 공백을 삭제하여 반환.
- 문자열.split('word')
  word를 기준으로 문자열을 나누어 리스트 형태로 반환.
- 문자열.replace('a', 'b')
  문자열 내에 존재하는 모든 a를 b로 교체하여 반환.
- '"word"'.join(list_a)
  작은따옴표 안에 들어있는 내용 "word"를 각 list_a 요소 사이사이에 넣어서 리스트 list_a를 문자열로 반환.

복습이 필요하다면?

▶ Part 1 - Chapter 7. 반복문
▶ Part 1 - Chapter 9. 문자열 파헤치기

변수와 함께하는 포트폴리오 리뷰

1

코드

```
1   a = input("문장을 입력해 주세요. : ")
2   b = a.split('.')
3   for i in range(len(b) - 1):
4       c = b[i].strip()
5       d = c.split(' ')
6       for j in range(len(d)):
7           d[j] = d[j].lower()
8           if d[j] == 'i':
9               d[j] = 'I'
10          elif d[j][0:2] == "i'":
11              d[j]= d[j].replace('i', 'I')
12      d[0] = d[0].capitalize()
13      d = ' '.join(d)
14      print(d, end='. ')
```

- **2번 줄**: 마침표를 기준으로 문장을 분리합니다.
- **3번 줄**: for 반복문을 사용해 각 문장에 대한 인덱스를 i 변수에 대입합니다.
- **4~5번 줄**: 문장의 좌우 공백을 제거하고, 공백을 기준으로 단어를 분리합니다.
- **6번 줄**: for 반복문을 사용해 각 단어에 대한 인덱스를 j 변수에 대입합니다.
- **7~11번 줄**: 모든 단어를 소문자로 변환하고, 주어를 의미하는 i를 대문자로 변환합니다.
- **12번 줄**: 문장의 첫 단어를 대문자로 변환합니다.
- **13번 줄**: join() 메소드를 사용해 리스트 형태의 단어들을 문장으로 변환합니다.

변수의 코멘트

- for 반복문, 내장 함수, 문자열 슬라이싱을 잘 활용했어요.

2 ★추천★

코드

```
1   sentence = input('문장을 입력해 주세요. : ')
2   sentence = sentence.lower().split('. ')
3   answer = []
4   for s in sentence:
5       s = s.capitalize() #첫 글자 대문자
6       if s in "i'":
7           s = s.replace("i'","I'")
8           answer.append(s)
9       elif s in " i ":
10          s = s.replace(" i "," I ")
11          answer.append(s)
12      elif s in " i":
13          s = s.replace(" i"," I")
14          answer.append(s)
15      elif s in "i ":
16          s = s.replace("i ","I ")
17          answer.append(s)
18      else:
19          answer.append(s)
20  print('. '.join(answer))
```

변수의 코멘트

● 'i'가 사용될 수 있는 모든 케이스를 조건으로 처리했네요. 좋은 아이디어인 것 같아요.

3-2
자릿수의 합이 가장 큰 수 찾기

공백으로 구분된 자연수를 입력받은 후 숫자의 자릿수의 합을 비교해 값이 가장 큰 수를 구하는 프로그램을 만들어 보세요. 예를 들어, 713이라는 수의 자릿수 합은 7+1+3=11입니다.

• **조건** : 각 숫자는 공백으로 구분됩니다.

◆ **출력 예시**

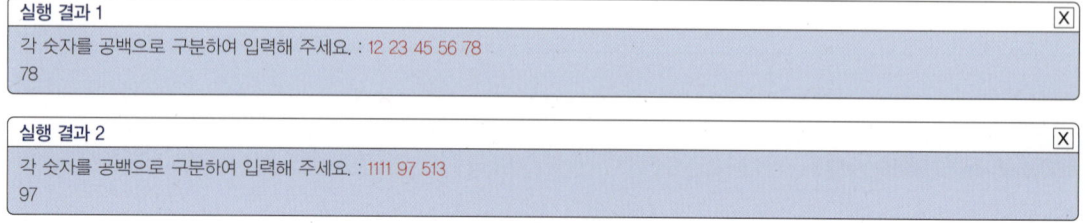

복습이 필요하다면?

▶ Part 1 - Chapter 7. 반복문
▶ Part 1 - Chapter 9. 문자열 파헤치기

변수와 함께하는 포트폴리오 리뷰

1

코드

```python
def digit_sum(x):
    sum = 0
    while x > 0:
        sum += x % 10
        x = x // 10
    return sum
a = input("각 숫자를 공백으로 구분하여 입력해 주세요. : ")
b = a.split()
c = list(map(int, b))
max = -1
for x in c:
    temp = digit_sum(x)
    if temp > max:
        max = temp
        result = x
print(f'자릿수의 합이 가장 큰 수는 {result}입니다.')
```

- 1~6번 줄: 매개변수 x의 각 자릿수 합을 구하는 함수를 정의합니다.
- 8번 줄: 공백을 기준으로 입력값을 분리해 b 변수에 저장합니다.
- 9번 줄: b 리스트의 각 값들을 정수형으로 변환해 c 변수에 저장합니다.
- 11번 줄: c 리스트의 각 값을 x 변수에 받아옵니다.
- 12~15번 줄: x 변수의 각 자릿수 합이 최댓값보다 큰지 검사하고, 최댓값을 result 변수에 저장합니다.

변수의 코멘트

- 자릿수를 구하는 함수를 별도로 구현한 것이 좋았어요. 이렇게 반복되는 기능은 함수로 구현하는 습관을 들이는 편이 좋아요.

2 ★추천★

코드

```
1   numList, sumList = [], []
2   nums = input("각 숫자를 공백으로 구분하여 입력해 주세요. : ")
3   numList = nums.split(' ')
4   for i in numList:
5       partial_sum = 0
6       for n in i:
7           partial_sum += int(n)
8       sumList.append(partial_sum)
9   maxNum = max(sumList)
10  result = numList[sumList.index(maxNum)]
11  print(result)
```

- 4~8번 줄: 입력받은 숫자의 각 자릿수를 분리해 리스트를 만들고, 자릿수 합을 sumList 리스트에 추가합니다.
- 9번 줄: max() 함수로 자릿수 합 리스트에서 최댓값을 구합니다.
- 10번 줄: 자릿수 합의 최댓값 인덱스로 입력받은 숫자 중 자릿수 합이 가장 큰 숫자를 구합니다.

변수의 코멘트

- 파이썬 내장 함수 sum()을 사용해서 코드를 간단히 잘 구현했어요.

3

코드

```
1   num = input("각 숫자를 공백으로 구분하여 입력해 주세요. : ").split()
2   a = 0
3   b = 0
4   for i in num:
5       sum = 0
6       for j in i:
7           sum += int(j)
8           if sum > a:
9               a = sum
10              b = i
11  print(b)
```

변수의 코멘트

- 다른 함수와 메소드의 도움 없이 정말 간결하게 코드를 작성했네요. 변수명을 의미 있게 지으면 가독성이 더 높아질 거예요.

3-3
8월 달력 출력하기

반복문과 조건문을 활용하여 2022년 8월의 달력을 출력해 보세요.

- 조건 1 : 8월 1일은 월요일이며, 8월의 마지막 날은 31일입니다.
- 조건 2 : 달력은 일요일부터 시작되며, 요일(일~토)을 상단에 출력해야 합니다.

◆ 출력 예시

```
실행 결과                                                              X
                    〈8월 달력〉
        일    월    화    수    목    금    토
                    1     2     3     4     5     6
        7     8     9    10    11    12    13
       14    15    16    17    18    19    20
       21    22    23    24    25    26    27
       28    29    30    31
```

 어떻게 구현하나요?

◆ 변수의 힌트

일주일은 7일이죠. 7일마다 주가 바뀌는 것을 고려하여 반복문을 사용해 보세요. 반복문 안에서 날짜를 7로 나눌 때 if 조건을 어떻게 구현할지 생각해 봐야 해요.

복습이 필요하다면?

▶ Part 1 - Chapter 7. 반복문

변수와 함께하는 포트폴리오 리뷰

1

코드

```
1   print("\t\t\t<8월 달력>")
2   start_day = 1
3   # 일요일일 경우 start_day = 0, 화요일일 경우 2... , 토요일일 경우 6
4   last_date = 31
5   print('\t일\t월\t화\t수\t목\t금\t토')
6   for i in range(start_day):
7       print('\t', end='')
8   for i in range(1, last_date + 1):
9       if (i % 7 != 6):
10          print('\t%d' % i, end='')
11      elif (i % 7 == 6):
12          print('\t%d\n' % i)
```

변수의 코멘트

▶ '\t'을 이용하면 탭만큼 띄어쓰기를 할 수 있어요.

2

코드

```
1   month = 8
2   start = 1
3   last = 31 #총 일수
4   if start != 0:
5       rest = 7 - start
6   else:
7       rest = 0
8   print(f'   < {month}월 달력 >')
9   print('일 월 화 수 목 금 토')
10  print(' ' * 3 * start, end='')
11  for i in range(1, last + 1):
12      if (i % 7 != rest):
13          print('%2d' % i, end=' ')
14      else:
15          print('%2d' % i)
```

변수의 코멘트

> 공백 문자열. 서식 지정자를 적절히 사용했네요. 시작 위치에 굳이 조건문을 쓰지 않고 공백을 넣은 것도 좋은 아이디어예요.

3 ★추천★

코드

```
1   print("\t\t<8월 달력>\t\t")
2   print("일\t월\t화\t수\t목\t금\t토\t")
3   day = 1
4   while day < 32:
5       if (day == 1):
6           print(f"\t{day}", end='\t')
7           day += 1
8       print(f"{day}", end='\t')
9       day += 1
10      if (day % 7 == 0):
11          print()
```

변수의 코멘트

> while 반복문을 사용해 32까지 반복했네요. 총 일수를 변수로 사용하니 다른 월의 달력을 출력할 때도 사용하기 좋겠네요!

3-4
두 숫자 사이의 n의 배수 찾기

입력된 범위 내에서 어떤 숫자 n의 배수를 출력하는 프로그램입니다. 두 숫자 사이에 존재하는 n의 배수를 구하세요.

- 조건 1 : 범위가 되는 두 숫자는 공백으로 구분해 입력합니다.
- 조건 2 : 범위가 되는 두 숫자를 포함하여 n의 배수를 출력합니다.

◆ 출력 예시

```
실행 결과
숫자 두 개를 입력해 주세요.(예: '3 5') : 9 52
배수를 알고 싶은 숫자를 입력해 주세요. : 13
13 26 39 52
```

복습이 필요하다면?

▶ Part 1 - Chapter 6. 조건문
▶ Part 1 - Chapter 7. 반복문
▶ Part 1 - Chapter 9. 문자열 파헤치기

변수와 함께하는 포트폴리오 리뷰

1

코드

```
1  a = input("숫자 두 개를 입력해 주세요.(예: '3 5') : ")
2  b = int(input("배수를 알고 싶은 숫자를 입력해 주세요. : "))
3  num1 = int(a.split(' ')[0])
4  num2 = int(a.split(' ')[1])
5  for i in range(num1, num2 + 1):
6      if i % b == 0:
7          print(i, end = ' ')
```

- 3번 줄: 입력된 숫자 두 개를 공백을 기준으로 분리하고, 첫 번째 숫자를 num1 변수에 저장합니다.
- 4번 줄: 입력된 숫자 두 개를 공백을 기준으로 두 번째 숫자를 num2 변수에 저장합니다.

변수의 코멘트

- for 문으로 깔끔하게 구현했네요. 처음 문자열을 받아 숫자로 변환할 때 split() 함수를 바로 사용하면 더 좋을 것 같아요. 다음의 변경된 코드를 참고해 보세요.

변경된 코드

```
1  a = input("숫자 두 개를 입력해 주세요.(예: '3 5') : ")
2  numbers = a.split(' ')
3  b = int(input("배수를 알고 싶은 숫자를 입력해 주세요. : "))
4
5  num1 = int(numbers[0])
6  num2 = int(numbers[1])
7  for i in range(num1, num2 + 1):
8      if i % b == 0:
9          print(i, end = ' ')
```

2 ★추천★

코드

```
1   num = input('숫자 두 개를 입력해 주세요.(예: \'3 5\') : ')
2   n = int(input('배수를 알고 싶은 숫자를 입력해 주세요. : '))
3   num1, num2 = map(int, num.split())
4   print(f'\n[{num1} 이상 {num2} 이하인 {n}의 배수]')
5   if n > num2:
6       print('Not Exist')
7   else:
8       cnt = 0
9       print('=>', end=' ')
10      for i in range(num1, num2 + 1):
11          if i % n == 0:
12              print(i, end=' ')
13              cnt += 1
14      print(f'\n=> 총 {cnt}개')
```

변수의 코멘트

▶ 개수 출력, 오류 처리 등을 포함해 프로그램을 잘 짠 것 같아요.

3-5 끝말잇기

끝말잇기 게임을 할 수 있는 코드를 작성해 보세요.

- 조건 1 : 첫 번째 단어는 제약이 없지만, 두 번째 단어부터는 앞 단어의 마지막 글자와 동일한 글자로 시작되어야 합니다. 그렇지 않으면 게임을 종료합니다.
- 조건 2 : 앞에서 입력했던 단어를 다시 입력하는 경우에도 게임을 종료합니다.
- 조건 3 : 5의 배수 번째 단어를 입력하고 나면 현재까지 누적된 단어가 몇 개인지 알려줍니다.

◆ 출력 예시

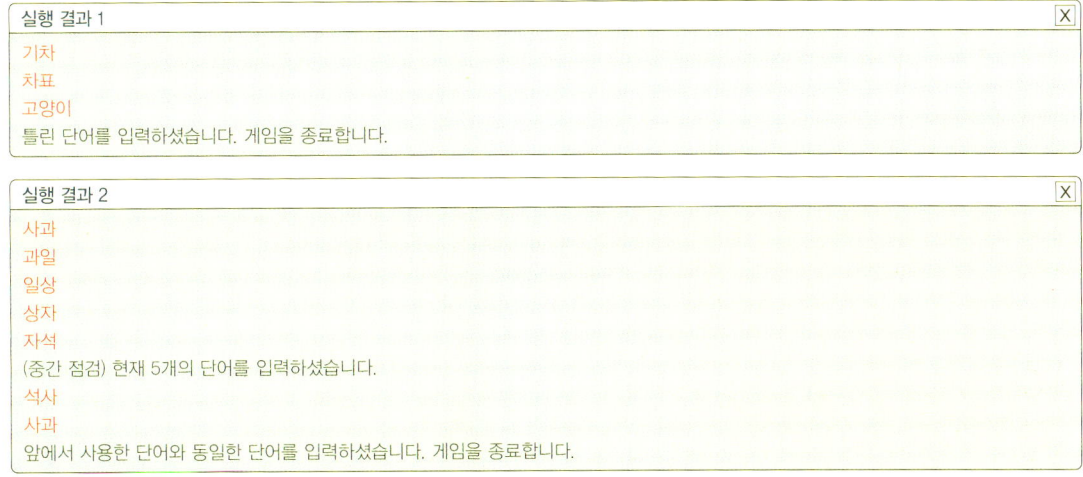

복습이 필요하다면?

▶ Part 1 - Chapter 6. 조건문
▶ Part 1 - Chapter 7. 반복문
▶ Part 1 - Chapter 10. 리스트

변수와 함께하는 포트폴리오 리뷰

1 ★추천★

코드

```python
1   w_lst = []
2   count = 0
3   word = input()
4   w_lst.append(word)
5   while True:
6       word = input()
7       if word[0] != w_lst[count][-1]:
8           print("틀린 단어를 입력하셨습니다. 게임을 종료합니다.")
9           break
10      if word in w_lst:
11          print("앞에서 사용한 단어와 동일한 단어를 입력하셨습니다. 게임을 종료합니다.")
12          break
13      if (count + 1) % 5 == 4:
14          print("(중간 점검) 현재 %d개의 단어를 입력하셨습니다." % (count + 2))
15      w_lst.append(word)
16      count += 1
```

- 7번 줄: 이전 단어의 마지막 글자와 현재 단어의 첫 번째 글자를 비교합니다.
- 10번 줄: 동일한 단어가 이미 입력되었는지 확인합니다.
- 13번 줄: 현재까지 입력된 단어 수가 5의 배수인지 확인합니다.
- 15번 줄: 위 조건문에서 프로그램이 종료되지 않았다면 올바른 단어이므로, 단어를 저장하는 w_lst 리스트에 추가합니다.

변수의 코멘트

- while 반복문과 break를 이용해 잘 구현했네요.

2

코드

```
1   Words = []
2   while(True):
3       old_len = len(Words)
4       w = input()
5       if (len(Words) > 0):
6           before_word = Words[-1]
7           if not(w[0] == before_word[-1]):
8               print("틀린 단어를 입력하셨습니다. 게임을 종료합니다.")
9               break
10      Words.append(w)
11      if (old_len == len(set(Words))):
12          print("앞에서 사용한 단어와 동일한 단어를 입력하셨습니다. 게임을 종료합니다.")
13          break
14      if (len(Words) % 5 == 0):
15          print(f"(중간 점검) 현재 {len(Words)}개의 단어를 입력하셨습니다.")
```

변수의 코멘트

▶ set()을 사용해 중복을 체크했네요. 그런데 이렇게 매번 집합을 만드는 대신 Words를 집합 자료형으로 선언하고 입력한 단어의 개수를 저장하는 변수를 추가하는 식으로 코드를 작성해 보면 어떨까요?

3-6
뒤집은 소수

입력받은 숫자를 뒤집었을 때 그 값이 소수라면 입력받은 숫자를 출력하는 프로그램을 만들어 보세요.

- **조건 1** : 입력받은 숫자를 뒤집었을 때 소수이면 출력합니다. (예: 32를 입력받았을 때 그것을 뒤집은 수는 23이고 23은 소수입니다. 따라서 32를 출력합니다.)
- **조건 2** : 최소 두 개 이상의 함수를 사용해야 합니다.

◆ 출력 예시

```
실행 결과                                                                    X
입력받을 숫자의 개수를 입력해 주세요. : 2
1번째 숫자를 입력해 주세요. : 23
2번째 숫자를 입력해 주세요. : 34
34
```

 숫자를 어떻게 뒤집나요?

◆ 변수의 힌트

입력받은 문자열을 리스트로 변환하고 리스트의 reverse() 함수를 사용하면 뒤집을 수 있어요. 그런 다음 join()을 이용해 리스트를 다시 문자열로 만들 수 있어요.

복습이 필요하다면?

▶ Part 1 - Chapter 6. 조건문
▶ Part 1 - Chapter 7. 반복문
▶ Part 1 - Chapter 10. 리스트

변수와 함께하는 포트폴리오 리뷰

1 ★추천★

코드

```python
1   def reverse(x):
2       x = list(str(x))
3       x.reverse()
4       rx = ''.join(x)
5       return int(rx)
6   def is_prime(x):
7       for i in range(2, x + 1):
8           prime = True
9           for j in range(2, i):
10              if i % j == 0:
11                  prime = False
12                  break
13      return prime
14
15  num = int(input("입력받을 숫자의 개수를 입력해 주세요. : "))
16  lst = []
17  for i in range(num):
18      temp = int(input("%d번째 숫자를 입력해 주세요. : " % (i + 1)))
19      lst.append(temp)
20  for i in lst:
21      if is_prime(reverse(i)):
22          print(i, end=" ")
```

- 1~5번 줄: 숫자 x를 매개변수로 받고, x를 뒤집은 결과를 반환하는 reverse() 함수를 정의합니다.
- 6~13번 줄: 숫자 x를 매개변수로 받고, x의 소수 여부를 반환하는 is_prime() 함수를 정의합니다.
- 21번 줄: reverse() 함수에 입력받은 숫자를 전달해 뒤집은 숫자를 반환받고, 뒤집은 숫자를 is_prime() 함수에 전달해 소수 여부를 판정합니다.

변수의 코멘트

- 숫자를 뒤집는 reverse() 함수, 소수를 구하는 is_prime() 함수를 잘 구현했네요.

2

코드

```
1   def num_reverse(n):
2       rev_n = int(n[::-1])
3       return rev_n
4   def num_prime(n): # 소수 판별 함수
5       if n < 2:
6           return False
7       for p in range(2, n):
8           if n % p == 0:
9               return False
10      return True
11
12  print('< \'뒤집은 소수\'판별 프로그램 >\n')
13  count = int(input('입력받을 숫자의 개수를 입력해 주세요. : '))
14  prime_dict = {}
15  for i in range(1, count + 1):
16      num = input(f' {i}번째 숫자를 입력해 주세요. : ')
17      rev_num = num_reverse(num)
18      if num_prime(rev_num):
19          prime_dict[i] = num
20  print()
21  print('*' * 11, '판별 결과', '*' * 11)
22  if len(prime_dict) == 0:
23      print('뒤집은 소수는 존재하지 않습니다.')
24  else:
25      key_list = list(prime_dict.keys())
26      for k in key_list:
27          kth_num = prime_dict[k]
28          kth_rev = num_reverse(kth_num)
29          print(f'{k}번째로 입력하신 숫자는 뒤집은 소수입니다. ({kth_num} ―{kth_rev})')
```

- 17번 줄: 입력받은 숫자를 뒤집어 rev_num 변수에 저장합니다.
- 18번 줄: rev_num 변수가 소수인지 검사합니다.
- 19번 줄: rev_num 변수가 소수라면 i와 num을 key, value 쌍으로 딕셔너리에 추가합니다.

변수의 코멘트

- 딕셔너리를 사용해 저장하고 출력한 것이 좋은 아이디어인 것 같아요.

3-7 음료수 자판기

음료수 목록을 보여주고 음료수를 판매하는 자판기를 만들어 보세요.

- 조건 1 : 딕셔너리 자료형을 활용합니다.
- 조건 2 : 음료마다 가격, 재고 개수에 대한 정보가 존재합니다.
- 조건 3 : 자판기에 넣을 금액을 입력받고 음료의 가격과 재고를 확인합니다. 주문이 완료된 후에는 잔액을 반환합니다.
- 조건 4 : 선택한 음료 가격보다 적은 금액을 넣으면 돈이 부족하다는 메시지를, 재고가 0개일 때는 품절이라는 메시지를 출력합니다.

◆ 출력 예시

```
실행 결과 2                                                                    [X]
======음료수 목록======
물              700원
콜라            1000원
사이다          1000원
과일 주스        800원
==================
자판기에 넣을 금액을 입력해 주세요. : 1500
마시고 싶은 음료를 입력해 주세요. : 콜라
콜라의 가격은 1000원입니다.
현재 해당 음료는 품절 상태입니다.
```

```
실행 결과 3                                                                    [X]
======음료수 목록======
물              700원
콜라            1000원
사이다          1000원
과일 주스        800원
==================
자판기에 넣을 금액을 입력해 주세요. : 500
마시고 싶은 음료를 입력해 주세요. : 과일 주스
과일 주스의 가격은 800원입니다.
돈이 부족합니다.
```

 딕셔너리를 어떻게 활용하나요?

◆ **변수의 힌트**
음료수 가격, 재고를 저장하는 각각의 딕셔너리를 만들어 보세요. 딕셔너리의 value 값에는 리스트도 저장할 수 있어요.

복습이 필요하다면?

▶ Part 1 - Chapter 6. 조건문
▶ Part 1 - Chapter 13. 딕셔너리

변수와 함께하는 포트폴리오 리뷰

1

코드

```
1   menu = {'물' : [700, 5], '콜라' : [1000, 0], '사이다' : [1000, 3], '과일 주스' : [800, 2]}
2   print("======음료수 목록======")
3   print("물\t\t700원")
4   print("콜라\t\t1000원")
5   print("사이다\t\t1000원")
6   print("과일 주스\t800원")
7   print("====================")
8   money = int(input("자판기에 넣을 금액을 입력해 주세요. : "))
9   choice = input("마시고 싶은 음료를 입력해 주세요. : ")
10  if choice in menu:
11      print("%s의 가격은 %d원입니다." % (choice, menu[choice][0]))
12      if menu[choice][1] == 0:
13          print("현재 해당 음료는 품절 상태입니다.")
14      else:
15          if money < menu[choice][0]:
16              print("돈이 부족합니다.")
17          else:
18              print("주문이 완료되었습니다.")
19              print("잔액은 %d입니다." % (money - menu[choice][0]))
20  else:
21      print("해당 음료가 존재하지 않습니다.")
```

- 1번 줄: "음료 이름" : ["음료 가격", "남은 개수"] 형태의 딕셔너리를 생성합니다.

변수의 코멘트

- 딕셔너리에 가격과 개수를 넣어 잘 구현했네요.

2 ★추천★

코드

```
1   menu = {
2       "물" : 700,
3       "콜라" : 1000,
4       "사이다" : 1000,
5       "과일 주스" : 800
6   }
7   stock = {
8       "물" : 5,
9       "콜라" : 0,
10      "사이다" : 3,
11      "과일 주스" : 5
12  }
13  print("========= 음료수 목록 =========")
14  print(" 물\t\t\t {}원".format(menu["물"]))
15  print(" 콜라\t\t\t{}원".format(menu["콜라"]))
16  print(" 사이다\t\t\t{}원".format(menu["사이다"]))
17  print(" 과일 주스\t\t {}원".format(menu["과일 주스"]))
18  print("=============================")
19  money = int(input("자판기에 넣을 금액을 입력해 주세요. : "))
20  choice = input("마시고 싶은 음료를 입력해 주세요. : ")
21  print(f"{choice}의 가격은 {menu[choice]}원입니다.")
22  if money < menu[choice]:
23      print("돈이 부족합니다.")
24  else:
25      if stock[choice] >= 1:
26          print("주문이 완료되었습니다.")
27          print("잔액은 {}원입니다.".format(money - menu[choice]))
28      else:
29          print("현재 해당 음료는 품절 상태입니다.")
```

변수의 코멘트

▶ memu와 stock이라는 두 딕셔너리로 데이터를 저장했네요. 가독성 면에서 훨씬 좋아요.

3-8
전자레인지 시간 설정하기

시간 버튼을 입력하여 전자레인지 작동 시간을 설정하는 코드를 작성해 보세요.

- 조건 1 : 전자레인지에는 10초, 30초, 1분, 10분이라는 네 가지 시간 버튼과 작동 시작 버튼이 존재합니다.
- 조건 2 : 작동 시작 버튼을 입력하기 전까지 계속해서 시간 버튼을 입력할 수 있으며, 시간이 누적됩니다. 누적된 시간은 시간 버튼을 입력할 때마다 나타납니다.
- 조건 3 : 시간 버튼과 작동 시작 버튼 외의 숫자를 입력하면 잘못된 입력이라는 메시지가 출력됩니다.

◆ 출력 예시

복습이 필요하다면?

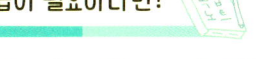

▶ Part 1 - Chapter 6. 조건문
▶ Part 1 - Chapter 7. 반복문

변수와 함께하는 포트폴리오 리뷰

1

코드

```
1   print("1. 10초   2. 30초   3. 1분   4. 10분   5. 시작")
2   time = 0
3   while True:
4       menu = int(input("원하는 버튼의 숫자를 입력해 주세요. : "))
5       if (menu == 1):
6           time += 10
7       elif (menu == 2):
8           time += 30
9       elif (menu == 3):
10          time += 60
11      elif (menu == 4):
12          time += 600
13      elif (menu == 5):
14          print("\n전자레인지를 작동합니다.")
15          break
16      else:
17          print("잘못된 입력입니다.")
18  
19      sec = time
20      if sec >= 60:
21          min = sec // 60
22          sec -= min * 60
23          print(min, end=':')
24      if time < 60:
25          print("00:", end='')
26      if sec != 0:
27          print(str(sec))
28      if sec == 0:
29          print("00")
```

변수의 코멘트

▶ while 반복문과 if 조건문을 이용해 잘 구현했네요.

2 ★추천★

코드

```python
1   total, minute, second = 0, 0, 0
2   while(1) :
3       n = int(input("원하는 버튼의 숫자를 입력해 주세요. : "))
4       if n == 1:
5           total += 10
6       elif n == 2:
7           total += 30
8       elif n == 3:
9           total += 60
10      elif n == 4:
11          total += 600
12      elif n == 5:
13          break
14      else:
15          print("잘못된 입력입니다.")
16      if total < 60:
17          print("00:%d" % total)
18      elif total >= 60:
19          minute = (total // 60)
20          second = (total % 60)
21          print("%d:%02d" % (minute, second))
22  print("\n전자레인지를 작동합니다.")
```

변수의 코멘트

▶ 숫자를 표현할 때 자릿수를 설정한 점이 좋았어요. 가독성이 좋은 코드네요.

3-9
가운데 글자 찾기

입력받은 단어의 가운데 글자를 찾는 코드를 작성해 보세요.

- 조건 1 : 단어의 길이가 홀수이면 가운데 글자 하나를 출력합니다.
- 조건 2 : 단어의 길이가 짝수이면 가운데 글자 두 개를 출력합니다.

◆ 출력 예시

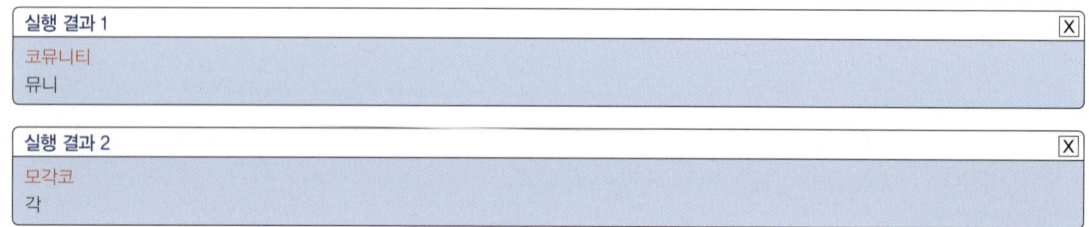

 어떻게 구현하나요?

◆ 변수의 힌트

문자열을 리스트처럼 생각해 인덱싱이나 문자열 슬라이싱으로 구현할 수 있습니다.

복습이 필요하다면?

▶ Part 1 - Chapter 6. 조건문
▶ Part 1 - Chapter 9. 문자열 파헤치기

변수와 함께하는 포트폴리오 리뷰

1

코드

```python
1  word = input()
2  mid_word = ''
3  if len(word) % 2 == 0:
4      num = len(word) // 2
5      mid_word += word[num - 1] + word[num]
6  else:
7      num = len(word) // 2
8      mid_word += word[num]
9  print(mid_word)
```

- 3~5번 줄: 입력받은 단어의 길이가 짝수인지 검사하고, 짝수이면 가운데 두 글자를 mid_word 변수에 저장합니다.
- 6~8번 줄: 입력받은 단어의 길이가 홀수인 경우 가운데 한 글자를 mid_word 변수에 저장합니다.

변수의 코멘트

- 문자열 인덱싱을 이용해 구현했네요.

2 ★추천★

코드

```python
1  word = input()
2  if len(word) % 2 == 0:
3      sel = int(len(word) / 2 - 1)
4      print(word[sel:sel + 2])
5  else:
6      sel = int(len(word) / 2)
7      print(word[sel])
```

변수의 코멘트

- 문자열 슬라이싱을 이용해 구현했네요. 코드가 간단해서 가독성이 좋아요.

3-10
가위바위보 게임

컴퓨터와 가위바위보 게임을 할 수 있는 프로그램을 작성해 보세요.

- 조건 1 : random 라이브러리를 사용합니다.
- 조건 2 : 프로그램에서 '가위', '바위', '보' 중 하나를 입력하면 게임을 진행합니다.
- 조건 3 : 함수를 2개 이상 사용합니다.
- 조건 4 : 게임 결과(이김, 비김, 짐)를 출력합니다.

◆ 출력 예시

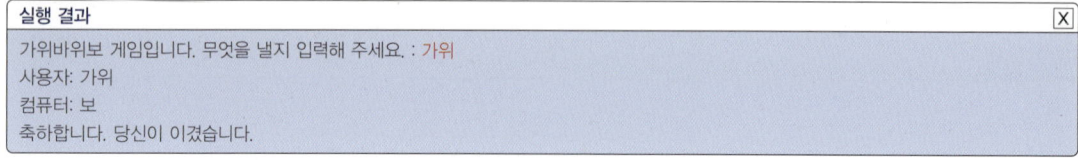

 random 모듈을 어떻게 사용하나요?

◆ 변수의 힌트
1부터 3까지의 정수 중에서 난수 값을 반환하려면 random.randint(1,3)을 활용할 수 있습니다.

복습이 필요하다면?

▶ Part 1 - Chapter 8. 함수
▶ Part 1 - Chapter 15. 파이썬 응용하기

변수와 함께하는 포트폴리오 리뷰

1

코드

```python
1   def rsp_num_name(a):
2       if a == 1:
3           return "가위"
4       elif a == 2:
5           return "바위"
6       else:
7           return "보"
8   def rsp_name_num(rsp):
9       if rsp == "가위":
10          return 1
11      elif rsp == "바위":
12          return 2
13      else:
14          return 3
15  def rsp_winner(a, b):
16      return a - b
17  
18  import random
19  n = random.randint(1, 3)
20  you = input("가위바위보 게임입니다. 무엇을 낼지 입력해 주세요.. : ")
21  print("사용자:", you)
22  print("컴퓨터:", rsp_num_name(n))
23  w = rsp_winner(rsp_name_num(you),n)
24  if w == 0:
25      print("비겼습니다.")
26  elif (w == 1) or (w == -2):
27      # 숫자 차이가 1 또는 -2일 때 이김. 예를 들어, 사용자가 '가위(1)'이고 컴퓨터가 '보(3)'일 때 w 값은 -2가 됨.
28      print("축하합니다. 당신이 이겼습니다.")
29  else:
30      print("당신이 졌습니다.")
```

- 1~7번 줄: 숫자 a를 매개변수로 받아 조건에 따라 가위, 바위, 보를 반환하는 함수를 정의합니다.
- 8~14번 줄: 문자 rsp를 매개변수로 받아 조건에 따라 1, 2, 3을 반환하는 함수를 정의합니다.
- 15~16번 줄: 사용자와 컴퓨터의 현재 상태를 매개변수로 받아, 가위바위보의 결과를 반환하는 함수를 정의합니다.
- 19번 줄: 1부터 3 사이의 정수를 무작위로 반환받습니다.

변수의 코멘트

- 가위, 바위, 보를 각각 1, 2, 3에 대응해 프로그램을 잘 구현했어요.

2 ★추천★

코드

```python
def rsp_num(rsp):
    if rsp == '가위':
        return 1
    elif rsp == '바위':
        return 2
    else:
        return 3
def rsp_result(a, b):
    gap = a - b
    if gap == 0:
        txt = "비겼습니다."
    elif gap in [-2, 1]:
        txt = "축하합니다. 당신이 이겼습니다."
    else:
        txt = "당신이 졌습니다."
    return txt

import random
rsp_list = ['가위', '바위', '보']

print("< 가위바위보 게임 >")
YOU = input("무엇을 낼지 입력해 주세요. : ")
COM = random.choice(rsp_list)
print(f"\n당신   : {YOU}")
print(f"컴퓨터 : {COM}\n")

Y = rsp_num(YOU)
C = rsp_num(COM)
result = rsp_result(Y, C)

print("결과 :", result)
```

변수의 코멘트

▶ 점수를 계산하는 함수를 구현했네요. 리스트의 in을 사용한 것도 좋은 아이디어예요.

3-11
영화 예매 프로그램 만들기

다음 조건에 따라 영화 예매 프로그램을 만들어 보세요.

- 조건 1 : 영화 목록은 리스트로 미리 정의해 둡니다.
- 조건 2 : 예매 프로그램에는 다음과 같은 기능이 있습니다.
    - ✓ (예매할 영화 선택) 사용자가 선택한 영화가 상영 중이면 다음 단계로 넘어갑니다. 상영 중이 아니면 예매할 영화를 다시 묻습니다.
    - ✓ (관람 인원 입력) 관람 인원수로 자연수를 입력하면 다음 단계로 넘어갑니다. 음수나 0, 실수를 입력한 경우에는 다시 질문합니다.
    - ✓ (할인권 사용) 할인권 사용 여부를 입력받고, 할인권 사용 시에는 할인권 이름을 입력받습니다. 존재하지 않는 할인권을 입력하면 다시 돌아가 할인권 사용 여부부터 묻습니다.
    - ✓ (예매 정보 및 가격 출력) 영화 제목, 관람 인원, 합계 금액, 할인 금액, 실 결제액을 포함한 예매 상세 내역을 출력합니다.
- 조건 3 : 영화 예매 비용은 한 명당 12,000원입니다.
- 조건 4 : 할인권 종류와 할인 가격은 '학생할인 : 3000원, 지역할인 : 4000원, 회원할인 : 5000원'입니다. 할인은 관람 인원 모두에게 적용되며, 딕셔너리 형태로 정의합니다.

◆ 출력 예시

```
실행 결과                                                              X
==============영화 목록==============
미비포유
해리포터
맘마미아
어바웃타임
라라랜드
================================
예매할 영화를 선택해 주세요. : 소울
예매할 수 없는 영화입니다.
예매할 영화를 선택해 주세요. : 라라랜드
라라랜드를 선택했습니다.
관람 인원수를 입력해 주세요. : -1
관람 인원수는 양수만 입력 가능합니다.
관람 인원수를 입력해 주세요. : 0.5
관람 인원수는 정수만 입력 가능합니다.
관람 인원수를 입력해 주세요. : 1
관람할 인원수는 1명입니다.
할인권을 사용하려면 y, 금액 확인으로 넘어가려면 n을 입력해 주세요. : y
할인권 이름을 입력해 주세요. : 신규회원할인
존재하지 않는 할인권입니다.
할인권을 다시 입력하려면 y, 아니면 n을 입력해 주세요. : n
할인권을 사용하지 않았습니다.

〈예매 상세 내역〉
================================
영화 제목: 라라랜드
관람 인원: 1명
합계 금액: 12000원
할인 금액: 0원
--------------------------------
실 결제액: 12000원
================================
```

 예매 불가능한 영화를 어떻게 아나요?

◆ 변수의 힌트

'데이터 not in 리스트'는 리스트 안에 해당하는 데이터가 없을 경우 참을 반환합니다.

복습이 필요하다면?

▶ Part 1 - Chapter 7. 반복문
▶ Part 1 - Chapter 13. 딕셔너리

변수와 함께하는 포트폴리오 리뷰

1 ★추천★

코드

```python
movies = ["미비포유", "해리포터", "맘마미아", "어바웃타임", "라라랜드"]
print("==========영화 목록==========")
for i in movies:
    print(i)
print("=============================")

choice = input("예매할 영화를 선택해 주세요. : ")
while choice not in movies:
    print("예매할 수 없는 영화입니다.")
    choice = input("예매할 영화를 선택해 주세요. : ")

print(f"{choice}를 선택했습니다.")
check = False

while(not(check)):
    people = float(input("관람 인원수를 입력해 주세요. : "))
    if people < 0:
        print("관람 인원수는 양수만 입력 가능합니다.")
    elif (people % 1) > 0:
        print("관람 인원수는 정수만 입력 가능합니다.")
    else:
        people = int(people)
        check = True

print(f"관람할 인원 수는 {people}명입니다.")

coupon_dic = {'학생할인' : 3000, '지역할인' : 4000, '회원할인' : 5000}
process = True
usage = input("할인권을 사용하려면 y, 금액 확인으로 넘어가려면 n을 입력해 주세요. : ")
while process:
    if usage == 'y':
        coupon = input("할인권 이름을 입력해 주세요. : ")
        if coupon in coupon_dic.keys():
            sale = coupon_dic[coupon]
            print("%d원 할인됩니다." % sale)
            process = False
        else:
            print('존재하지 않는 할인권입니다.')
            usage = input('할인권을 다시 입력하려면 y, 아니면 n을 입력해 주세요. : ')
    elif usage == 'n':
        sale = 0
```

```
42              print('할인권을 사용하지 않았습니다.')
43              process = False
44          else:
45              usage = input('잘못된 입력입니다. 다시 입력해 주세요. : ')
46
47  origin_price = 12000 * people
48  sale_price = sale * people
49  total_price = origin_price - sale_price
50
51  print("")
52  print("<예매 상세 내역>")
53  print("============================")
54  print(f'영화 제목: {choice}')
55  print(f'관람 인원: {people}명')
56  print(f'합계 금액: {origin_price}원')
57  print(f'할인 금액: {sale_price}원')
58  print("----------------------------")
59  print(f'실 결제액: {total_price}원')
60  print ("============================")
```

- **7~10번 줄**: 영화 목록에 존재하는 영화 제목을 입력받습니다.
- **15~23번 줄**: 유효한 인원수 입력을 받습니다.
- **27번 줄**: 각 할인권의 이름과 할인 가격을 딕셔너리로 저장합니다.
- **30~45번 줄**: 유효한 할인권 이름을 입력받은 뒤 할인 가격을 저장합니다.
- **47~49번 줄**: 입력받은 관람 인원과 할인권을 통해 총 가격을 계산합니다.

변수의 코멘트

- 조건문과 반복문을 적절하게 사용해서 잘 구현했어요. process를 변수로 사용해 while 반복문을 구현한 것이 좋은 아이디어네요.

3-12
회문 판단하기

회문은 '기러기', '토마토', 'wow', 'level' 같은 단어처럼 순서대로 읽든 거꾸로 읽든 그 내용이 동일한 글 귀를 말합니다. 사용자가 입력한 단어가 회문인지 판단하는 프로그램을 만들어 보세요. 단, 리스트 자료 형을 활용해야 합니다.

◆ **출력 예시**

 어떻게 구현하나요?

◆ **변수의 힌트**

회문인지 아닌지 판단하기 위해서는 문자가 대칭하는지 확인합니다. 문자의 첫 글자와 마지막 글자를 비교해 같은 문자라면 삭제합니다. 그리고 남은 가운데 글자로 다시 대칭을 확인합니다. 단어가 회문이라면 남은 글자 또한 회문입니다. (예: level → eve)

예를 들어, 입력한 단어가 '기특한특기'일 때 문제 해결 순서는 다음과 같습니다.
1. '기특한특기'의 첫 글자 '기'와 마지막 글자 '기'를 비교한다.
2. 비교한 글자를 삭제한다.
3. 남은 글자 '특한특'의 첫 글자 '특'과 마지막 글자 '특'을 비교한다.
4. 비교한 글자를 삭제하면 '한'만 남게 된다.
5. 각 문자가 대칭이므로 '기특한특기'는 회문이다.

복습이 필요하다면?

▶ Part 1 - Chapter 7. 반복문
▶ Part 1 - Chapter 10. 리스트

변수와 함께하는 포트폴리오 리뷰

1

코드

```
1   s = input("단어를 입력해 주세요. : ")
2   front = []
3   behind = []
4   result = True
5
6   for i in s:
7       front.append(i)
8       behind.append(i)
9
10  start = 0
11  end = len(behind) - 1
12
13  while start < len(behind):
14      if front[start] != behind[end]:
15          result = False
16      start += 1
17      end -= 1
18
19  if result:
20      print("%s는 회문입니다." % (s))
21  else:
22      print("%s는 회문이 아닙니다." % (s))
```

- 2~8번 줄: 앞글자를 비교하기 위한 front 리스트와 뒷글자를 비교하기 위한 behind 리스트에 입력값을 문자 단위로 분리해 저장합니다.
- 14번 줄: front 리스트의 첫 문자와 behind 리스트의 마지막 문자를 비교합니다.
- 15번 줄: 두 문자가 다른 경우, 회문 여부를 저장하는 result 변수에 False를 저장합니다.

변수의 코멘트

- 리스트의 내장 함수인 append()를 잘 활용했네요.

2 ★추천★

코드

```python
1   print("< 회문 판단 프로그램 >\n")
2
3   letter = []
4   word = input("단어를 입력해 주세요. : ")
5
6   for i in word:
7       letter.append(i)
8
9   rev_letter = list(reversed(letter))
10
11  if letter == rev_letter:
12      result = "회문입니다."
13  else:
14      result = "회문이 아닙니다."
15
16  print("판단 결과 :", result)
```

- 3~7번 줄: 입력값을 문자 단위로 분리해 letter 리스트에 저장합니다.
- 9번 줄: letter 리스트의 순서를 뒤집어 rev_letter 변수에 저장합니다.

변수의 코멘트

- reversed() 함수로 기본 리스트와 역순 리스트를 비교해 회문을 판별했네요.

3-13
24시간제에서 12시간제로 변환

24시간제 시간을 입력받고, 그것을 12시간제로 변환하여 출력하는 프로그램을 작성해 보세요. (예: 13:23 입력 시 1:23 PM 출력)

- 조건 1: 24시간제의 시간 범위는 0:00~23:59입니다.
- 조건 2: 12시간제로 변환할 때 오전(AM)인지 오후(PM)인지 표기해야 합니다.

◆ 출력 예시

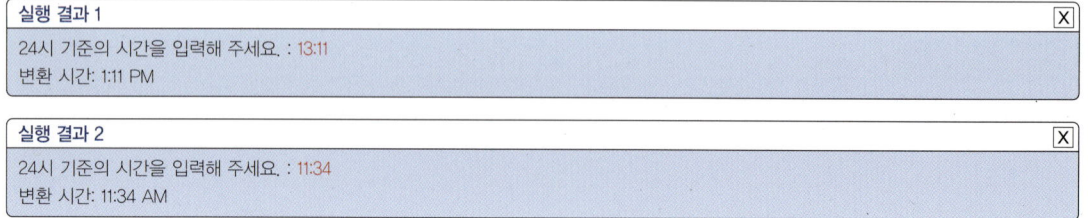

 어떻게 구현하나요?

◆ 변수의 힌트

24시간제 시간 중 0:00~11:59는 오전이며, 12:00~23:59는 오후입니다. 12시를 기준으로 오전과 오후가 구분된다는 점을 활용하세요.

복습이 필요하다면?

▶ Part 1 - Chapter 6. 조건문
▶ Part 1 - Chapter 9. 문자열 파헤치기

변수와 함께하는 포트폴리오 리뷰

1

코드

```
1   time = input("24시 기준의 시간을 입력해 주세요. : ")
2   t = time.split(':')
3   if int(t[0]) == 12 and int(t[1]) >= 0:
4       print("변환 시간:", t[0], ":", t[1], "PM")
5   elif int(t[0]) > 12 and int(t[1]) >= 0:
6       print("변환 시간:", int(t[0]) - 12, ":", t[1], "PM")
7   elif int(t[0]) == 0 and int(t[1]) >= 0:
8       print("변환 시간:", 12, ":", t[1], "AM")
9   elif int(t[0]) < 12 and int(t[1]) >= 0:
10      print("변환 시간:", t[0], ":", t[1], "AM")
```

◎ 2번 줄: 입력받은 시간을 ':'을 기준으로 분리해 t[0]에 시간, t[1]에 분을 저장합니다.

변수의 코멘트

◎ split()을 사용해 문자열을 구분하고 조건문으로 잘 구현했네요. 이 코드에서는 계속 int()를 이용해 정수형으로 변환하고 있는데, 그보다는 변수에 저장해 놓고 사용하는 것을 추천해요.

2 ★추천★

코드

```
1   time = input("24시 기준의 시간을 입력해 주세요. : ").split(':')
2   hour = time[0]
3   minuet = time[1]
4   a = int(hour)
5   if 12 < a < 24:
6       print("변환 시간: {}:{} PM".format((int(hour) - 12), minuet))
7   elif a < 12:
8       print("변환 시간: {}:{} AM".format(hour, minuet))
9   elif a > 24 or a < 0:
10      print("잘못된 숫자를 입력했습니다.")
11  else:
12      print("변환 시간: {}:{} PM".format(hour, minuet))
```

변수의 코멘트

◎ 사용자에게 입력을 받는 동시에 ':'을 기준으로 문자열을 구분했네요. 가독성이 좋은 코드예요.

3-14 좌표 설정하기

좌표를 설정할 수 있는 클래스를 작성하고, 해당 클래스의 인스턴스를 생성하여 활용해 보세요.

- 조건 1 : 클래스는 생성자를 통해 (x, y) 좌표를 초기화합니다.
- 조건 2 : 다음과 같은 기능을 메소드로 가집니다.
    - ✓ x 좌표만 설정
    - ✓ y 좌표만 설정
    - ✓ (x, y) 좌표를 반환
    - ✓ (x, y) 좌표를 (dx, dy)만큼 이동
- 조건 3 : 반복문과 조건문을 이용해 좌표를 이동시키고, 이동한 최종 좌표를 출력합니다.

◆ 출력 예시

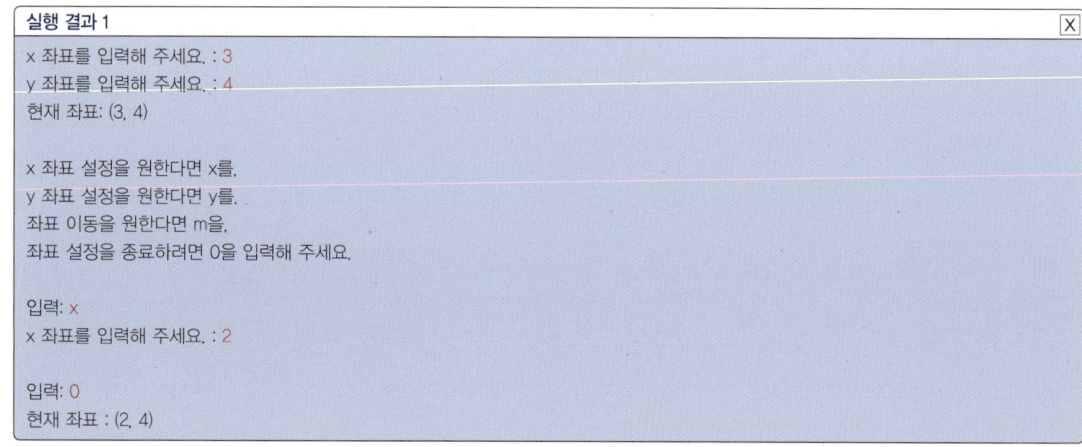

```
실행 결과 2                                                                    X
x 좌표를 입력해 주세요. : 5
y 좌표를 입력해 주세요. : 5
현재 좌표: (5, 5)

x 좌표 설정을 원한다면 x를,
y 좌표 설정을 원한다면 y를,
좌표 이동을 원한다면 m을,
좌표 설정을 종료하려면 0을 입력해 주세요.

입력: m
x 좌표를 얼마만큼 이동할지 입력해 주세요. : 1
y 좌표를 얼마만큼 이동할지 입력해 주세요. : -1

입력: x
x 좌표를 입력해 주세요. : 0

입력: 0
현재 좌표: (0, 4)
```

 반복문과 조건문을 어떻게 써야할지 모르겠어요.

◆ 변수의 힌트

원할 때까지 이동시키기 위해선 '무한 반복'을 사용해야 합니다. 단, 무한 반복을 멈출 수 있는 조건을 꼭 작성하세요.

복습이 필요하다면?

▶ Part 1 - Chapter 6. 조건문

▶ Part 1 - Chapter 7. 반복문

▶ Part 1 - Chapter 14. 클래스와 생성자

변수와 함께하는 포트폴리오 리뷰

1 ★추천★

코드

```python
1   class Point:
2       def __init__(self, x, y):
3           self.x = x
4           self.y = y
5       def set_x(self, x):
6           self.x = x
7       def set_y(self, y):
8           self.y = y
9       def get(self):
10          return self.x, self.y
11      def move(self, dx, dy):
12          self.x += dx
13          self.y += dy
14  
15  x = int(input("x 좌표를 입력해 주세요. : "))
16  y = int(input("y 좌표를 입력해 주세요. : "))
17  a = Point(x, y)
18  print("현재 좌표 :", a.get())
19  print("\nx 좌표 설정을 원한다면 x를, \ny 좌표 설정을 원한다면 y를, \n좌표 이동을 원한다면 m을, \n좌표 설정을 종료하려면 0을 입력해 주세요.")
20  
21  while True:
22      u = input("\n입력: ")
23      if u == 'm':
24          dx = int(input("x 좌표를 얼마만큼 이동할지 입력해 주세요. : "))
25          dy = int(input("y 좌표를 얼마만큼 이동할지 입력해 주세요. : "))
26          a.move(dx, dy)
27      elif u == 'x':
28          x = int(input("x 좌표를 입력해 주세요. : "))
29          a.set_x(x)
30      elif u == 'y':
31          y = int(input("y 좌표를 입력해 주세요. : "))
32          a.set_y(y)
33      elif u == '0':
34          break
35      else:
36          print("잘못된 입력입니다.")
37  print("현재 좌표:", a.get())
```

▶ 2~4번 줄: 클래스 객체에서 사용할 초깃값 x, y를 설정하는 생성자를 정의합니다.

- 5~8번 줄: x 좌표를 설정하는 set_x() 메소드와 y 좌표를 생성하는 set_y() 메소드를 정의합니다.
- 9~10번 줄: 객체의 x, y 좌표를 튜플 형태로 반환하는 get() 메소드를 정의합니다.
- 11~13번 줄: 객체의 x, y 좌표를 dx, dy 매개변수만큼 이동시키는 move() 메소드를 정의합니다.

변수의 코멘트

- 클래스를 사용해 잘 구현했어요. x, y 좌표를 반환할 때 튜플 형태로 반환해서 바로 출력할 수 있었네요.

3-15 오름차순 정렬하기

입력받은 숫자를 오름차순으로 정렬하는 프로그램을 작성해 보세요.

- 조건 1 : 내장 함수 sort()를 사용하지 않습니다.
- 조건 2 : 출력값은 리스트 자료형으로 출력합니다.
- 조건 3 : 숫자는 총 5개를 입력받되, 한 번에 하나씩만 입력받습니다.

◆ 출력 예시

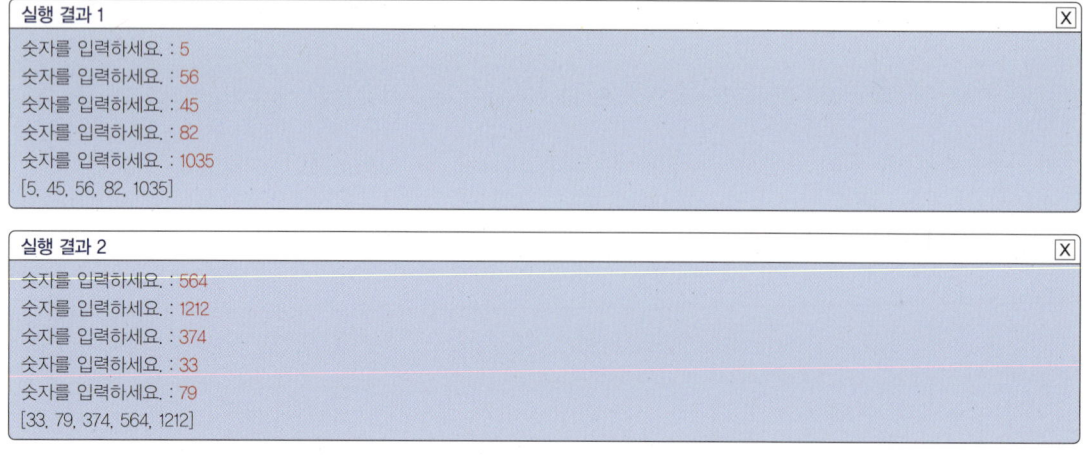

오름차순 정렬을 어떻게 구현하나요?

◆ **변수의 힌트**

오름차순 정렬은 작은 수에서 큰 수 순서대로 정렬하는 것입니다. 가장 작은 수를 맨 앞으로 보내고, 그 수를 제외한 수들끼리 비교해 가장 작은 수를 앞으로 보내는 과정을 반복하면 오름차순으로 정렬할 수 있습니다.

예를 들어, [5, 3, 1, 2, 4]를 오름차순으로 정렬하는 과정은 다음과 같습니다.

1. [⑤ ③ ① ② ④] 중 가장 작은 수를 찾습니다.
   → ①
2. 가장 작은 수가 첫 번째 자리에 가야 하므로, 숫자 ①과 첫 번째 자리 숫자 ⑤의 자리를 서로 바꿉니다.
   → [① ③ ⑤ ② ④]
3. [① ③ ⑤ ② ④]에서 가장 작은 수인 ①을 제외하고, 나머지를 서로 비교하여 다음으로 작은 수를 찾습니다.
   → ②
4. 두 번째로 작은 수가 두 번째 자리에 가야 하므로, ②와 두 번째 자리 숫자 ③의 자리를 서로 바꿉니다.
   → [① ② ⑤ ③ ④]
5. [① ② ⑤ ③ ④]에서 ①, ②를 제외하고, 나머지를 비교하여 다음으로 작은 수를 찾습니다.
   → ③
6. 세 번째로 작은 수가 세 번째 자리에 가야 하므로, ③과 세 번째 자리 숫자 ⑤의 자리를 서로 바꿉니다.
   → [① ② ③ ⑤ ④]
7. [① ② ③ ⑤ ④]에서 ①, ②, ③을 제외하고, 나머지를 비교하여 다음으로 작은 수를 찾습니다.
   → ④
8. 네 번째로 작은 수가 네 번째 자리에 가야 하므로, ④와 네 번째 자리 숫자 ⑤의 자리를 서로 바꿉니다.
   → [① ② ③ ④ ⑤]

1. ⑤ ③ ① ② ④
2. ⑤ ③ ① ② ④
3. ① ③ ⑤ ② ④
4. ① ③ ⑤ ② ④
5. ① ② ⑤ ③ ④
6. ① ② ⑤ ③ ④
7. ① ② ③ ⑤ ④
8. ① ② ③ ⑤ ④

복습이 필요하다면?

▶ Part 1 - Chapter 10. 리스트
▶ Part 1 - Chapter 11. 튜플

변수와 함께하는 포트폴리오 리뷰

1

코드

```
1   lst = []
2   for i in range(5):
3       a = int(input("숫자를 입력하세요. : "))
4       lst.append(a)
5   for i in range(0, len(lst) - 1):
6       min_i = i
7       for j in range(i + 1, len(lst)):
8           if lst[j] < lst[min_i]:
9               min_i = j
10      lst[i], lst[min_i] = lst[min_i], lst[i]
11  print(lst)
```

- 1~4번 줄: 각 숫자를 입력받아 리스트로 저장합니다.
- 5번 줄: 0번 인덱스부터 3번 인덱스까지 for 반복문을 수행하고, 각 인덱스 값을 i 변수에 전달합니다.
- 6번 줄: 최솟값의 인덱스 값을 저장할 min_i 변수를 정의합니다.
- 7번 줄: i + 1 인덱스부터 4번 인덱스까지 for 반복문을 수행하고 각 인덱스를 j 변수에 전달합니다.
- 8~9번 줄: 7번 줄의 반복문 범위 내의 최솟값 인덱스를 min_i에 저장합니다.
- 10번 줄: i 인덱스와 min_i 인덱스의 데이터를 교환합니다.
- 11번 줄: 정렬 결과를 출력합니다.

변수의 코멘트

- 리스트를 이용해 숫자의 순서를 바꾸는 방식으로 구현했네요.

2 ★추천★

코드

```
1   nums = []
2   for i in range(1, 6):
3       n = int(input(f"{i}번째 숫자를 입력하세요 : "))
4       nums.append(n)
5   
6   for i in range(5):
7       for j in range(i, 5):
8           if nums[i] > nums[j]:
9               tmp = nums[i]
10              nums[i] = nums[j]
11              nums[j] = tmp
12  print("\n오름차순 :", nums)
```

변수의 코멘트

● 변수 tmp를 이용해 순서를 바꾸는 방식으로 구현했네요.

3-16
2022년 a월 b일은 무슨 요일

날짜를 입력받고, 2022년을 기준으로 입력받은 날짜가 무슨 요일인지 구하는 프로그램을 작성해 보세요.

- 조건 1 : 2022년 1월 1일은 토요일입니다.
- 조건 2 : 2022년은 윤년이 아닙니다.

◆ 출력 예시

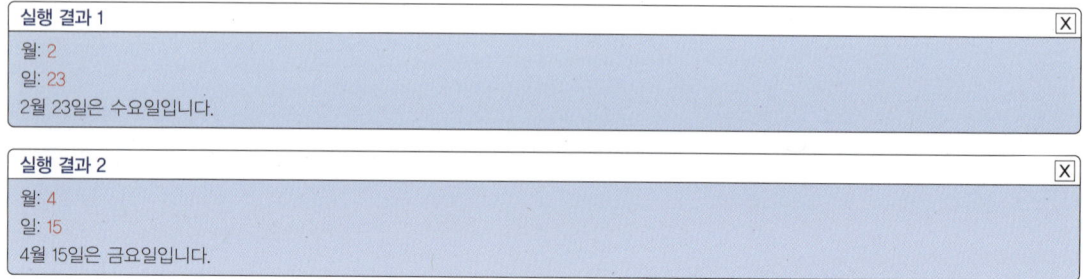

 요일을 어떻게 구하나요?

◆ 변수의 힌트

2022년이 시작되고 해당 날짜까지 며칠이 되었는지 구하고, 그 숫자에 7을 나눈 나머지를 사용하면 해당 요일을 구할 수 있습니다.

 복습이 필요하다면?

▶ Part 1 - Chapter 10. 리스트

변수와 함께하는 포트폴리오 리뷰

1

코드

```
1   month = int(input("월 : "))
2   date = int(input("일 : "))
3   dnjf = month
4   dlf = date
5   month -= 1
6   a = '요일'
7   while month > 0:
8       if month % 2 == 0:
9           if month < 8 and month != 2:
10              date += 30
11          elif month == 2:
12              date += 28
13          else:
14              date += 31
15      else:
16          if month < 8:
17              date += 31
18          else:
19              date += 30
20      month -= 1
21  if date % 7 == 0:
22      a = '금'
23  if date % 7 == 1:
24      a = '토'
25  if date % 7 == 2:
26      a = '일'
27  if date % 7 == 3:
28      a = '월'
29  if date % 7 == 4:
30      a = '화'
31  if date % 7 == 5:
32      a = '수'
33  if date % 7 == 6:
34      a = '목'
35  print("%s월 %s일은 %s요일입니다." % (dnjf, dlf, a))
```

변수의 코멘트

▶ 리스트를 사용해서 월과 일을 구하면 코드가 훨씬 간단해질 거예요.

2 ★추천★

코드

```
1   month_list = [31, 28, 31, 30, 31, 30, 31, 31, 30, 31, 30, 31]
2   day_list = ['금', '토', '일', '월', '화', '수', '목']
3   # 1월 1일이 토요일이므로 day_list[1]='토', day_list[2]='일', ..., day[0]='금'
4   print("< 2022년 요일 검색 프로그램 >")
5   a = int(input("월 : "))
6   b = int(input("일 : "))
7   if (a in range(1, 13)) and (b in range(1, month_list[a - 1] + 1)):
8       total = b
9       for i in range(a - 1):
10          total += month_list[i]
11      day = day_list[total % 7]
12      print(f"=> 2022년 {a}월 {b}일은 {day}요일입니다.")
13  else:
14      print("=> 존재하지 않는 날짜입니다.")
```

▶ 8번 줄: 총 일수를 의미하는 total 변수에 일 입력값 b를 대입합니다.
▶ 9~10번 줄: 1부터 월 입력값 a – 1까지 월별 일수를 total 변수에 더해 줍니다.
▶ 11번 줄: 총 일수를 7로 나눈 나머지로 요일을 찾습니다.

변수의 코멘트

▶ 월별 일자와 요일 리스트로 문제에서 원하는 코드를 잘 구현했어요.

PART 1 개념 다지기

정답 및 해설

CHAPTER

1-1 ④
- 파이썬은 다른 프로그래밍 언어보다 문법이 쉽고 인간 친화적입니다.
- 파이썬의 로고는 뱀을 형상화한 것입니다.
- 파이썬은 웹 개발, 데이터 분석, AI 개발, 그래픽 등 다양한 분야에서 활용됩니다.

1-2 ③
- 확장자가 .py인 파일은 자동으로 파이썬 파일로 인식됩니다.

CHAPTER

2-1 "
- 큰따옴표 혹은 작은따옴표로 감싸야 문자열로 인식합니다. 따옴표는 반드시 짝을 맞춰 주어야 합니다.

2-2 ,
- 쉼표(,)로 구분해서 문자열을 나열하면 띄어쓰기와 함께 출력됩니다.

2-3 샵(#)은 한줄 주석 기호이기 때문에 샵 뒤의 한 줄만 주석으로 처리됩니다. 그런데 이 코드에서는 주석을 여러 줄로 작성했기 때문에 오류가 발생합니다.

2-4 ① # ② """
- '주석 쓰는 거 어렵지 않지!!'라는 문장만 출력되었으므로 나머지는 주석으로 작성되었다는 것을 알 수 있습니다.
- 한 줄 주석은 샵(#)을 이용하고, 여러 줄 주석은 따옴표 3개를 이용합니다. 이미 코드에 큰따옴표 3개를 작성하였으므로 짝을 맞춰서 큰따옴표 3개를 적어 주어야 합니다.

2-5 , sep = "-"
- sep 옵션을 이용하면 나열한 문자열 사이의 구분자를 지정할 수 있습니다. 010, 8765, 4321 문자열 사이에 - 문자가 구분자로 함께 출력되었으니 sep="-"를 추가해야 합니다.
- sep 옵션은 모든 문자열 끝에 위치해야 합니다. 앞에 쉼표(,)를 붙여 구분해 줍니다.

2-6

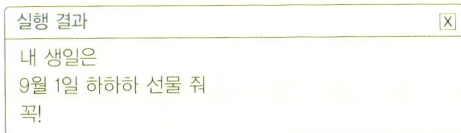

- end 옵션을 이용하면 출력문 끝에 들어갈 문자를 지정할 수 있고, sep 옵션을 이용하면 문자열 사이에 추가할 구분자를 지정할 수 있습니다.
- end 옵션을 지정하지 않으면 기본 값인 줄바꿈으로 인해 자동으로 문장 마지막에 줄이 바뀝니다.

CHAPTER

3-1 ④
- 변수에는 문자열, 숫자 등 다양한 자료형을 저장할 수 있습니다.
- 쉼표(,)를 이용해 출력하였으므로 각각의 값들 사이에 띄어쓰기가 포함되어 출력됩니다.

3-2 a
- a와 b 모두 20으로 출력하기 위해서는 b에 저장된 20을 a에 대입하여 변수 a에도 20이 저장되도록 해야 합니다.

3-3 ④ - ① - ② - ③
- 5번 줄: 1은 숫자지만 따옴표로 감싼 숫자는 문자열(str) 자료형으로 인식합니다.
- 6번 줄: 소수점이 없는 숫자는 정수형(int)입니다.
- 7번 줄: 소수점이 있는 숫자는 실수형(float)입니다.
- 8번 줄: 참(True) 또는 거짓(False)은 불(bool) 자료형입니다.

CHAPTER 4

4-1 120
- 연산한 결과를 변수에 저장할 수 있고, 다시 그 변수를 이용해 연산할 수도 있습니다.
- 2번 줄: x(50)에 10을 더한 값(60)을 x에 저장합니다.
- 3번 줄: x(60)에 2를 곱한 값(120)을 x에 저장합니다.

4-2 ① 11 ② 3
- 3번 줄: x(5)에 2 제곱한 값(25)을 x에 저장합니다.
- 4번 줄: x(25)를 4로 나눈 나머지(1)를 x에 저장합니다.
- 5번 줄: x(1)와 y(10)를 더한 값(11)을 x에 저장합니다.
- 6번 줄: x(11)를 3으로 나눈 몫(3)을 y에 저장합니다.

4-3 ① ** ② * ③ - ④ //
- 1번 줄: 5에 2를 제곱한 값은 25입니다.
- 2번 줄: 6에 7을 곱한 값은 42입니다.
- 3번 줄: 7에서 4를 뺀 값은 3입니다.
- 4번 줄: 15를 2로 나눈 몫은 7입니다.

4-4 ⑤ - ③ - ①
- print(add)로 80이 출력되려면 변수 add에 80이라는 값이 들어 있어야 합니다. 따라서 변수 add에 a(50)와 b(30)를 더한 값을 저장합니다.

CHAPTER 5

5-1 ④
- 사용자가 숫자를 입력하더라도 input()으로 입력받은 모든 것은 문자열로 저장됩니다. 문자열과 숫자는 연산할 수 없으므로 오류가 발생합니다.

5-2 ②
- 정수형으로 강제 변환할 때에는 int()로 해당 문자열을 감싸야 합니다. input()으로 받은 문자열을 int(input(...))처럼 감싸 정수형으로 변환할 수 있습니다.

5-3 float
- 사칙연산의 결과가 모두 실수형으로 출력되었으므로 a와 b는 실수형으로 변환되었음을 알 수 있습니다. 실수형으로 강제 변환할 때는 float()으로 감싸야 합니다.

CHAPTER 6

6-1 ① and ② not ③ or
- 3번 줄: False가 출력되었으므로 True and False여야 합니다.
- 4번 줄: True가 출력되었으므로 not False여야 합니다.
- 5번 줄: True가 출력되었으므로 True or False여야 합니다.

6-2 ⑤ - ① - ③ - ② - ④
▷ 조건문을 사용할 때는 if 다음에 else를 적어야 합니다.

6-3 ①
▷ 조건문 안에 조건문을 적을 수도 있습니다. 마찬가지로 if 의 조건이 참일 경우 if 안의 코드가 실행되고, 거짓일 경우 else 안의 코드가 실행됩니다.

6-4 ②
▷ temp가 35이므로 2번 줄의 조건문이 참입니다. 따라서 fan은 False, aircon은 True가 됩니다.

6-5 ① - ② - ④ - ③ - ⑤
▷ 빈칸에 들어갈 코드는 if a % 2 == 0:입니다. if 다음에 조건문을 적고 마지막에 콜론(:)을 붙여야 합니다.

CHAPTER 7

7-1 ⑤ - ② - ④ - ③ - ①
▷ print 출력문이 3번 반복되어 실행되었으므로 while count < 3:이라고 적어 주어야 합니다.

7-2 ① -5 ② -2
▷ 4부터 -2 간격으로 출력되었으므로 ②에는 -2가 들어가야 합니다.
▷ -4까지 출력되었으므로 ①에 들어갈 숫자는 -5입니다.

7-3 ② - ③ - ①
▷ 1부터 9까지의 합계가 45이므로 ②가 ③보다 먼저 실행되어야 합니다.

▷ 합계는 마지막에 한 번만 출력되므로 출력문 앞에는 들여쓰기가 없어야 합니다.

7-4 6
▷ 5 팩토리얼이므로 i가 5가 될 때까지 반복해야 합니다. 따라서 range(1, 6)을 작성합니다.

CHAPTER 8

8-1 ① - ③ - ④
▷ ①: 함수를 선언할 때는 def 함수명(매개변수): 형태로 작성합니다. 그러므로 ① 문장이 가장 먼저 와야 합니다.
▷ ③: 함수 안에서 실행되는 코드는 들여쓰기를 해야 합니다.
▷ ④: 함수는 정의한 후에 호출합니다. 호출 시에는 매개변수에 신경 써야 합니다. call() 함수는 매개변수를 정의하지 않았기 때문에 call() 함수를 호출할 때도 전달인자 없이 호출해야 합니다.

8-2 ③
▷ 함수는 정의한 후 호출해야 합니다.

8-3 ①
▷ 문제에서 주어진 코드를 실행하면 say() 함수 내에서 "안녕하세요?"가 출력됩니다. ①도 동일한 결과가 출력되나, ①에서는 함수에서 문자열을 반환하고 이를 변수에 저장해 출력합니다.

8-4 ① def ② c ③ result
▷ ①: 함수를 정의할 때는 함수 이름 앞에 def를 붙여야 합니다.
▷ ②: c에 연산 결과를 저장하였고 함수를 호

출한 결과가 연산 결과이므로 c를 반환해야 합니다.
- ③: 마지막 코드에서 result를 출력했을 때 함수 호출로 인한 연산 결과가 출력되었습니다. 따라서 그 전에 먼저 result라는 변수를 만들고 거기에 함수 반환값을 저장했음을 알 수 있습니다.

8-5 ④ - ⑤ - ① - ③ - ② - ⑥
- 함수를 정의하는 구문은 def 함수명(매개변수):이므로 정답은 def isEven(x):입니다.

CHAPTER 9

9-1 ③
- a에 저장된 문자열의 길이는 11입니다. 문자열 인덱싱은 0부터 시작하므로 인덱스는 0부터 10까지 지정됩니다. 따라서 a[11]을 출력하면 오류가 발생합니다.

9-2 밎다
- fc[-3:7]은 인덱스 -3('밎')부터 6('다')까지 슬라이싱합니다.

9-3 ② - ⑧ - ① - ③ - ⑤ - ⑦ - ⑥ - ④
- 실행 결과를 보면 fast에 담긴 문자열이 쉼표를 기준으로 잘린 것을 알 수 있습니다. 따라서 정답은 fast.split(",")입니다.

CHAPTER 10

10-1 ③
- 3번 줄: for 문에서 len(a)를 이용해 인덱스 0부터 4까지 반복합니다.
- 4번 줄: 반복문 안에서 if 문을 이용합니다.

인덱스를 2로 나눈 나머지 값이 0일 경우에만 빈칸의 코드가 실행됩니다.
- 출력 결과에서 인덱스가 0이거나 2의 배수일 경우에 값이 모두 0으로 바뀌었으므로 빈칸에는 ③이 들어가야 합니다.

10-2 ① sort ② reverse
- 실행 결과에서 숫자가 역순으로 정렬된 데이터가 출력되었습니다. 따라서 먼저 sort() 함수로 정렬하고 그 뒤에 reverse() 함수로 모든 데이터를 역순으로 나열하면 됩니다.

10-3 ③ - ① - ② - ④
- 실행 결과에서 'thunder'를 제외하고 출력되었습니다. 따라서 remove() 함수를 이용해 원하는 데이터를 삭제하면 됩니다.

10-4 ① insert ② append
- 원하는 인덱스에 데이터를 추가할 때는 insert() 함수를 사용하고, 리스트의 마지막에 데이터를 추가할 때는 append() 함수를 사용합니다.

CHAPTER 11

11-1 ③
- 인덱싱을 이용해 값을 수정할 수 있는 것은 리스트입니다. ④와 ⑤는 튜플이기 때문에 값을 수정할 수 없습니다.

11-2 ① y ② x
- x와 y를 순서대로 출력했으므로 두 변수의 값이 서로 바뀌었음을 알 수 있습니다. 3번 줄에서 x, y = y, x라고 적으면 x에 y의 값이, y에 x의 값이 저장됩니다.

11-3 ②
- 값이 1개일 때 끝에 쉼표를 붙이면 튜플로 인식됩니다. 튜플에서 괄호는 생략할 수 있습니다.

CHAPTER 12

12-1 ④
- 리스트 zz를 set() 함수에 넣어 집합 자료형으로 만듭니다.
- 집합은 중복을 허용하지 않고 순서가 없기 때문에 {'짜', '라', '파', '게티'}가 순서 상관없이 출력될 수 있습니다.

12-2 ② - ③ - ①
- 출력 결과는 집합 b에서 집합 a과 중복된 값을 뺀 차집합입니다. 따라서 코드의 빈칸에는 b - a가 들어가야 합니다.

12-3 ⑤
- 4번 줄: update() 함수 안에 값을 리스트 형태로 넣지 않아 오류가 발생합니다. 오류가 발생하지 않게 하려면 코드를 a.update([3, 9, -1])로 수정해야 합니다.

CHAPTER 13

13-1 ④
- 딕셔너리의 key 값에는 변하지 않는 값만 넣을 수 있습니다. 리스트는 변할 수 있는 자료형이므로 key로 사용할 수 없습니다.

13-2 ④
- b.update(a)로 b 딕셔너리에 a 딕셔너리를 추가합니다. 두 딕셔너리에 '잔치'라는 동일한 key가 존재하므로, 함수 사용 결과 b 딕셔너리의 '잔치' : '국수' 쌍은 a 딕셔너리의 '잔치' : '잡채' 쌍으로 변경됩니다. 따라서 ④가 정답입니다.

13-3 ① - ③ - ② - ⑥
- 실행 결과에서 color 딕셔너리의 모든 key, value 쌍이 출력됩니다. for 반복문에 items() 함수를 사용했음을 알 수 있습니다.
- print(v, k)로 출력했을 때 value 값 key 값 순으로 출력되었으므로 v가 value 값, k가 key 값임을 알 수 있습니다.
- 따라서 빈칸에 들어갈 코드는 for k, v in color.items()입니다.

CHAPTER 14

14-1 def
- 메소드는 함수입니다. 그러므로 클래스에서 메소드를 선언할 때 메소드명 앞에 def를 붙여 주어야 합니다.

14-2 __init__
- 5번 줄: 객체를 생성할 때 인풋 2개를 넣어 주었으므로 Student 클래스에는 생성자가 있어야 합니다.
- 생성자는 __init__이라는 메소드 이름으로 선언합니다.

CHAPTER 15

15-1 import
- 라이브러리를 사용하려면 코드의 최상단에 import 라이브러리명을 적어야 합니다.

15-2 오류 발생

▶ a는 3개의 요소를 가진 배열이므로 0, 1, 2 인덱스로 값에 접근할 수 있습니다. 따라서 a[3]을 실행하면 오류가 발생합니다.

▶ try, except로 예외 처리를 한 코드입니다. 오류가 발생했기 때문에 except 안의 출력문이 실행됩니다.

김변수와 시작하는 코딩생활 with 파이썬

1판 1쇄 발행 2022년 3월 25일

저 자	코뮤니티 운영진(휴몬랩)
발 행 인	김길수
발 행 처	(주)영진닷컴
주 소	(우)08507 서울특별시 금천구 가산디지털1로 128 STX-V 타워 4층 401호
등 록	2007. 4. 27. 제16-4189

©2022. (주)영진닷컴

ISBN | 978-89-314-6600-3

이 책에 실린 내용의 무단 전재 및 무단 복제를 금합니다.

영진닷컴
프로그래밍 도서

영진닷컴에서 출간된 프로그래밍 분야의 다양한 도서들을 소개합니다.
파이썬, 인공지능, 알고리즘, 안드로이드 앱 제작, 개발 관련 도서 등 초보자를 위한 입문서부터
활용도 높은 고급서까지 독자 여러분께 도움이 될만한 다양한 분야, 난이도의 도서들이 있습니다.

플러터 프로젝트
시모네 알레산드리아 저
520쪽 | 30,000원

Node.js 디자인 패턴 바이블
Mario Casciaro,
Luciano Mammino 저 | 648쪽
32,000원

한 권으로 배우는 Vue.js 3
김동혁 저 | 396쪽
26,000원

다재다능 코틀린 프로그래밍
벤컷 수브라마니암 저
488쪽 | 30,000원

유니티를 이용한 VR앱 개발
코노 노부히로, 마츠시마 히로키,
오오시마 타케나오 저 | 452쪽
32,000원

유니티를 몰라도 만들 수 있는 유니티 2D 게임 제작
모리 요시나오 저 | 320쪽
22,000원

AWS로 시작하는 AI 서비스 with 파이썬
이노우에 켄이치 저 | 248쪽 |
22,000원

친절한 R with 스포츠 데이터
황규인 저 | 416쪽
26,000원

딥러닝을 위한 파이토치 입문
딥러닝호형 저 | 320쪽
25,000원

바닥부터 배우는 강화 학습
노승은 저 | 304쪽
22,000원

도커 실전 가이드
사쿠라이 요이치로,
무라사키 다이스케 저
352쪽 | 24,000원

단숨에 배우는 타입스크립트
야코프 페인, 안톤 모이세예프 저
536쪽 | 32,000원